Deutschland

Josef Müller-Marein

deine Westfalen

In Gottes eigenem Pumpernickelland

Mit Illustrationen von Beate Rebhuhn

Hoffmann und Campe Verlag

1. bis 20. Tausend 1972
© Hoffmann und Campe Verlag, Hamburg 1972
Gesetzt aus der Borgis Garamond Antiqua
Gesamtherstellung: Kleins Druck- und Verlagsanstalt, Lengerich (Westf.)
ISBN 3-455-05335-1 · Printed in Germany

Meinem Freund und Verleger der *Zeit*
Gerd Bucerius gewidmet,
dessen Weg von Hamm nach Hamburg führte

Vorwort

Wenn ich mich zu dem Versuch anschicke, das westfälische Pferd in verschiedenen Gang-arten vorzuführen, erhebt sich die grundsätzliche Frage, ob mir dies erlaubt sein soll, da ich doch nicht Westfale, sondern Rheinländer bin.

Doch muß man nicht im Pferdestall das Licht der Welt erblickt haben. Es genügt, in der Nähe geboren zu sein. Es handelt sich um das Bergische Land, und zwar um eine Zone, in der man einem Menschen, der sich mit verbundenen Augen nach Westfalen vortasten wollte, zurufen würde: »Heiß, heiß!«

In dieser Zone wird stellenweise nicht einmal mehr Rheinisch, sondern Plattdeutsch ge-sprochen. Ich selber bin zweidialektig aufgewachsen. Es muß wohl kaum noch betont wer-den, daß es keinen besseren Auslug zur Beobachtung der Westfalen gibt als meinen Ge-burtsort Marienheide.

Das »Bergische« wird »Land der tausend Täler« genannt: rheinische Bescheidenheit, das nahe Sauerland aber »Land der tausend Berge«: westfälischer Stolz. Im Bergischen, dicht bei Marienheide, liegt die höchste Erhebung des Rheinlandes, der Unnenberg (506 m), im Sauerland der höchste westfälische Berg, der Kahle Asten (842 m, Ski und Rodeln gut). Von dort aus können die Westfalen, wenn sie Glück haben, in der Ferne den Rhein schim-mern sehen; das freut sie. Vom Rhein aus hat aber nie jemand den Kahlen Asten gesehen oder sehen wollen. Die Leute aus dem Bergischen verhalten sich auch in dieser Frage neu-tral.

Meinen linksrheinischen Vorfahren war natürlich der Spruch bekannt: ›Kinder, zieht nie über den Rhein; dort fängt Rußland an!‹ Mein Großvater hat sich nicht daran gehalten, doch machte er vorm Sauerland halt, der linksrheinischen Weisheit eingedenk: »Dort fängt Sibirien an!«

Wenn zwischen den Westfalen und den Rheinländern nach alter Tradition oder Unart die Bälle hin- und herfliegen, sitzt man auf einer Kuppe des Bergischen Landes hoch wie der Schiedsrichter beim Tennis. Man thront dort objektiv, und der Kopf geht fleißig hin und her, aber man macht es womöglich keinem recht.

Ja, kaum hat man Platz genommen, hört man schon den Zuruf: »›Man‹? Wer is ›man‹? Wer secht dat?«

Sprachforscher haben darauf hingewiesen, daß es im Platt das anonyme Wörtchen »man« nicht gibt, das im rheinischen Dialekt gang und gäbe ist. Man muß den Westfalen persönlich kommen. »Wer dat secht? Ik!«

In persönlichem »Wir«-Ton sprach von ihren Landsleuten Annette von Droste-Hülshoff. *(Bilder aus Westfalen)* Sie war gewarnt, denn sie schrieb: »Wenn wir von Westfalen reden, so begreifen wir darunter einen sehr großen, sehr verschiedenen Landstrich; daher möchten wohl wenige Teile unseres Deutschlands einer so weitläufigen Beobachtung bedürfen!«

Sie beobachtete also »weitläufig«, sah die Verhältnisse mit ihren schönen Augen an und kam zu persönlichen Feststellungen, die nicht allen und nicht überall gefielen.

»Der Sauerländer«, so schrieb sie, »freit wie ein Kaufmann, nämlich nach Geld und Geschicklichkeit, und führt auch seine Ehe so - kühl und auf gemeinschaftlichen Erwerb gerichtet. Der Münsterländer freit wie ein Herrnhuter, gutem Rufe und dem Willen seiner Eltern gemäß, und liebt und trägt seine Ehe wie ein aus Gottes Hand gefallenes Los, in friedlicher Pflichterfüllung. Der Paderborner Wildling aber, hat Erziehung und Zucht nichts an ihm getan, wirbt wie ein derbes Naturkind mit allem Ungestüm seines heftigen Blutes. Mit seinen und den Eltern seiner Frau muß es daher auch oft zu heftigen Auftritten kommen. Er geht unter die Soldaten oder er läuft Gefahr zu verkommen, wenn seine Neigung unerwidert bleibt. Die Ehe wird den Frauen zum wahren Fegefeuer, bis sie sich zurechtgefunden; Fluch- und Schimpfreden haben wie bei den Matrosen einen großen Teil ihrer Bedeutung verloren und lassen eine rohe Art aufopfernder Liebe wohl neben sich bestehen.«

Mit anderen Worten: Die westfälische Grobheit - hier haben wir sie! Es ist eine »Art aufopfernder Liebe«.

Ob die Sauerländer damit zufrieden waren, daß sie als so wenig amouröse Leute hingestellt wurden? Vielleicht ließ ihr ausgeprägter Erwerbssinn es nicht zu, Zeit mit Lektüre zu verschwenden, so daß sie nichts davon erfuhren. Möglich ist aber auch, daß sie die Beschreibung ihres kalten Blutes als ein Alibi für die Tage, Wochen und Monate verwenden konnten, die sie auf Geschäftsreisen verbrachten. Jedenfalls schwiegen sie.

Auch die Münsterländer machten weiter keinen Einspruch gegen die Auffassung geltend, daß sie ihre Ehen als einen Akt friedlicher Pflichterfüllung führten.

Aber ausgerechnet die menschlich so sympathisch beschriebenen Paderborner fühlten sich darüber beleidigt, daß eine gewisse westfälische Schriftstellerin, »ohne Zweifel dem alten

Adel angehörend«, eine »Beschreibung verfaßt« hatte, »die den Paderbornern zur größten Unehre gereicht und die beim auswärtigen Publikum Glauben findet, hier aber Staunen und Indignation erregt«.

So jedenfalls sagte es (1846) der beleidigte Autor einer Zeitschrift mit dem Titel *Historisch-Politische Blätter*. Und weiter hieß es: »Der Schreiber dieses findet sich veranlaßt, sich über die teils völlig unbegründeten, teils übertriebenen Anschuldigungen auszusprechen und irrigen Angaben unleugbare Tatsachen entgegenzustellen.«

Ein regelrechtes Dementi also: Unwahr ist dies und das; wahr ist vielmehr das und dies. Und dabei hatte Annette gerade von den Paderbornern so reizende Eindrücke heim ins Rüschhaus mitgenommen: »Obwohl sich keiner ausgezeichneten Singorgane erfreuend, sind die Paderborner doch überaus gesangliebend; überall, in den Spinnstuben, auf dem Felde, hört man sie quinkelieren und pfeifen; sie haben ihre eigenen Spinn-, ihre Acker-, Flachsbrech- und Rauflieder: das letzte ist ein schlimmes Spottlied, das sie jedem Vorübergehenden aus dem Stegreif zusingen. Sonderlich junge Herren, die sich den Verhältnissen nach zu Freiern ihrer Fräulein qualifizieren, können darauf rechnen, sich von zwanzig bis dreißig Stimmen nachkrähen zu hören: ›He! He! He! Er ist ihr zu dick, er hat kein Geschick‹ oder ›Er ist ihr zu arm, daß Gott erbarm! Den Kuinkel / den Kuank, der Vogel, der sang, das Jahr ist lang . . .‹«

Dies alles, besonders der surrealistische Kuinkel-Kuank, sind Einzelheiten, die sich das Edelfräulein bestimmt nicht aus den Fingern gesogen hat, so genial es in seiner wunderbaren Phantasie auch immer war. Dementi! Annette kriegte ihr Fett - mit Respekt zu sagen. Und wenn schon Annette nicht ungestraft schreiben durfte, was sie beobachtet hatte: wie sollte ausgerechnet ich ungeschoren davonkommen!

Fragt man sich, wer sich denn im Rahmen dieser respektlos, wenn auch mit Liebe angelegten Buchreihe »Deutschland, deine . . .« der Rheinländer annimmt, braucht man nicht zu verzagen.

Das macht der Böll.

Der Strom, das Pferd und sein Blümchen

Nach dem letzten Weltkrieg hat man sich in Deutschland an Bindestrich-Staaten gewöhnen müssen. Einer von ihnen, nämlich Württemberg-Hohenzollern mit der Hauptstadt Tübingen, ist rasch verschwunden, und ginge es nach gewissen patriotischen Rheinländern, so dürften auch die Tage von Rheinland-Pfalz bald gezählt sein.

Hans Schmitt-Rost schreibt in seinem Buch *Schmitz, der Stadtstreicher* (Frankfurter Societäts-Druckerei, 1970) recht robust: »Man hat uns, den Rheinländern, damals die Mosel geklaut, die wir doch vom Moselwein erst redselig werden. Da ist dieses komische Ländchen Rheinland-Pfalz im Süden; das hat sie bekommen. Wir erinnern uns noch gut der Zonengrenze bei Remagen, wo rheinland-pfälzische Gendarmen den kölschen Hamsterern die Butter und die Eier abnahmen, die sie bei befreundeten Eifelbauern geholt hatten.«

Kaum hat der kölsche »Stadtstreicher« sich so in Zorn geredet, spricht er auch schon von einer sehr erwünschten »Aufteilung dieses Duodezstaates«. Er ist sich der Unterstützung der Hessen und Bayern sicher und fügt hinzu: »Das kommt hoffentlich noch!«

Ich zeigte dies einem westfälischen Freunde. Dieser sagte expressis verbis: »So, so.«

Nun ist Hans Schmitt-Rost nicht irgendeiner, der in der Masse der Rheinländer unterginge. Wenn er sich als »Stadtstreicher« in seinem geliebten Köln tummelt, so fühlt er, wie er gesteht, zwei Seelen in seiner Brust; die eine heißt Tünnes, die andere Schäl. Der eine, der Optimist, und der andere, der Pessimist, dialogisieren. Außerhalb des »Herrn Schmitz« hört sich das an, als führe er Selbstgespräche, und die Leute sagen: »Hä hät einer nevven sich jonn.« In Wirklichkeit aber ist Schmitzens geistiger Vater Schmitt-Rost jahrzehntelang als offizieller Sprecher Kölns tätig gewesen und hat mit nur einer einzigen Stimme gesprochen: der des Kölners. Sein Wort hatte von Amts wegen Gewicht, und er weiß auch heute, wovon er spricht, mag dies als Schäl oder Tünnes geschehen.

»So, so.«

Nach seiner und vieler Rheinländer Ansicht ist es 1946 bei der Gründung des Staates »Nordrhein-Westfalen« nicht mit rechten Dingen zugegangen. War es schon richtig, daß die beiden ehemals preußischen Provinzen einen gemeinsamen Staat bilden sollten - und das war richtig -, so hätte der ohnehin verstümmelten Rheinprovinz die Unbill erspart werden müssen, »Nordrhein« genannt zu werden.

»Nordrhein« - das ist, wörtlich genommen, eine Teilstrecke des Stromes, noch nicht einmal die nördlichste; wer Öl und Schmutz nicht scheut, wie dies die rheinischen Fische mehr und mehr tun, kann darin schwimmen, wenn er schwimmen kann. Westfalen aber ist ein Land, in dem sich leben läßt. Dort hat man noch festen Boden unter den Füßen.

Kurzum: als man Begriffe aus zwei verschiedenen Kategorien (Wasser und Land) gewaltsam koppelte, konnte das nicht gut enden. Immerhin ist es seltsam, daß Westfalen (sonst hieße es vielleicht ›Falen‹) bei diesem Zusammenprall unversehrt blieb.

»So? Seltsam. Und wieso unversehrt? Ist im südwestlichen Teil des Siegerlandes etwa kein Zipfel westfälischen Bodens an Rheinland-Pfalz gekommen?«

Nur ein Zipfelchen! Und dafür hat Westfalen im Jahre 1947 ein altwestfälisches Land hinzubekommen, das bisher immer selbständig gewesen war: das Land Lippe.

»So? Westfalen einzig und allein wäre um Lippe reicher geworden, Nordrhein aber nicht? Bilden wir denn keinen gemeinsamen Staat, Nordrhein-Westfalen?«

Wie oft soll man einem Westfalen sagen, daß es ein Gebiet »Nordrhein« nicht gibt, auch keinen »Nordrheiner«; noch nicht einmal »Nordrheinländer« ist gebräuchlich! Aber mit einem »Falen« zu diskutieren, das will erst gelernt sein. So einer hat seinen »Dickkopf«, geht auf kleine Witze gar nicht ein, ist »twiärs« und sagt: »Ick sin dergiegen!!« Und wenn man fragt: »Aus welchem Grunde?«, erwidert er womöglich: »Un wenn ick kain' Grund häwwe, sin ick doch dergiegen! Ick sin giegen allet!«

Mit Hans Schmitt-Rost sind viele Rheinländer der Überzeugung, daß der synthetische Name »Nordrhein-Westfalen« uns von der Besatzungsmacht, nämlich den der deutschen Sprache nicht recht kundigen Briten, beschert worden sei. Rheinisch-westfälisch-lippischer Phantasie aber entstammt die synthetische Fahne, auf der ein Wellenband als abstrakte Darstellung des Vaters Rhein zu sehen ist, ferner ganz gegenständlich das springende Westfalenroß und schließlich als Garnierung ein Blümchen, der Rosengruß aus Lippe. Falls diese Fahne schon damals in den Jahren 1947 und 1948 stolz im Winde wehte, dann wehte sie über Trümmern. Zum fünfundzwanzigsten Jubiläum des mittlerweilen reichsten Landes der Bundesrepublik Deutschland schließlich ließ die Regierung in Düsseldorf 1971 ein »Ehrenzeichen für Verdienste um Nordrhein-Westfalen« anfertigen! Und da ist es wieder, das ungleiche Trio: der Strom, das Pferd, die Rose.

Geraume Zeit vor dem festlichen Augenblick jedoch hatte »Schmitz, der Stadtstreicher«, der Tünnes und Schäl in seiner Person vereint, eine Auswahl moderner Ersatznamen für

das gemeinsame Land vorgelegt: »Essopotamien« oder »Olefinia« oder »Stinkorado«. Er meinte: »Auch könnte das altnordische ›Niflheim‹ der Göttersage, das Land der Nebel und des ewig verdüsterten Himmels, als ganz passend empfunden werden.« Am stärksten aber setzte er sich für den Phantasienamen »Raffineria« ein, weil er »sachliche und moralische Aussagen« umschließe: »Raffineria deckt drei Begriffe: die zahllosen Öl- und Kunststoffraffinerien, die Raffinesse als Ausdruck robust-listiger Lebenstüchtigkeit und das Raffen als blindwütiges Geldverdienen. Oh, du mein Rheinland!«

Hier blieb meinem westfälischen Freunde das »So, so« im Halse stecken. Nannte jener sich Schmitz, so wollte dieser nach dem Vorbild des in Koblenz gebürtigen Herrn von Manger, des personifizierten Ruhrgeistes, nun Tegtmeier heißen und mit dem Rheinländer gemeinsam aufstöhnen: »Oh, unser umweltschutzbedürftiges Ruhrgebiet!«

Wenn wir nun aber in der Vergangenheit wühlen, so kommen wir um die Tatsache nicht herum, daß ohne das Ruhrgebiet der gemeinsame Staat mit seinen mehr als 17 Millionen Einwohnern vielleicht nicht entstanden wäre, jedenfalls nicht so schnell. Ehe nicht Ruhrsorgen aufkamen, hat es nämlich westfälische Politiker gegeben, die sagten: »Unsere Sternstunde ist da. Niemals in unserer Geschichte haben wir eine so große Chance gehabt, im deutschen Vaterland ein unabhängiger Staat zu werden. Packen wir zu. Frisk up! Wir wollen frei und selbständig sein, wie die Väter es nie waren!« Und vom Rheinland war keine Rede. Jetzt aber entgegneten andere Westfalen: »Brüder, haltet ein! Wir haben eine Verantwortung zu erfüllen. Wir wollen treu sein, wie die Väter waren!« Und es wurde vom Rheinland gesprochen.

»Beide vergaßen«, so sagte mein westfälischer Freund, »daß wir Westfalen immer nur als einzelne frei und treu sind. Nur Gott und das Recht erkennen wir als übergeordnete Mächte an, sonst gar nichts.«

Was half es den Westfalen, daß sie in politischen Sachen hochbegabt sind? Sie saßen zwischen ihren Idealen der Freiheit und der Treue ganz hübsch in der Klemme. Wer aber unter den Politikern Westfalens damals in den Jahren 1945 und 1946 für dieses oder jenes Ziel, für oder gegen die rheinisch-westfälische Ehe gesonnen war, wird in aller Vollständigkeit wohl nie mehr festzustellen sein. Westfalen lieben Geheimnisse. Werden doch heute sogar noch manche Namen geheimgehalten, die in Münster auf der Liste der Wiedertäufer standen (1534 und 1535); und das sind mehr als vierhundert Jahre her. Wir werden uns also noch ein Weilchen gedulden müssen, ehe wir alle Einzelheiten um die Entstehung des Landes »Nordrhein-Westfalen« erfahren.

Am Anfang stand das »Fraternisierungs-Verbot«. In jener hochinteressanten Zeit, da die Engländer offiziell mit den Deutschen nicht fraternisierten, hatte gleichwohl jeder politisch geschickte Mensch, der etwas auf sich hielt, seinen Besatzungsbriten, mit dem er sich sehr wohl »verbrüderte« und den er mit mehr oder weniger Glück als seine Figur ins Schachspiel brachte.

Die Niedersachsen schickten ihre Briten vor, weil sie in unverschämter Weise die westfälischen Kreise Bielefeld, Herford, Halle, Lübbecke, Tecklenburg und das Land Lippe annektieren wollten. Da drehte der von den Engländern eingesetzte Provinzialrat in Münster den Spieß um, sandte schleunigst seine eigenen Briten an die niedersächsische Front und forderte nicht allein Selbständigkeit für Westfalen, sondern obendrein Vergrößerung des Gebietes um die altwestfälischen Kreise im Osnabrücker Bezirk und im »Oldenburger Münsterland«, Gegenden, die ehemals dem Hannöverschen zugeschlagen worden waren. Erreichte der Provinzialrat dieses Ziel auch nicht, so hat er durch diesen seinen Gegenangriff auf alle Fälle den Niedersachsen klarmachen können: »Hände weg von Bielefeld, von Herford und von Halle i. W., von Lübbecke, Tecklenburg und von dem Ländchen Lippe! Und nun mal still, ganz still!«

In die Stille dieser Gefechtspause drang wie ein Trompetensignal die Kunde von einem Plan des französischen Monsieur Bidault: Das Ruhrgebiet, wirtschaftlich dazu begabt, aufs neue ein Riese zu werden, sollte, halbtot, wie es war, aus Germaniens Leib herausgeschnitten werden, sollte ein Sonderstatut erhalten und unter internationale Kontrolle kommen, damit es politisch für immer ein Zwerg bliebe. Die Russen, so hieß es weiter, stimmten diesem Plan begeistert zu.

Wäre es zu dieser Operation gekommen, so wäre sie schmerzhaft sowohl für die Westfalen als auch die Rheinländer geworden, sehr schmerzhaft. Beide sahen also ein, daß es höchste Zeit sei, rheinischen Klüngel und westfälische Politik wiederum, wie so oft schon in der Geschichte, zu vereinen; die höchste Zeit auch, die in rheinischen und die in westfälischen Diensten stehenden Engländer vereint, sozusagen geballt, einzusetzen, und zwar dalli! (Die Engländer, wie schon angedeutet, wußten nicht, daß sie ferngesteuert, deutschgesteuert, daß sie dienstbar waren, sie konnten es nicht wissen, weil sie offiziell nicht fraternisierten, aber sie waren es: ferngesteuert.)

So trat also wie Deus ex machina der britische Oberbefehlshaber in Deutschland, Luftmarschall Sir Sholto Douglas, in Erscheinung. Er ließ durch einen seiner Offiziere auf einer Pressekonferenz in Berlin, der »Vier-Mächte-Stadt«, verkünden: Nordrheinprovinz und Provinz Westfalen werden zu einem einzigen Lande zusammengefaßt.

Und warum?

»Wirtschaftliche Gründe.«

Die Anwesenden verstanden: Ruhrgebiet.

Der Name des Landes: Nordrhein-Westfalen. Hauptstadt: Düsseldorf.

Von den Franzosen und ihren Wünschen wurde nicht gesprochen; von den Russen erst recht nicht. Und hier setzen unsere Mutmaßungen ein: Während die Sowjets aus Rußland ihre eigenen »deutsch-demokratischen Republikaner« mitbrachten, die sich fleißig ans Regieren machten, so daß in diesem Zusammenhang von ihnen weiter keine Rede mehr zu sein braucht, waren doch auch in der französischen Besatzungszone genügend Einheimische vorhanden, tüchtige Rhein- und Moselfranken, darunter solche weiblichen Geschlechts, die sich die Sieger zu Helfern hätten machen können. Die Umstände waren in den drei westlichen Besatzungszonen, in »Trizonien«, ja doch ähnlich. Erst einmal mußte die Schande der »Nonfraternisation« ertragen werden; das heißt, man fraternisierte, aber heimlich um so folgenreicher. Dann lud man geschickt den Siegern die Verantwortung auf: »Bitte, Ihr habt gesiegt! Nun verantwortet es auch schön!« Schon fragten die Sieger: »Was sollen wir tun?«

Es ist nicht einzusehen, warum die Franzosen in den alten rheinischen Gebieten um Trier und Koblenz nicht ebenso lenkbar, gelehrig und einsatzfähig hätten sein können wie die Engländer im übrigen Rheinland und in Westfalen. Also was ist passiert? Was hat nicht geklappt?

Vielleicht haben die Engländer, die den französischen »Ruhrplan« zerschlugen, die Franzosen nicht noch extra reizen wollen. Sie haben sie dann wohl in ihrer Zone werkeln lassen und nicht auf die Rheinländer gehört, denen der Rhein- und Moselwein damals wie heute so sehr am Herzen lag. In dieser Herzenssache stehen die Franzosen den Rheinländern näher, wie sie ihnen in jeder Hinsicht näherstehen. Aber die Briten ziehen Bier vor, ähnlich den Westfalen, und lieben wie diese die harten Getränke.

In jedem Fall hätten die Westfalen bei einem Glas Dortmunder und einem Gläschen Steinhäger den ihnen mottlüftig stammverwandten Engländern einreden können, gefälligst ihren Teil zur rheinisch-moselanischen Wiedervereinigung beizutragen! Haben sie es etwa nicht einmal versucht? Fest steht nur, daß Bier und Korn damals von weitaus schlechterer Qualität waren als der Wein.

Auf einen Mann, der später mächtig war, konnte man noch nicht rechnen. Gemeint ist Dr. Konrad Adenauer, den die Engländer wegen seines Genies für Sachen der Verwaltung auf seinen alten Oberbürgermeister-Posten von Köln gesetzt, wegen mangelnder Begabung in Verwaltungssachen aber auch schon wieder verjagt hatten. Den Franzosen und dem Wein zugetan, wetterte er gegen die Abtrennung des Trierer Bezirks und mußte doch mit der rheinisch-westfälischen Lösung, so wie sie dank der englischen Hilfe zustande kam, zufrieden sein, während sein Widerpart, der sozialdemokratische Dr. Kurt Schumacher, warnte, das neue Land werde »übergroß« und könne »das Werden eines Gesamtdeutschlands nicht fördern, sondern entscheidend verhindern«. Übrigens sprach er von einem Staat mit dem sauberen Namen »Rheinland-Westfalen«. Diesen Namen hätte wohl jeder akzeptiert für dieses Gebiet, welches das viertgrößte Land der Bundesrepublik nach seiner Fläche, aber das größte nach der Zahl der Einwohner ist.

Wo kommt bloß dieser kindische Ausdruck »Nordrhein-Westfalen« her?

Ich bat meinen westfälischen Freund, die Logik folgender Geschehnisse und Daten genau zu beachten: 17. Juli 1946 - Ankündigung des neuen Landes im Auftrage des Luftmarschalls Sholto Douglas. 24. Juli 1946 - Reise des Gebietskommissars William Asburg nach Münster, um dem Oberpräsidenten Westfalens »von Englands Gnaden«, dem Zentrumspolitiker Rudolf Amelunxen, mitzuteilen, er sei jetzt Ministerpräsident des neuen

Landes und habe den Auftrag, ein Kabinett zu bilden. 2. Oktober 1946 - Versammlung des ersten Landtags im Opernhaus von Düsseldorf, der Stadt, die »Büro« und später auch »Salon des Ruhrgebiets« genannt wird.

Aber hier ist noch ein anderes Datum: der 14. Mai 1946.

An diesem Tage, zwei Monate also bevor die Briten westfälische Nägel mit rheinischen Köpfen und rheinische Nägel mit westfälischen Köpfen machten, hatte der Oberbürgermeister von Münster, Dr. Karl Zukorn, den »Entwurf eines Rahmengesetzes über die Vereinigung von Nordrhein und Westfalen zu einem Lande innerhalb Deutschlands« vorgelegt, ja, offenbar den richtigen Leuten vorgelegt. Und hier haben wir's zum ersten Male: das ominöse Wort »Nordrhein«. Es ist keine alliierte, es ist eine westfälische Erfindung ... Was er denn davon hielte, fragte ich meinen lieben Freund.

Es war bei ihm noch jedesmal, wenn er unseren rheinischen Zorn auf den blöden Namen »Nordrhein« spüren mußte, ein seltsam Zucken in seinem Gesicht gewesen. Jetzt wischte er eine Träne aus dem blauen Aug', was mich an Heine und sein Wort denken ließ: »Westfalen sind sentimentale Eichen«, und sagte: »Nein, dieser Zukorn! Er lebt nicht mehr, der brave Mann. Aber seine Freunde leben. Mach dich auf ein Dementi gefaßt!«

Übrigens sollen die Franzosen hier ausdrücklich wegen ihrer Sprachkultur gelobt werden. Denn sie sagen nicht »Nordrhein-Westfalen«, sondern *Rhénanie-Westphalie*.

Wenn die Westfalen singen

Was über die Sangeskunst der Paderborner im Text der Annette von Droste-Hülshoff gesagt wurde, die hochmusikalisch war und selber komponierte, darf nicht auf alle Westfalen ausgedehnt werden. Sie erfreuen sich keiner ausgezeichneten Singorgane? O doch, sie erfreuen sich. Wenn die Westfalen singen, herrschen allerdings die Männerstimmen vor. Als kämpferische Naturen, die sie sind, lieben sie auch den männlichen »Gesangwettstreit«, zu dem als Preisrichter zugezogen worden zu sein, ich verschiedentlich die Ehre hatte. Dieser Ehre halber ist dies hier etwas kompliziert und feierlich ausgedrückt.

Die Westfalen singen dabei Sätze, die sie niemals sagen würden. Zum Beispiel sprach ein beliebter Laiensänger aus Lüdenscheid, der seine Mutter zum »Wettstreit« mitgebracht hatte, zu ihr die Worte: »Na, Alte, noch 'n Dröppken, dann muß ich wohl 'ran!« Darauf reihte er sich auf dem Podium in sein »Doppelquartett« ein. Bei dem Liede »Abschied, es muß sein« führte er sodann sein sehr rührendes Bariton-Solo aus, indem er einen Schritt vortrat und seiner Körperhaltung eine erschütternde gotische Schräge gab.

»Leb wohl, mein liebes Mütterlein, denn es muß sein, ja, es muß sein.«

Seine »Alte« lauschte, summte mit und geriet sichtlich in eine gehobene Stimmung.

Den Westfalen und den Rheinländern ist gemeinsam, daß sie, wenn sie in gehobene Stimmung geraten, einen Gesang anstimmen. Der Unterschied zwischen ihnen besteht dabei darin, daß die Rheinländer leicht in diesen Zustand geraten; bei den Westfalen dauert es etwas länger. Wie unser Beispiel zeigte, scheuen sie sich dann nicht, das zweisilbige Wort »Mutter« durch ein dreisilbiges, oft sogar in der Mitte durch eine kleine Pause geteiltes »Müt-terlein« zu ersetzen.

Übrigens kam es bei den Gesangwettstreitigkeiten häufig vor, daß die Westfalen »Rheinlieder« sangen; sie gaben dabei, soweit ich es am eigenen Ohre erlebt habe, einem ganz bestimmten Chor den Vorzug: »Es liegt eine Krone im tiefen Rhein.« Sie sangen dies nicht etwa aus Schadenfreude: Krone in den Rhein gefallen. Ehrlicher Finder erhält keine Belohnung. O nein, sie sangen das Lied mit einem Ausdruck, als müßte es so sein: Kein schönerer Platz für eine Krone als der tiefe, tiefe Rhein!

Es war in Arnsberg, wenn ich mich recht erinnere, aber es kann auch Altena gewesen sein, wo einer der angetretenen Vereine sehr gut die Ballade vom »König von Thule« vortrug. Man hätte den Vortrag gar nicht besser gestalten können; Stimm-Material und -bildung, Chordisziplin und Auffassung waren vorbildlich und verdienten viele Punkte. Dennoch mußte nach dem Urteil der übrigen, der westfälischen Preisrichter einem anderen Männergesangverein die Palme zuerkannt werden, der das Lied von der Krone im tiefen Rhein eingeübt hatte.

Diese Entscheidung gibt zu denken: Ein goldener Becher ins Meer geworfen und obendrein durch einen König - das ist zwar keine Kleinigkeit, denn es heißt ja ausdrücklich: »Trank nie einen Tropfen mehr!« Ehe ein Westfale soweit kommt, muß schon allerlei passiert sein. Aber man mag es drehen und wenden, wie man will: Irgendwie geht eine Krone einem doch mehr ans Herz als ein Becher, und schließlich liegt auch den Westfalen der Rhein näher als das Meer.

Eigentlich sollte man ja meinen, daß die Rheinländer vollkommen ausreichen zum Lobe des Rheins. Dies ist auch die Ansicht der Westfalen, mit denen ich im Erstaunen darüber einig bin, daß es so viele und so überflüssige Rheinlieder gibt. Wenn man doch wenigstens von »Rheinliedern« als einer Spezies von Flußliedern sprechen könnte! Man spricht aber weder von »Elbeliedern« noch von »Oderweisen«, weder von »Emsgesängen« noch »Ahrschlagern«. Zwar gibt es Lieder, in denen ein Fluß vorkommt, etwa jenes, das mit den Zeilen beginnt: »An der Saale hellem Strande stehen Burgen stolz und kühn«, doch kann von »Saalegesängen« damit noch keine Rede sein. Man singt gelegentlich wohl ein sogenanntes »Weserlied« mit den Worten: »Hier hab' ich so manches liebe Mal mit meiner Laute gesessen.« Doch ist auch dies ein Einzelfall geblieben. »Flußlieder« gibt es also nicht. Einzig und allein »Rheinlieder« kommen im Plural vor. Aber gerade weil wir sie als eine besondere und besonders üppig blühende Züchtung innerhalb der Gattung »Heimatblumen« betrachten müssen, sollte Vorsicht am Platze sein. Und ausgerechnet hier haben die Westfalen versagt; man muß es leider sagen.

Als nach dem Krieg von 1870 und 1871 noch Jahrzehnte lang heiße Wogen von Nationalgefühl über unser armes siegreiches Volk hinwegbrandeten, blieb fast überall bei den deutschen Stämmen und in ihren Landschaften als lokaler Schaum und Abschaum ein Heimatchauvinismus zurück, der sich von der Liebe zur Heimat unterscheidet wie Hurra-Patriotismus von der Treue zum Vaterland. In diesen historischen Augenblicken, als die Heimatdichter, die sogenannten »Stillen im Lande«, ein lautes Gebrüll anstimmten, um die Überlegenheit, die Tugenden und Vorzüge des eigenen Wesens zu rühmen, haben auch die Westfalen, die doch sonst so besonnene Naturen sind, sich hinreißen lassen. Sie brauchten ein »Westfalenlied«, das sie stolz an die ganze Welt, wenigstens an ganz Deutschland richten konnten. Sie hätten eines gleichsam dick-ärschigen Pathos bedurft, der ihren artverwandten östlichen Nachbarn später so mühelos gelang, als sie sangen: »Wir sind die Niedersachsen, sturmfest und erdverwachsen. Heil, Herzog Widukinds Stamm!«

Eigen-Heil stinkt! Dabei wäre es dem Wesen der Westfalen angemessen gewesen, versonnen vor sich hinzublicken; sie spähten aber nach Westen, dorthin, wo ihre rheinischen Schicksalsbrüder wohnen.

»Ihr mögt den Rhein, den stolzen, preisen ...«, so hebt ihr »Westfalenlied« an: mit einem Kompliment an den Strom, den »stolzen«, mit einer Anrede an nur eine einzige Menschensorte, als ob es in der ganzen Welt nur Rheinländer gäbe oder als ob nur diese die Westfalen wirklich interessierten.

Wie so etwas überhaupt passieren konnte, habe ich einen sauerländischen Freund gefragt. Antwort: Es sei dem Rittershaus (so hieß der Dichter, und Peters, der Komponist, konnte ohnehin nichts dafür) wie dem Lehrling im Radfahren ergangen. »Du klammerst dich an die Lenkstange und denkst nur eins: ›Bloß nicht in die Hecke, bloß nicht in die Hecke, bloß nicht . . ., schon hängst du drin!‹«

Nun brauchten wir über das »Westfalenlied« kein Wort zu verlieren, wenn es nicht mehr gesungen würde. Aber es wird gesungen. Noch heute. Und wenn es gesungen wird, machen nicht nur Rheinländer, sondern auch Westfalen gern ihre Zwischenbemerkungen zum Text, und leicht kommt bald die schönste Keilerei in Gang, und sei es nur eine Wort-Keilerei.

Die erste Strophe ist eine poetische, durch ein Bild vom »Schoß der Reben« verschönte Landschaftsschilderung:

Ihr mögt den Rhein, den stolzen, preisen,
der in dem Schoß der Reben liegt.
Wo in den Bergen liegt das Eisen,
da hat die Mutter mich gewiegt.
Hoch auf dem Fels die Tannen stehn,
im grünen Tal die Herden gehn.
Als Wächter an des Hofes Saum
reckt sich empor der Eichenbaum:
Da ist's, wo meine Wiege stand.
O grüß dich Gott, Westfalenland!

Wir lernen daraus, daß ein Westfale mindestens so viel Freude am Eisen hat - wenigstens ein sauerländischer, das deuten die Berge an - wie ein Rheinländer am Wein. Der Eisenmensch fühlt sich dem Freunde des Rebensaftes überlegen. Er wird in der zweiten Strophe anfangen, sich seiner Ernsthaftigkeit, seiner Zurückhaltung und seiner Wortkargheit zu rühmen: all dies - wohlverstanden - im Gegensatz zum Rheinländer:

Wir haben keine süßen Reben
und schöner Worte Überfluß
und haben nicht so bald für jeden
den Brudergruß und Bruderkuß.
Wenn du uns willst willkommen sein,
so schau aufs Herz, nicht auf den Schein,
und schau uns grad' ins Aug', gradaus,
das ist Westfalenbrauch!
Es fragen nichts nach Spiel und Tand
die Männer aus Westfalenland.

Diese zweite Strophe recht betrachtet, und wir sehen deutlich, daß es sich bei dem »West-falenlied« hauptsächlich um verkappte Rheinländer-Beschimpfung handelt, bei der die Ausdrücke »süße Reden« für das, was man vulgär »Schmus« nennt, und »schöner Worte Überfluß« für »Geschwätzigkeit« stehen. So konnte es denn nicht ausbleiben, daß ge-wisse Rheinfranken mit all der Bosheit reagierten, deren sie fähig sind. (Und diese ihre Fähigkeit ist groß.)

Ich traf Leute, die sagten: Wenn wir Ferien im Sauerland machen, wo es Wälder, Berge, Talsperren, kurzum: unverschmutzte Luft gibt, die von den Menschen der rheinischen, aber auch westfälischen Großstädte so dringend benötigt wird, dann ist es allerdings bes-ser, den Wirtsleuten, den Hoteliers und Pensionsinhabern aufs Herz zu schauen und nicht auf den Schein zu sehen, den man in der Tasche trägt. Die Geldscheine stieben davon, obwohl es dort vielleicht ein Plätzchen Mini-Golf, sonst aber keinerlei Vergnügungen gibt, weil Lustbarkeiten laut Hymne als überflüssiges »Spiel und Tand« abgetan werden.

Die Leute sagten: Das Sauerland, einst eine der billigsten, aber heute nur noch eine der herrlichsten Landschaften Deutschlands, ist neuerdings als Erholungsgebiet so sehr im Werte gestiegen, daß man direkt gezwungen ist, nach Spanien oder Italien auszuweichen, wo es vielleicht nicht so schön, aber auch nicht so teuer ist.

Das ist natürlich übertrieben. Aber übertrieben ist auch, daß die Westfalen nach Spiel und Tand nichts fragen und immer nur damit beschäftigt sind, den Leuten grad' ins Aug' zu schauen, ganz militärisch: »Gradaus!« Und damit kommen wir zur dritten Strophe:

Und unsre Frauen, unsre Mädchen,
Mit Augen, blau wie Himmelsgrund,
sie spinnen nicht die Liebesfädchen
zum Scherze für die müß'ge Stund.

Einwurf der Spötter: »Aha, sie wollen gleich geheiratet werden!« Doch unbeirrt singen unsere ergriffenen Westfalen weiter im Text:

Ein frommer Engel Tag und Nacht
hält tief in ihrer Seele Wacht.
Und treu in Wonne, treu in Schmerz
bleibt bis zum Tod ein liebend Herz.

Und jetzt treiben die rheinischen Spötter es wirklich zu weit. Sei es, daß sie den stillen Vorwurf nicht ertragen, ihre eigenen Frauen und Mädchen seien bloß auf Flirt und Amüsement aus, sei es, weil ihnen ein Genußmittel einfällt, in dessen Produktion die Westfalen nicht zu überbieten sind: Wenn nun gejubelt wird:

Glückselig, wessen Arm umspannt
ein Mädchen aus Westfalenland!

dann rufen die Neidhammel: »'nen Schinken aus Westfalenland!« Und andere setzen noch einen Trumpf darauf und singen, wobei sie sich dem Grundthema des Frauenlobs auch wieder nähern: »Glückselig, wessen Arm umspannt, zwei Schinken aus Westfalenland!«

In den Schlußstrophen der Heimatlieder pflegte stets zusammengefaßt zu werden, woran dem Dichter am meisten gelegen war. Und da kommen wir in unserem Falle aus dem Staunen gar nicht mehr heraus:

> *Behüt' dich Gott, du rote Erde,*
> *du Land von Wittekind und . . .*

Die Unterbrechung (. . .) sei gestattet, damit deutlich wird, daß kein Mensch, es sei denn ein Eingeweihter, das Wort errät, das hier fehlt. Wir wollen uns recht verstehen: Daß Gott - und ohne Zweifel ist hier, im Westfälischen, der christliche Gott gemeint, während wir uns dessen im Niedersächsischen nicht ganz so sicher wären - das Land des Sachsenherzogs Wittekind beschützen möge, ist ein verständliches Gebet. Wittekind ist immerhin, nachdem er dem Frankenkönig Karl auf heldenhafte und oft wiederholte Weise Widerstand geleistet hatte, zum Christentum übergetreten. Mit beiden, mit Wittekind und Karl, beginnt ja recht eigentlich die Geschichte Westfalens. Karl ist sogar zum Heiligen gemacht worden. Riefen die Franken: »Sanctus Carolus« und: »Ora pro nobis!«, so hätten die Westfalen es mit Wittekind gern auch so gemacht. Doch ist wohl der eine wie der andere ein zweifelhafter Heiliger gewesen. Ihr Christentum aber ist ihnen nicht abzustreiten. Nachdem dies klargestellt ist, können wir das Wort wieder hinzufügen, das wir soeben noch nicht nachzusingen wagten. Welches Land soll Gott also schützen?

> Das »*Land von Wittekind und - Teut*«.

Welch ein Rückfall! Teut, auch unter dem Namen Tuisto bekannt, hätte schon deshalb nicht mit Wittekind und mit dem Gott der Christen in einem Atem genannt werden dürfen, weil er selber ein Gott war, ein heidnischer, oder wenigstens ein Halbgott. Sollte aber der Name Teut im Liede auftauchen, weil der Dichter Rittershaus die Westfalen für Nachkommen der Teutonen hielt: welch ein Irrtum! Die Westfalen wohnen nur dort, wo in grauer Vorzeit unter anderen heidnischen Stämmen auch die Cimbern und Teutonen gewohnt haben, wenn man deren Hin- und Herwogen im Kampf gegeneinander und gegen die Römer ein »Wohnen« nennen darf.

Im Gegensatz beispielsweise zu den Hessen, die seit geraumer Zeit schon daran zweifeln, daß sie die Nachkommen der Chatten seien, wissen die Westfalen ganz gut, wer sie sind. Sie sind germanische Sachsen. Zwar haben diesen Namen allein ihre niedersächsischen Nachbarn beibehalten und dafür die Bezeichnung »Ostfalen«, die ihnen eigen war, aufgegeben. Aber das hindert nicht, daß »West-« und »Ostfalen« als ein und dasselbe Volk aus dem skandinavischen Norden kamen. Sie haben noch nicht einmal mit jenem Stamme etwas zu schaffen, von dessen zweifelhafter historischer Erinnerung sie heute noch profitieren. Gemeint sind das Andenken an die Cherusker und der Andenkenhandel am Hermannsdenkmal im Teutoburger Wald.

Es hat wohl auch der Name dieses Waldes den Sänger Rittershaus verwirrt. Aber möglich, wenn nicht sogar wahrscheinlich ist, daß die christlichen Westfalen heute noch den alten Heiden erwähnen müssen, weil dem Dichter kein besserer Reim einfiel als einer auf den Namen Teut:

Bis ich zu Staub und Asche werde,
mein Herz sich seiner Heimat freut.

Darum also! Und hier ist denn auch Gelegenheit, darauf hinzuweisen, daß die sonst eher zurückhaltenden Westfalen, wenn sie überschwenglich werden und aufs Ganze gehen, gern auch gleich den Tod einschalten:

Du Land Westfalen, Land der Mark,
wie deine Eichenstämme stark,
dich segnet noch der blasse Mund
im Sterben, in der letzten Stund!
Land zwischen Rhein und Weserstrand,
o grüß dich Gott, Westfalenland!

Die Mutterlaute der Westfalen

»Land zwischen Rhein und Westerstrand«: solche Angaben sind eher Redewendungen. Vorsicht ist geboten. Denn in aller Erinnerung ist ja wohl noch die erste Strophe des »Deutschland-Liedes«, dessen Dichter Hoffmann von Fallersleben (1841) unvorsichtig genug war, die Grenzen des damaligen »Deutschen Bundes« zu fixieren: »Von der Maas bis an die Memel, von der Etsch bis an den Belt.« Es hat schon seinen Sinn, wenn heute die Blaskapellen deutlich hörbar stets nur die dritte Strophe unserer Nationalhymne spielen. Aber auch Westfalens Grenzen sind gelegentlich ins Schrumpfen oder ins Rutschen geraten.

In »Deutschland deine Schwaben« hat Thaddäus Troll das Prinzip statuieren können: »Schwabe ist, wer Schwäbisch spricht.« Ein ähnlicher Satz ist für die Westfalen nicht anwendbar. Denn nicht sie allein sprechen Platt.

Es ist dies ja auch kein Dialekt, sondern eine Sprache, die ahnen läßt, wie unser Deutsch klänge, wenn Martin Luther, anstatt an der »Meißener Kanzleisprache« herumzufeilen, das natürlich gewachsene, ausgereifte, sowohl zum Ausdruck des Pathetischen als auch des Zarten und des Hintergründigen geeignete Platt für seine Bibel-Übersetzung gewählt hätte.

Aber was soll's? Luther war auch nur ein Mensch und konnte irren. Er hat sich geirrt. Schade.

Aber da wir bei Martin Luther sind, schickt es sich wohl, einen Augenblick bei einem Gebet zu verweilen, beim Gebet aller Gebete, dem »Vater unser«. Wem käme die Idee, es in einen Dialekt zu übertragen? Und in welchen? Ins Kölsche? Ins Sächsische? Ins Berlinische? Ins Hessische? Selbst auf bayerisch, das so viel Eigenständiges hat und viel Ernstes haben kann, klänge das »Vater unser« blasphemisch; für Nichtbayern jedenfalls. Grosso modo läßt sich behaupten, daß alle Dialekte - und sogar das Schlesische, wie Gerhart Hauptmann es verwandte, ist da nicht ausgeschlossen - etwas Komisches oder, wenn auch seltener, etwas aufdringlich Sentimentales haben. Ganz anders, wenn die Westfalen beten:

Usse Vader, der Du büs in' Himmel, hillig sall Dien Name sien.
Dien Riek kuem to us. Dien Wille sall wiesen in'n Himmel un up Äerden.
Usse dägglicke Braut giew us vandaage. Vergiew us usse Schuld,
So äs wi vergiewt, wel us wat schüllig sind.
Laot us nich in Versökung geraoden,
Män mak us frie van alle Uewel. Amen.

Diese plattdeutsche Fassung, die nach der Empfehlung des Westfälischen Heimatbundes in unteren Klassen von Volksschulen gebetet wird, wurde hier aus einem schmalen Buch zitiert, das Toni Schmedding-Elpers herausgegeben hat. Wie feierlich, wie unmittelbar im Ausdruck das klingt! Wer aber bei dem Wörtchen »Braut« stutzt: honni soit qui mal y pense! Es wird um keine tägliche Braut, es wird um »unser täglich Brot« gebetet.
Der gleichen Sammlung sei auch die »Cappenberger Vesper« entnommen, die heute noch bei Hochzeiten oder Schützenfesten oder Kirmessen in Holthausen bei Werne an der Lippe

gesungen wird. Ursprünglich handelt es sich offenbar um ein Zwiegespräch, das der heimkehrende Klosterbruder mit seinem Oberen führt: Die Bauern wollen sich um die Abgaben drücken, die sie den Mönchen schuldig sind, aber etwas geben sie schließlich doch, wobei der Wechselgesang an Länge zunimmt, so wie der Wert der Tribute wächst. Zwar ist der Text auf hochdeutsch notiert, doch ein Satz Platt wurde beibehalten: der hat dann auch Expression und sagt etwas aus. Dazu ein Wort »Küchenlatein«, und wir haben die gut westfälische Mischung: eine Szene, die sich nicht anderswo im großen plattdeutschen Gebiet zutragen könnte, nur eben in Westfalen.

Der Mönch: »Guten Tag!«

Der Abt: »Guten Tag, Bruder Albrecht!«

Der Mönch: »Herr, ich bin dein getreuer Diener und Knecht: Die verfluchten Bauern wollen ins Kloster nichts mehr 'reintragen!«

Der Abt: »Dat wäer de Düwel!«

Der Mönch: »Sie haben sich aber eins bedacht und haben uns 'en Pfennig gebracht!«

Der Abt: »Gar nicht übel!«

Beide: »Einen Pfennig zum Singsang-Soribus. Wofür man singen und sagen muß: Orationibus!«

Wie der Abt aus der Rolle fällt: »Dat wäer de Düwel!« und wie er sich herrenmäßig faßt: »Gar nicht übel!«, das ist wert, wiederholt zu werden, zu wachsen und gedeihen: 'en Pfennig, eine Gans, ein Kalb, ein Schwein, eine Kuh, ein Pferd, eins nach dem anderen und auch wieder zurück, so daß schließlich und endlich die letzte Strophe recht stattlich angeschwollen ist. Sie lautet, nachdem die Grußworte ausgetauscht und die Mitteilung gemacht wurde, daß die verfluchten Bauern ins Kloster nichts mehr 'reintragen wollen:

Der Mönch: »Sie haben sich aber eins bedacht,
und haben uns ein Pferd gebracht.«

Der Abt: »Gar nicht übel!
Ein Pferd ist es wert!«

Der Mönch: »Eine Kuh noch dazu,
ein Schwein soll es sein.
Ein Kalb fraß ich halb,
eine Gans fraß ich ganz,
einen Pfennig zum Singsang-Soribus.«

Beide: »Wofür man singen und sagen muß: Orationibus!«

Man muß mit feinen Sonden zu Werke gehen, wenn man in den Kern des westfälischen Wesens vordringen will. Dabei stößt man dann bald auf eine Feststellung: Wenn Westfalen auch nur ein Teil niederdeutschen Gebietes ist, so wird hier das Platt, wenigstens in den ländlichen Gegenden, noch heute wie in den alten Zeiten gesprochen: wohin man

kommt, überall Platt. Deshalb sind in mancher Schule zum Unterricht der »I-Dötze« Lehrer nötig, die das Platt beherrschen: Die Sechsjährigen sind sonst verängstigt oder bockig; hochdeutsch angesprochen, verstehen sie nur halb, um was es sich handelt. Ein solcher »Dotz«, der zu seinem Unglück schon in den ersten Stunden hochdeutschen Unterricht erhielt, erklärte mir, das »I« wolle er gerade noch lernen, aber keinen Buchstaben weiter.

Der Kardinal Galen, der »Löwe von Münster«, hätte Verständnis für ihn gehabt: Er beherrschte das Platt so gut wie Karl Wagenfeld, der tiefgründige plattdeutsche Dichter, wie Annette von Droste-Hülshoff, die größte deutsche Dichterin, wie Ferdinand Zumbrook, der in Westfalen seine gereimten niederdeutschen Humoresken schrieb, ehe noch der Erzähler und Humorist Fritz Reuter die mecklenburgische Variante des Plattdeutschen berühmt machte.

In Hamburg war es einst üblich, daß einmal im Jahr die Sitzung der »Bürgerschaft«, des dortigen Parlaments, auf platt vor sich ging. Davon hat man seit dem letzten Weltkrieg abkommen müssen. Aber als in Münster anno 1953 das neue »Kiepenkerl-Denkmal« eingeweiht wurde, sprachen alle Festredner, beginnend mit dem Oberbürgermeister, plattdeutsch, die Städter wie die Bauern, die aus der Umgebung gekommen waren. Da gab Bundespräsident Theodor Heuss sich einen Ruck und redete. Doch weil er schwäbelte, war er fehl am Platze.

Und doch ist es ausgerechnet in Münster Sitte, daß ein altes Lied auf hoch- anstatt auf plattdeutsch gesungen wird. Das geschieht am Namenstag des Heiligen Lambertus, des Patrons der Rats- und Marktkirche. Es ist ein berühmtes Lied, obwohl bei der Übertragung ein Malheur passiert ist, nämlich ein falscher Dativ sich eingeschlichen hat. Es ist ein wunderbares, ein echt westfälisches Lied, weil es zugleich etwas Real-Alltägliches wie Mystisch-Ewiges hat:

>*»Guter Freund, ich frage dir.«*
>*»Bester Freund, was fragst du mir?«*
>*»Sag mir: Was ist eines?«*
>*»Einmal eins ist Gott allein,*
>*der da lebt, der da schwebt*
>*im Himmel und auf Erden.«*

Es ist gesungene, getanzte Theologie und hat viele Strophen. Ja, der liebe Gott und die Pfarrkinder von St. Lamberti - sie schweben lange. Dabei dreht sich der Reigen bei anbrechender Spätsommerdunkelheit, denn es ist der 17. September, rund um kunstvolle Flammenscheite. Ursprünglich hat es natürlich: »Ik frage di« und »Wat frögst du mi?« geheißen. Aber das kommt davon, wenn man sich leichtfertig vom alten Text trennt und hochdeutsch singt! Streik der Grammatik!

Ob wir denn wohl dieselbe Mischung, die wir echt westfälisch nannten, diese Vereinigung von Alltäglichem und Geheimnisvollem, Realistischem und traumhaft Tiefem auch in dem schönsten aller Volkslieder dieses Landes finden? Annette von Droste-Hülshoff hat den Text von den beiden Königskindern so notiert:

> *Et wassen twee Künigeskinner,*
> *De hadden eenander so leef,*
> *De konnen tonanner nich kummen,*
> *Dat Water was vil to breed.*

Nicht von tiefem Wasser also, von dem man manchmal singt, sondern von breitem ist die Rede. In der fünften Strophe wird sogar »de ruskende See« genannt. Sollte es das Meer sein? Aber auch ein Binnensee kann unterm Wind rauschen. Und »de« steht sowohl für »der« als auch für »die« See.

> *Leef Herte, kanst du der nich swemmen?*
> *Leef Herte, so swemme to mi!*
> *Ik wil di twee Keskes upsteken,*
> *Un de söllt löchten to di!*

Das Geheimnis beginnt: Denn eine »falsche Nonne« in ihrer Schlafkammer vernimmt den Ruf und steht auf. »Se dey de Keskes utdompen. Leef Herte bleef in de See.«

Als Halbwüchsige, in Schillerkragen und in kurzen Hosen, saßen wir in der Burg Altena, die auf dem Felsen hoch über dem Lenne-Tal thront. Wir waren hierher gewandert, zur ersten aller Jugendherbergen, die der Lehrer Richard Schirrmann schon 1910 gegründet hatte, worauf sich diese Einrichtung (wer will, kann sie auch »Bewegung« nennen) weit in die Welt hinein ausgebreitet hatte. Nicht die Jugendbewegung, aber die Erfindung der Herbergen für die fahrende, wandernde Jugend ist mir immer, weil sie eine praktische Beigabe zu einer Idee war, sehr westfälisch vorgekommen, obwohl Richard Schirrmann in Ostpreußen geboren war wie der andere, keineswegs so solide Schutzpatron der Wandervögel, allerdings auch der Jäger: Hermann Löns, der, von westfälischen Eltern stammend, in Münster aufwuchs. Es war übrigens nur ein Teil der alten und wiederhergestellten Stammburg der Grafen von der Mark zur Herberge geworden. Dort also saßen wir, und weil an Klampfen kein Mangel war, sangen wir, um den Wind zu übertönen, der schaurig um den Berg fuhr. Vorher hatte schon einer den Spruch der westfälischen Ritter von Spiegel hergesagt, wie Levin Schücking ihn zitiert hat:

Buten un roven - dat is keen Schande,
Dat dont de Besten van dem Lande!

(Wobei Schücking diesem Satz, daß Beute machen und Rauben keine Schande sei, die Bemerkung hinzufügte: »Und gewiß ist, daß die Spiegels sich zu den Besten des Landes rechneten!«)
Und einer wußte noch den Text, wenn auch nicht die Melodie eines Liedes auf einen Raubritter, der von den Bauern erschlagen worden war, aber noch heute, nach mehr als einem halben Jahrtausend, darüber sehr erbost ist. Denn:

To de Middernachtsstund,
do kömmt to aller Schrecken
de Ritter van de Geisterrund
un spökt en allen Ecken.

Es war besser fortzufahren im schönsten aller westfälischen Volkslieder. Aber was ist das: eine »falsche Nunne?« Man sagt auch wohl, daß jemand »falsch« wird, wenn er sich erzürnt. War die Nonne echt, aber böse, weil eifersüchtig? Sie löscht die Kerzen, und der Prinz ertrinkt. Nachdem er aus den Fluten geborgen, nimmt die Prinzessin den toten Geliebten in die Arme: »Se sprank met em in de Wellen. O Vader un Moder, ade! . . .«
Doch wer spricht hier von »Prinzessin« und »Prinz«? Im alten herzwärmenden Westfalen handelt sich's um »Königskinder«, und das ist nicht dasselbe.
Beide, der Junge und das Mädchen, hatten unser Mitgefühl. Die Tochter hatte eine Mutter, die ihr in den Ohren gelegen hatte mit dem ewigen: »Was sollen die Leute sagen?« Wer von uns hatte solche Sprüche noch nie gehört! Die Königstochter verstand es immerhin, von der mütterlichen Mahnung zu profitieren. Sie soll, da Sonntag ist, mit der Königin zur Kirche gehen, doch will sie lieber »spatzeren an de Kant von de See«. Sie sagt: »Mine Augen doht mi so wee.« Will nun die Mutter die Schwester zur Begleitung mitschicken, widerspricht die Tochter: Was, wenn sie Blumen pflückt? Seien es selbst

wilde und keine zahmen »Blömkes«, so wird dies Anstoß erregen. »So segget doch alle de Lüde: Dat hat das Künigskind dohn!« Auch die Begleitung des Bruders, der offenbar nie ohne Jagdgewehr ausgeht, weiß sie der Mutter mit demselben Argument auszureden. Schießt er auch nur wilde Vögel und läßt die zahmen in Ruh': »so segget doch alle Lüde...«

Wie kommen Blumen ans Seeufer? Es handelt sich ganz gewiß um einen Binnensee, nicht um das Meer. Und ist es wahr, daß Königinnen Angst vor dem Getratsch der Leute haben und Königskinder brav sein müssen? (Hatte August, der letzte Sachsenkönig, recht, wenn er seinen Kindern sagte: »Seid brav, sonst gönnt' Ihr geen Geenich wärn!«?) Aber eines war wohl erlaubt: mit der Krone spazierenzugehen. (»Kind, erkälte dich nicht. Setz hübsch deine Krone auf!«) Und dann schenkt das Königskind die schöne Krone samt diamantenem Ring dem Fischer, der den Geliebten heraufgezogen hatte: »Sü do, woledele Fisker, dat is ju verdeende Lohn!«

So sangen wir, gerührt von der Innigkeit, mit der dies plattdeutsche Lied klingt, und machten zwischen den Strophen unsere Witze; es ging uns wie einem Besucher der Niederdeutschen Bühne in Münster angesichts der Hauptszene, da die verlorene Tochter, die sich lange im Rheinland herumgetrieben hat, schick angezogen, aber recht mitgenommen, ins anständige Elternhaus zurückkehrt: »O Moder!« (Umarmung, Schluchzen), »O Vader!« (Umarmung). Zuschauer: »O Dunnerkiel!« (Schluchzen).

Wie es aber charakteristisch ist, daß die Königstochter beim Gespräch mit dem »Fisker« weit entfernt war, einen »Sch«-Laut anzuwenden, so erging es auch den beiden Reisenden jener allen Pennälern zwischen Rhein und Weser schon bis zum Überdruß bekannten Anekdote. Der D-Zug von Paris nach Köln hat sich soeben in Bewegung gesetzt. Da sucht ein Herr im Gepäcknetz nach einem Gegenstand, so daß ein Mitreisender fragt: »Que s-kers-kezvous, Monsieur?«

»Je s-kers mon s-kapeau, Monsieur!«

»Sie sind aus Lüdens-keid - woll?«

»Nein, aus Mes-kede.«

Man kann statt des »K« allerdings auch ein »ch« setzen; auf jeden Fall ist es aber getrennt und hinten im Halse auszusprechen. Holländern und Flamen gelingt das mühelos, so wie es den Westfalen keine Mühe macht, den Namen des Malers Brueghel auszusprechen: Bröchel.

Um aber auf die Eisenbahn-Anekdote zurückzukommen: einer meiner Freunde sagte: »Fällt dir denn wirklich nichts Besseres ein, die sauerländische Aussprache zu schildern, als diese alte Schnurre, die jeder seit der Erfindung der Eisenbahn kennt?«

»Leider nein.«

Wir wollen durch einen alten Witz nicht einer neuen Warnung ausweichen: Die Bonner Professoren Werner Besch und Mathias Zender sagen nach Sprachuntersuchungen voraus, die Mundarten würden in zwanzig Jahren verschwunden sein, und kaum einer werde noch platt küren. Das Wachsen der Städte, die Beweglichkeit der Menschen, die Massen-Media trügen die Schuld. In der Tat herrscht auch im westfälischen Teil des Ruhrgebiets eine Sprache vor - W. H. Koch hat sie meisterhaft aufgezeichnet (»Kumpel Anton«), und Jürgen von Manger hat sie vielen Schallplatten anvertraut -, die nicht mehr das alte Platt ist, sondern ein moderner Mischmasch, voller Ausdruck, voller Komik. Schließlich wird das Niederländische überleben, die Staatssprache unserer Nachbarn: in zwanzig Jahren, für alle Zeit.

Westfalen, hört die Warnung! Westfalen, wehrt euch! Verteidigt euer Platt! Das wird nicht leicht sein. Schon kurz nach der Jahrhundertwende wurde das Ruhrgebiet die neue Heimat für eine halbe Million Menschen aus ostdeutschen und polnischen Gebieten. Und nach dem letzten Krieg bestand in den Schulen des Ruhrgebiets fast ein Viertel der Klassen aus Kindern von Vertriebenen. Mögen sie auch Westfalen geworden sein, so haben nur die wenigsten Platt gelernt. Schade! Jammerschade!

Die Westfalen und ihre Nachbarn rundum

Wenn wir annehmen, daß es in Deutschland eine eigene Sorte von Menschen namens Westfalen gibt - und fürwahr, es gibt sie! -, dann müssen wir prüfen, ob und wie sie sich von ihren Nachbarn unterscheiden.

In bezug auf die westlichen Anrainer ist das klar. Trotz ihres gemeinsamen Staates sind Westfalen und Rheinländer andersgeartete Naturen. Sie sind wie Söhne aus verschiedenen Ehen, die plötzlich ein gemeinsames Elternhaus erhielten und zusammen erzogen werden. Sie können nicht anders: ihr Lebtag passen sie aufeinander auf.

Dabei werden die Westfalen manchmal das Gefühl nicht los, ihre Treue zum Rheinland (»Nordrhein« nach Dr. Zukorn, Münster), die sie nach einer kurzen, aber heftigen Seelen-Krise bewiesen haben, würde ihnen nicht genug gedankt, während die Rheinländer oft den Eindruck haben, speziell der Landschaftsverband Westfalen-Lippe sei allzu eifrig, sei krankhaft oder kränkend eifrig bemüht, die eigene Art, womöglich noch Stammes-Tradition, zu unterstreichen.

Wahr ist allerdings, daß die Westfalen offensichtlich ein großes Talent für Historie, besonders für ihre eigene, haben. Schon auf dem Gymnasium waren, nach meiner Erfahrung, die westfälischen Mitschüler für Geschichte ungleich besser begabt als die rheinischen. Geschichte machte ihnen ganz einfach Spaß.

Ich sprach einmal mit dem unvergeßlichen Paul Sethe darüber, der nicht nur als Journalist, sondern auch als historischer Schriftsteller meine ganze Bewunderung besaß. Er hatte dieselbe Erfahrung gemacht; er gab mir Recht. Um so lieber befolgte ich seinen Rat, als er mir einmal ohne besondere Absicht empfahl, mich bei einem Aufenthalt in Münster ins Krameramtshaus zu setzen, das heute das Stadtarchiv und die Städtische Bibliothek beherbergt. Ich machte also meine Verneigung vor dem herrlichen Renaissance-Bau, dem ehemaligen Gildehaus der Kaufleute. Ich verbeugte mich vor diesen Grand-seigneurs, die im großen Saal ihren Leitspruch angebracht hatten, eine noch heute sichtbare und für moderne Unternehmer, ja, für alle Staatsbürger höchst empfehlenswerte Parole: »Ehr is Dwang genog.« (Für Mitmenschen, die in dieser Hinsicht schlecht verstehen, hier die Übersetzung: »Ehre ist Zwang genug.«) Und ich begegnete historischen Werken, von denen wohl die Sammlung »Der Raum Westfalen«, erschienen im Verlag von Aschendorff (Münster), wissenschaftlich am meisten bedeutungsvoll ist. In den dreißiger Jahren im Auftrag der Provinz begonnen, offenbar frei von ideologischen Spuren des »Dritten Reiches«, konnte diese fundamentale Arbeit über die Geschichte und die Kultur Westfalens unter dem Patronat des Landschaftsverbandes fortgeführt werden, und zwar von einem Gremium unter der Leitung ein und desselben Gelehrten, des Professors Dr. Hermann Aubin.

Ein westfälischer Freund erinnerte mich an etwas deutlich Gemeinsames: Westfalen und Rheinländer seien beide starke Individualisten. Und dieser gemeinsame Charakterzug sei der Zusammenarbeit bekömmlich, denn, so meinte er, die Tatsache, daß es im Siebenzehn-Millionen-Staat ungefähr gleich viele Westfalen wie Rheinländer gebe, mache es verständlich, daß bei der notwendigen Zusammenarbeit die Initiative einmal vom einen, ein anderes Mal vom anderen Partner ausgehe. Er zog, um dies deutlicher zu machen, einen schönen Spruch heran: »›Vandaage het wi fein speelt‹, secht de Bälgetreer tom Orgenisten.« Er sagte: »Mol is de een, mol de annere Orgenist!«

Abgesehen von jenem sauerländischen Landzipfel am südlichen Ende Westfalens, der mit dem schönen aus dem 16. Jahrhundert stammenden Wasserschloß Crottorf samt seinen riesigen gepflegten Wäldern und seinem Wild zu Rheinland-Pfalz geschlagen wurde, ist Hessen das südliche Nachbarland. Und da hat mir mein Freund Hanns-Hubertus erzählt, daß er in der Stadt Coesfeld am Pfingstmontag wiederholt an einer Kreuzprozession teilgenommen habe, die »Hessen-Utjagd« genannt wird.

Sind die Westfalen nachtragend? Oder ist es historische Anhänglichkeit an einen gewissen »Kanonen-Bischof«, die hier eine Rolle spielt?

Zwei Kirchenfürsten aus der Familie der Grafen Galen haben sich in der Geschichte besonders hervorgetan. Beide ruhen im Dom zu Münster, wo auch ein dritter, ein weniger prominenter Bischof Galen liegt! Und daß auf der Grabplatte des einen, nämlich des Kardinals Clemens August, oft frische Blumen liegen, erklärt sich leicht: Der Kardinal, dem sie den Beinamen »Der Löwe von Münster« gegeben haben, hat, nachdem er erst eine Weile zugeschaut hatte, das Seine getan, damit sein Kirchenvolk gegen die Verführungskünste und gegen die Drohungen Hitlers und seiner Vasallen gefeit blieb. Dazu gehörten Mut und Standhaftigkeit ohnegleichen.

Und wie der Journalist Görres für Napoleon ein Gegner von beängstigendem Format war (»Großmacht«), so der Kardinal für Hitler, der gegen die Predigten Galens auch deshalb ohnmächtig war, weil das Volk, und nicht nur das katholische, sich um den geistlichen Streiter scharte. In dieser Situation gab der in Münster residierende Gauleiter Dr. Meyer, der trotz seines akademischen Titels nicht einer der Intelligentesten war, seinem Zorn folgendermaßen Ausdruck: »Die verdammten Westfälinger werden erst dann Nationalsozialisten, wenn kein Hahn mehr danach kräht!«

Hat der Hitler-Mann so die Beharrlichkeit, die »Sturheit« der Westfalen anprangern wollen: in dieser seiner Prognose hat er ebenso geirrt wie in den übrigen tausendjährigen Weissagungen. Der andere Galen, der »Kanonen-Bischof«, wäre vielleicht mehr nach seinem Herzen gewesen.

Wie sein Beiname »Kanonen-Bischof« sagt, war er ein kriegerischer Mann. Denn Fürstbischof Christoph Bernhard von Galen schwang sich lieber in den Sattel als auf den Predigtstuhl. Er ritt, angetan mit seiner Rüstung, besser als er im Ornat das Wort Gottes verkündete. Vor allem kam es ihm darauf an, wirklich Herr in seinem Fürstbistum zu sein.

Münster war vierhundert Jahre hindurch freie Stadt gewesen. Die Bürger hatten selber »das Sagen«. In den langen Friedensverhandlungen, die den Dreißigjährigen Krieg beendeten, waren sie allerdings, angeweht vom Hauch der großen weiten Welt, wohlhabend und üppig geworden. Hatten sie doch an den fremden Ministern, Gesandten und ihrer Gefolgschaft, die den Pumpernickel teils mit Entsetzen, teils mit Wonne aßen, nicht schlecht verdient. Sie hatten auch gar nicht die Absicht, sich von ihrem Fürstbischof ohne weiteres regieren zu lassen. Aber wartet nur! Der Gottesstreiter wird euch schon klein kriegen!

Drei Belagerungen mit einem großen kostspieligen Söldnerheer, das die Münsteraner später bezahlen müssen, und die Bürgerfreiheit sollte ihr Ende finden.

Kaum hatten die Glocken den Frieden eingeläutet, donnerten die Kanonen des Fürstbischofs den Beginn der Feudalherrschaft ein.

Er brauchte freilich für seine Unternehmungen eine Basis. Dazu war die Stadt Coesfeld im Münsterland gut, in der während des Krieges viele fremde Truppen in Quartier gelegen hatten, zuletzt hessische Söldner. Und weil diese nicht wußten, wohin, waren Reste von ihnen immer noch dort.

Im Jahre 1652 wandte Fürstbischof Graf Galen etwas Kanonendonner an. Erledigt. Das war die bis heute berühmt gebliebene, kriegsgeschichtlich völlig unbedeutende, propaganda-historisch jedoch sehr wichtige »Hessen-Utjagd« von Coesfeld.

Ich folge hier der Darstellung meines Freundes Hanns-Hubertus Graf Merveldt, der zwar nicht Historiker, sondern Maler war, aber wir haben einigen Grund, ihm zu glauben, denn er war in Coesfeld geboren worden, übrigens mit den Galens und Drostes

und wie sie alle heißen, verwandt, von Jugend auf auch angehalten, sich für die Verwandtschaft zu interessieren, was er auch tat: mit kritischem Sinne, wohlverstanden.

In der Stadtgeschichte von Coesfeld ist es respektvoller dargelegt. Danach haben die Bürger gleich nach der »Utjagd« der Hessen das Gelöbnis getan, das Ende der Schmach damit zu feiern und den Dank an Gott dadurch abzustatten, daß sie das wundertätige Gabelkruzifix aus der Lamberti-Kirche in feierlicher Prozession über die Wälle tragen wollten, an jedem Pfingstmontag, und dies für alle Zeiten.

Ob sich in jener Zeit die Frage gestellt hat, daß ein wundertätiges Werk, sei es eine Plastik, sei es eine Malerei, zugleich auch von höchstem künstlerischen Rang sein müsse? Wahrscheinlich nicht. Doch trifft dies für das um 1330 von einem unbekannten westfälischen Meister geschaffene Coesfelder Gabelkreuz mit der lebensgroßen Darstellung des

Heilands zu, dessen Antlitz die irdischen Leiden, aber auch die mystische Verklärung ausdrückt. Man muß nicht erst erfahren haben, daß im Kopf der Plastik ein Splitter des Kreuzes von Golgatha aufbewahrt sei, um beim Anblick dieses Meisterwerks fromm zu werden. Karl der Große soll den Coesfeldern den Splitter geschenkt haben.

Dieses Kreuz also trugen die Coesfelder am Pfingstmontag über die Wälle, weil Fürstbischof Christoph Bernhard von Galen es so gewollt. Und weil alsbald so viele Pilger von außerhalb kamen, um an der wundertätigen Kreuztracht teilzunehmen, daß zeitweise die Stadttore geschlossen werden mußten, erfand der geistliche Herr gleich noch eine zweite, nämlich die »Große Kreuztracht« für Pfingstdienstag, die vorbei an Kapellen und frommen Bildnissen ins Freie führte: ein Weg, den der so weltliche wie kirchliche Fürst mit allen Stationen, Kapellen und frommen Bildnissen höchstselbst festlegte. Anno 1660 konnte er dem Papst mitteilen, daß zur »Großen Kreuztracht« an die fünfzehntausend Pilger erschienen waren, die zum Teil von fern her den Weg nach Coesfeld gefunden hatten: eine für jene Zeiten ungewöhnlich hohe Zahl. Noch in der Gegenwart pilgern viele Menschen aus naher und ferner Umgebung, auch aus Holland, zur »Kreuztracht« nach Coesfeld, das den traurigen Ruhm hat, von den westfälischen Städten die dritte zu sein in der Rangliste der Kriegszerstörungen: achtzig Prozent der Bauten und Häuser vernichtet. (Paderborn: 96,6 und Bocholt 89 v. H.) Das Gabelkruzifix von Coesfeld aber blieb in der nur wenig beschädigten Lamberti-Kirche unversehrt.

Dieses Wunder schien meinen Freund keineswegs zu wundern, der bei aller Kritik an den frömmelnden Geschichtsschreibern und Legendenbildnern seiner Heimat ein gut westfälischer Katholik war, wobei er Spaß daran hatte, zwei Damen aus seiner nächsten Verwandtschaft nie anders als »die Kirchenmäuse« zu nennen.

Gerade, weil er gläubig war, fand er, der Ausdruck »Hessen-Utjagd« sei schon seit Jahrhunderten deplaziert. Diese Bezeichnung gehöre als Merkmal der »Fremdenfeindlichkeit« zu den noch heute gebräuchlichen Mitteln der »Umerziehung«. Wer dem Volke etwas nähme - dies war Merveldts Meinung -, pflege ihm zunächst etwas zu geben: nämlich Nationalgesinnung und Freude an Aufmärschen.

Die Nationalgesinnung gab der »Kanonen-Bischof« den Bürgern des Münsterlandes, weil er ihnen die Freiheit samt ihren Ersparnissen nahm (wobei er Münster ganz unbekümmert vom Range einer einflußreichen Kapitale zu dem einer Provinzstadt degradierte). Speziell nach verlorenen und verlustreichen Kriegen, wenn im Volke der religiöse Sinn erwacht - Hinwendung vom Elend der Welt zum tröstlichen Himmel -, können Prozessionen als »Aufmärsche« dienen: ein Mittel der »Umerziehung«, das zumal dort passend erschien, wo ein geistlicher Herr auch der weltliche Herrscher war.

Und spricht es nicht für des »Kanonen-Bischofs« Fähigkeit als Propagandist und Organisator, daß die von ihm erfundene Pfingstprozession von Coesfeld so berühmt wurde, daß sie sich bis in die Gegenwart hinein erhielt?

Mein Freund sagte, daß dies ohne bewahrenden, traditionstreuen Sinn und ohne Gläubigkeit nicht möglich gewesen wäre. Und eben über diese Eigenschaften verfügten ja die Westfalen.

»Wir halten fest an dem, was wir haben, egal, was es ist. Und wir sind metaphysisch begabt.«

»Ihr seid geschichtlich begabt. Und Ihr seid fromm.«

»So kann man es auch sagen.«

Ich wollte wissen, ob je ein Hesse bei der »Hessen-Utjagd« beobachtet worden sei, vielleicht verkleidet, maskiert, incognito, oder ob dieser Ausdruck bei hessischen Katholiken keinerlei schockierende Wirkung hervorrufe.

»Nicht, daß ich wüßte. Überhaupt sind die Westfalen und Hessen mehr oder weniger auf Abstand bedacht. Sie sagen, wir seien stur; wir sagen, sie seien boshaft. Bis auf den Freiherrn vom Stein, der herkam, uns zu verwalten und ein besseres Preußentum zu lehren, der aus Nassau stammte, Wahlwestfale wurde und auf Cappenberg starb, weiß ich von keinem bedeutenden Hessen, der nach Westfalen übersiedelte. Er hätte die Sprachgrenze zwischen einem Dialekt und unserem Platt überschreiten, womöglich auch noch über den Zaun klettern müssen, der die Konfessionen auseinanderhält. Das tun die Hessen gar nicht gern und noch viel weniger gern wir Westfalen. Im Grunde zieht es uns westwärts, wenn wir schon unsere Eichen im Stich lassen müssen. Oder auch ostwärts. Ja, ostwärts auch.«

»Paul Schallück, den Romanschreiber aus Warendorf i. W., zog es an den Rhein, nach Köln.«

»Und weiter noch westwärts wollen wir. Nach Frankreich. Wenn wir südwärts ziehen, dann gleich nach Italien oder wenigstens nach Bayern.«

»Wie der Poet Peter Paul Althaus aus Münster, der in München die *Flower Tales - Laßt Blumen sprechen* schrieb.«

»Ein Münchner Dichter namens Althaus aus Westfalen?« Merveldt war eher für den ollen Peter Hille aus Erwitzen i. W. Aus Erwitzen und nicht witzig sein, das ist ja wohl nicht möglich.

Wir feierten also das Angedenken an den vagabundierenden Dichter Hille, der, bevor er sich in Berlin niederließ, nach Holland und England und Italien ging, alles mit seinen verschwiemelten Kinderaugen ansah und bestaunte, der es liebte, sich kurz zu äußern

(»Er spricht so viel« - »Also ein nichtssagender Mensch!« oder die »Feststellung des betrunkenen Eifersüchtigen«: »Meine Frau treibt Bigamie!«) Nachdem er seinem Freunde Julius Hart aus Münster und dessen Bruder Heinrich bei der Erfindung des literarischen Expressionismus geholfen hatte, löste er sich so langsam auf.

Zu seinen Ehren, und da es uns an Stoff im Augenblick nicht mangelte, zitierten wir andächtig eines seiner »antiklerikalen Lieder des betrunkenen Schuhus« mit dem Titel »Im Kirchturm«:

Was die Gelehrten reden, ist nur Kohl,
Denn eine taube Nuß ist ihr Symbol.
Wie diese ist ihr Schädel hohl -
Der Weise weiht sich dem Alkohol.

Bim, bim, bim, bim,
Bin böse, bin schlimm.
Kommen gelaufen und ärgern einen,
Immer sind sie auf den Beinen,
Mag's nun regnen, mag die Sonne scheinen,
Und ist ein Gegröle, ein Weihrauchgestänker,
Hol sie der Henker!

Sonst ist alle Zeit
Hier oben Einsamkeit,
Denn der früher hier heraufgekrochen,
Hat den Hals gebrochen.
Wie ich im Nu - kiwitt, kiwitt,
Geh mit, geh mit -
Den letzten Rum gestohlen,
War er noch da, sich Schnaps zu holen.

Gluck, gluck.
Dann tat es puck!
Im Turmgebälk und Branntewein,
Da muß man schon ein Schuhu sein.

Nachts lassen sie mich hier in Ruh,
Und wenn sie dann die Klöppel schwingen,
Die dröhnenden Dinger wie Donner singen,
Dann seh ich zu
Und schlürf in langen Zügen
Aus allen meinen Krügen
Kognak, Korn und Aquavit
Und habe mein Vergnügen,
Wenn wohle Glut die Nacht bezieht,
Das ist mir mehr als Morgenrot,
Und morgen sind viel Häuser tot.

Grgrgi,
Der Teufel hole sie!
Dreck! Komm, Karlineken, komm.
Mach mich fromm,
Daß ich in den Himmel komm!

Immerhin sind mir zwei Westfalen unvergeßlich, die es nach Hessen getrieben hatte, nach Frankfurt.

Der eine war Eberhard Beckmann aus Münster, den wir »Ebbe« nannten, als er ein einige Jahre älterer, heiterer, witziger Freund unserer Zeit zwischen Studium und erster Berufserfahrung war. Wie einst Peter Hille reimte er schnell und sarkastisch. Doch keiner war in Wort und Wesen so elegant wie er.

Ein Münsteraner und elegant?

Man glaubt es außerhalb Westfalens vielleicht nicht so recht, aber es ist wahr: Münsteranertum und Charme sind gar nicht selten zwei verschiedene Worte für dieselbe Sache. In diesem Sinne denken viele Freunde mit mir an das Beispiel meines journalistischen Schülers und engen Mitarbeiters in der ZEIT, des nur zufällig im Rheinland geborenen Kulturpolitikers Paul Hühnerfeld, der in jungen Jahren durch einen Unfall starb, und eben an das Exempel Eberhard Beckmanns. Dieser Charme galt freilich auch bei ihnen nur bis zu jenem Augenblick, da ein Münsterländer oder Münsteraner sagt: »Es hat geklingelt!« In diesem westfälischen Moment zeigt sich, woher sie stammen.

Bei Eberhard Beckmann kam dieser Moment, als Hitler Deutschland usurpierte. Beckmann, bis dahin zunächst theaterwissenschaftlicher Lehrer an der Schauspielschule und dann Mitarbeiter des Frankfurter Senders, zog sich zurück, verschwand in einer Einsamkeit, die übrigens nicht ungefährdet war. Er kehrte - ein weltläufiger Westfale in Frankfurt - als Intendant des »Hessischen Rundfunks« an die Öffentlichkeit zurück. Er starb zu früh; auch er. Nicht nur die hessischen, sondern alle westdeutschen Rundfunk- und Fernsehteilnehmer haben ihm viel zu verdanken.

»Und der andere Frankfurter Westfale?«

Der andere war Friedrich Sieburg aus Altena i. W. mit seinem schweren eindrucksvollen Kopf, seinen dunklen Augen, hoheitsvollen Gesten, seiner auch im geplauderten Wort so packenden Erzählerkunst, seinem dunklen Humor, seinem Spott, der nicht einmal seine eigene Person schonte. Zwar zog es ihn nach Paris und Kopenhagen und London, nach Tokio und auf Reisen durch die ganze Welt, doch ist es ja wohl zunächst notwendig gewesen, daß er nach Frankfurt ging, ehe die *Frankfurter Zeitung* ihn als ihren bald allgemein beachteten, dann glanzvollen Korrespondenten losschickte.

»Sieburg Westfale?«

Zuerst der Name: westfälischer geht es nicht. Dann, wie gesagt, sein Geburtsort: Altena im Sauerland. Wenn das nicht genügt, her mit einer Geschichte!

Sieburgs Pfarrer war schon alt und müde. Er schlief samstagnachmittags, wenn die Kinder an der Reihe waren, leicht im Beichtstuhl ein. Sieburg beichtete in Demut und Reue seine Sünden. Er hatte gelogen. Der Pfarrer seufzte im Schlaf; das Beichtkind hatte Gott gelästert, der Herr Pastor stöhnte. Je weiter die Beichte fortschritt, der Schlaf des geistigen Herrn tiefer wurde, desto schwerer, kaum noch zu tragen, wurde der Sündensack auf den schmalen Schultern des Kindes, das nun selber stöhnte, bis es einen Schnarcher und schließlich doch die erlösenden Worte hörte: Ego te absolvo! Wie aus tiefster Not Sieburg zu hellem Entzücken aufstieg, und, im Freien angekommen, vor der Kirche jubilierte: »Frei von Sünden. Oh, verdammt und Dunnerkeil!«

Da war allerdings für Hanns-Hubertus Merveldt die Sieburgsche Westfalenart hinreichend bewiesen, so wie er später auch den Poeten P. P. Althaus als Landsmann akzeptierte. Dies geschah aus Grund eines Gedichtes, das ich ihm zukommen ließ, und in dem das feinste Naturempfinden und die stärkste moralische Warnung zusammenklingen:

Ich bin der gemeine Kümmel;
Als Destillat heiß' ich »Köhm«.
Ich blüh' unter freiem Himmel
Und in Nasen. Je nachdem.

Im Stehausschank in der Sperlingsgasse
Trank neulich auf Grund einer Wette
Ein Mann zwei volle Kaffeetassen
Und dann noch vier
Von mir,
Er hat darauf sein Leben gelassen.
Ach, wenn er es nur gelassen hätte!

Sollten noch einmal Gedichte aus Eberhard Beckmanns Jugendtagen auftauchen, dann dürfte man Ähnlichkeiten entdecken - Parallelen im Geschmack des Gesanges, nicht dem des besungenen Gegenstandes. Auch Merveldt bemerkte nach dem Genuß des Gedichtes: »Allerdings! Das ist echt. Aber ich ziehe Wacholder vor, Genever, Steinhäger.«
Und dann zogen wir im Geiste den Hut vor Walter Dirks, aus Hörde bei Dortmund, der als prominenter Rundfunkmann in Köln lebte, sich aber schon in jungen Jahren, und zwar in Frankfurt, einen Namen als kulturpolitischer katholischer Journalist gemacht hatte. War »Christus am Kreuz mit der Gasmaske« von George Grosz Gotteslästerung? Dirks sagte in den zwanziger Jahren als Sachverständiger vor Gericht: Nein! Freispruch für Grosz. »Bravo, Dirks!« sagte Maler Merveldt zu wiederholten Malen noch lange, lange hinterher.
Im Rheinland also, auch in Rheinland-Pfalz, wenn man das bißchen gemeinsame Grenze überhaupt in Betracht ziehen soll, vor allem in Hessen ist und bleibt der Westfale, wenn er sich dort eingemeindet, als solcher deutlich zu erkennen. Gemeinsame »muß«-preußische Vergangenheiten spielen dabei keinerlei ausgleichende oder verwischende Rolle. »Westfale bleibt immer Westfale!« wie ein großer Mann es so schlicht, aber zutreffend sagte.
Versuchen wir nun, die Westfalen von jenem Bundesland aus zu betrachten, das sich als ein einheitliches Niedersachsen darstellen möchte, obwohl es aus dem gewesenen Königreich (bis 1866) und der nachmaligen preußischen Provinz Hannover, sowie aus Oldenburg, aus Braunschweig und Schaumburg-Lippe zusammengesetzt ist, die nie preußisch hatten werden müssen, so wird die Sicht ein wenig unscharf, wie dieser lange Satz trübe wird, wenn wir ihn nicht sofort beenden: Punkt.
Niedersachsen umgibt Westfalen im Osten und Norden. An welchen Teilen der Grenze aber beginnen die Westfalen, sich von den Niedersachsen zu unterscheiden?
Da ist die Stadt Osnabrück, die gleich Münster und zu gleicher Zeit Schauplatz des »Westfälischen Friedens« war, des europäischen Friedens also nach dem Dreißigjährigen Krieg.

Lange Jahrhunderte hindurch zweifelte niemand daran, daß es eine goldechte westfälische Stadt sei: zu stark war das Erlebnis alter gemeinsamer Geschichte. Die Bürger der Stadt und des Osnabrücker Regierungsbezirks beantworten noch heute die Frage, ob sie Niedersachsen seien, mit unsicherem Gesicht, ob sie sich als Hannoveraner fühlten, mit staunender Miene, so dumm gefragt zu werden. Es geht ihnen wie den Leuten im »Oldenburger Münsterland«. Sie sind »eigentlich« Westfalen. Man kann auch sagen: Ihr »Eigentliches« unter den Niedersachsen ist es, Westfalen zu sein.

Aber es ist etwas passiert seit der Zeit, da Osnabrück als berühmtes Tuch- und Leinenhandelszentrum gemeinsam mit Münster, Dortmund und Soest die westfälischen Hansestädte anführte, wie dies im dreizehnten bis fünfzehnten Jahrhundert der Fall war. Zunächst wollte es eine höchst originelle Regelung, die im »Westfälischen Frieden« (1648) vereinbart worden war, daß Osnabrück, welches mit seinem Hinterland ein Fürstbistum war, allerdings ein konfessionell gespaltenes, abwechselnd von einem katholischen und einem evangelischen Bischof regiert werde. Und es kam der Moment, daß der Fürstbischof Franz Wilhelm von Wartenburg das Zeitliche gesegnet und der protestantische Welfenbischof Ernst August den Thron bestiegen hatte. Da drehte sich das Karussell nicht mehr. Die Welfen behielten schließlich, was sie hatten. Welfische Bindung löste die westfälische ab. Und als der Wiener Kongreß 1815 das inzwischen säkularisierte Osnabrücker Land nach der napoleonischen Episode zu Hannover schlug, wurde eine Distanz bestätigt, die längst eingetreten war.

Im Osnabrücker Land, das endlich mit dem friesischen Emsland zur hannoverschen »Landdrostei« zusammengelegt wurde, sind auf solch undramatische Weise aus Westfalen Ostfalen geworden. Da dieser Ausdruck jedoch, wie wir wissen, außer Gebrauch gekommen ist, wird quasi vertuscht, daß die niedersächsischen Grenzen, die hier tief ins Westfälische hineinlaufen, am letzten Ende auch psychologische Bedeutung haben. Obwohl sie seltsam nebelhaft und ungenau erscheinen, sind sie vorhanden, diese Grenzen, und auch wieder nicht. Denken die Leute im Osnabrückschen historisch: schon sind sie wieder Westfalen. Denken sie an die Gegenwart, an ihre Textilindustrie und an die Schätze ihres Bentheimer Erdölgebietes, des größten in Deutschland, das sie in höchst rationeller Weise auszubeuten verstehen, so kommen sie auf Formulierungen, die partout etwas Eigenständiges betonen wollen. So sprach Gerhard Kanne, ein Kenner des Osnabrücker Landes, in einem Merian-Heft »Osnabrück« (1951) von einer Gegend, »wo niedersächsische Seßhaftigkeit und westfälische Betriebsamkeit eine Idealehe eingegangen sind«.

Wie? Die Niedersachsen »seßhafter« als die Westfalen? Kommen den Niedersachsen die Westfalen wie halbe Rheinländer vor - aus Osnabrücker Sicht? Sollte wirklich nicht eher bei gewissem Anderssein von Osnabrückern und Münsterländern ein Konfessionsunterschied etwas wie Grenzwirkung haben? So wie umgekehrt unter den Katholiken im Oldenburger Land, das im Rahmen der niedersächsischen Gemeinschaft Kulturautonomie besitzt, eine Neigung für Leute des katholischen Münsterlandes unverkennbar ist?

In der Nähe von Osnabrück erinnert ein Dorf, das Essen heißt, an eine Stadt gleichen Namens, welche die fünftgrößte im Bundesgebiet ist: nach Berlin, Hamburg, München und Köln. Hier, wo die Sprachgrenze mitten durch die Stadt läuft, findet sich ebenfalls Anlaß zur Diskussion, ob es sich eher um rheinisches oder um westfälisches Gebiet handele. Zwar gehört heute der gesamte Stadtbereich zum Rheinland. Sobald wir aber ein wenig in die Vergangenheit schauen, beispielsweise die Geschichte von Werden betrachten, das 1929 in Essen eingemeindet wurde und in dessen ehemaliger Abteikirche der Heilige Ludger, der erste Bischof von Münster, ruht, dann gewinnen die westfälischen Charakterzüge an Bedeutung, ja, sie nehmen überhand.

Ein Benediktiner-Mönch von Werden, so darf man mit großer Wahrscheinlichkeit annehmen, schrieb den *Heliand*, jenes Heldenepos, das den alten Sachsen, die mit dem Christentum konfrontiert wurden, den Sinn des Neuen Testaments deutlich machen sollte. Darin geht es ganz germanisch zu. Christus ist »der Männer Fürst« und der Tempel in Jerusalem eine »prächtige Burg«, die »in Aufruhr kommt«, als gefragt wird, »wer es wär', der da käme mit kräftiger Schar«. Und einer gab zur Antwort, »daß da Jesus Christ von Galiläaland, von Nazarethburg, der Nothelfer, käme, der weise Wahrsager, zu wenden die Not«.

Ersparen wir uns in diesem Zusammenhang den Hinweis auf das Reittier, das den Heliand nach Jerusalem trug. Nur so viel: Im Pferdeland Westfalen glaubte niemand, es sei ein Esel gewesen.

Erinnern wir uns auch daran, daß die gotische Handschrift der Ulfila-Bibel, die heute in Uppsala aufbewahrt wird, aus der Werkstatt des Klosters Werden kommt. Es ist klar, daß geschichtliche Einzelheiten wie diese beim Streiten darüber, ob Essen rheinisch oder westfälisch sei, eifrig herangezogen werden. Doch handelt es sich eher um platonischen Streit. Denn Essen ist Ruhr-Stadt, gleich so rheinisch wie westfälisch: eine Tatsache, die hier auch nur deshalb erwähnt wird, weil wir darauf bestehen, daß die westfälische Grenze im Westen eben nicht mehr problematisch ist, wie man dies von der im Osten so ganz gewiß eben nicht sagen kann und erst recht nicht von der im Norden, soweit sie die Niederlande betrifft.

Wohin flüchteten westfälische Bauernsöhne, wenn sie keine Lust hatten, als »lange Kerls« in Preußen zu dienen, oder keine Lust, in den Freiheitskampf gegen Napoleon geführt zu werden? Nach Holland. Wohin zogen westfälische Tagelöhner in lang währenden schlechten Zeiten, um sich als Saisonarbeiter zu verdingen?

In die Niederlande.

In der Tat ist es mit den Niederlanden, seit ihre nationale Selbständigkeit durch den Westfälischen Frieden bestätigt war, sogleich und stetig aufwärtsgegangen. Und das hat sich für Westfalen nicht einmal schlecht ausgewirkt, das durch den Krieg ausgepowert war und durch die neuen Feindseligkeiten auch im folgenden Jahrhundert arm und elend blieb. Nicht nur die zweiten und dritten Söhne der Bauernfamilien, sondern auch die Pächter der kleinen Höfe selber, die ihre Pacht nicht zahlen konnten, zogen als Fremdarbeiter nach Holland.

Aus dem Tecklenburger Land machten die »Hollandgänger« sich in jedem Frühjahr auf den Marsch. Lange Kolonnen, in Gruppen unterteilt. Die Gruppe führte denn wohl im Wagen, den Pferde, manchmal aber auch die Männer selber zogen, die Lebensmittel mit, die sie für den längeren Marsch brauchten, wenn die Leute nicht sogar Nahrung von einiger Dauerhaftigkeit mitschleppten, auf die sie an ihren Arbeitsplätzen zurückgriffen. Denn wie die Fremdarbeiter des zwanzigsten Jahrhunderts sparten sie und gaben möglichst wenig Geld aus, um später ihre Existenz im Heimatland zu verbessern. In Holland handelte es sich um Landarbeit zwischen Saat und Ernte, um Saisonarbeit also, wobei die Arbeiter in Scheunen schlecht und recht untergebracht wurden oder in Hütten hausten, die sich die Männer selber errichtet hatten. Es gab aber auch Arbeit bis in den November hinein: Arbeit an den Kanälen oder in den Torfgebieten. Monatelang waren ihre Herkunftsorte reine »Weiberdörfer«.

Diese »Hollandgängerei« hat erst gegen Ende des neunzehnten Jahrhunderts aufgehört, das heißt in der Zeit, da in Westfalen alte Handwerksstätten sich zu Fabriken auswuchsen und die Industrialisierung begann, die es dann - Gott sei es geklagt - mit sich brachte, daß nicht nur Halbwüchsige, sondern auch kleine Kinder sich ihren Groschen verdienen konnten, wobei ihre Gesundheit aufs Spiel gesetzt wurde.

Im Tecklenburger Land war aber auch seit dem siebenzehnten Jahrhundert eine andere Einrichtung im Schwange, die mit dem sanften Namen »Brauchtum« zu bezeichnen sehr vermessen wäre. Die kleinen Bauern in Orten wie Hopsten, Mettingen, Ibbenbüren oder Recke und im Lande ringsum waren so jämmerlich arm, daß sie nicht nur im Winter, wenn die Landbestellung ruhte, sondern auch im Sommer nach der Arbeit die Weberei betrieben: Flachsbauern und Leinenweber in einem.

Heute nun kann man zu Mettingen im Gasthof Telsemeyer sehen, was daraus geworden ist: Die Kleinbauern zogen mit schweren Packen zu Fuß durch das Land. Es waren Leinenballen, sogenanntes Löwendlinnen, mit denen sie nicht nur Westfalen, sondern auch ganz Holland bis zu den Küsten durchwanderten. Zu Mettingen aber sieht man in jenem alten Fachwerkhaus, das aus der Bauernschaft Wiehe stammt und hier 1962 wieder aufgerichtet wurde, altes Gerät wie Spinnrad und Brake, Haspel und Hechel, auch einen Webstuhl von anno dunnemals. Die Ausstellung zu erweitern, kamen später noch zwei alte Heuerhäuser hinzu. Insgesamt aber handelt es sich um ein »Tüötten-Museum«, das einzige seiner Art. Im Hotel an gleicher Stelle kann man vorm Einschlafen, weich gebettet, darüber nachdenken, daß die Leinenhausierer manchmal im Freien genächtigt haben zu alter Zeit. Auch kann man bei einem »Koarn« an der Theke über den Sinn von Organisationen »spinnen«. Denn die »Strücheltüötten«, die Hausierer, haben einander wie in einer Gewerkschaft oder einem Unternehmer-Verband unterstützt, haben ihre ambulante kleine Welt untereinander verteilt, damit nicht der eine dem anderen ins Gehege käme. Und wie die Zeit verging, ihr Fleiß jedoch nicht nachließ und ihre Händlererfahrung wuchs, kam der Moment: da hatten sie sich und ihre Waren ins Rollen gebracht. Das heißt: Sie schliefen in ihren Planwagen, wenn sie sparsam waren, oder in Gasthäusern, wenn sie nicht mehr auf jeden Pfennig sahen. Und eines Tages konnten sie Kutscher und Knechte mieten oder »Heuerlinge«, die den Hof daheim versorgten. Ihre Organisation förderte es natürlich auch, daß sie sich gelegentlich spezialisierten, so daß die »Tüötten« aus Mettingen Leinen aus eigener Hausarbeit feilboten, während die mit einem Vokal weniger gesegneten »Tödden« aus Hopsten und Umgebung, von denen Josef Winckler, einer ihrer Enkel oder Urenkel, erzählt hat, mit Leinen aus dem Ravensburger Land handelten. Viele Tödden wurden schließlich wohlhabend, beteiligten sich am Ausbau der westfälischen Textilfabrikation, speziell der Münsterländischen Baumwollindustrie, wurden große Konfektionskaufleute und machten ihre Namen bekannt: Brenninkmeyer oder Hettlage. Weithin bekannt in Europa.

In welcher Landschaft liegt es nahe, daß die Menschen auf Europa hoffen? Im Gebiete beiderseits der westfälisch-holländischen Grenze, deren Bewohner mehr, als sie jahrhundertelang wahrhaben wollten, aufeinander angewiesen sind. Und wenn hier so oft Unfriede herrschte, so hat dies an den Menschen hüben und drüben am wenigsten gelegen. Es waren die Mächtigen, die es anders wollten. Das fing, soweit es sich um die westfälische Seite handelte, schon mit Galen, dem »Kanonen-Bischof«, an, der gar nicht damit einverstanden war, daß im »Westfälischen Frieden« der Abfall der Niederlande bestätigt wurde.

So wären wir denn wieder zum Erfinder der »Hessen-Utjagd« zurückgekehrt. Und da ist denn der Hinweis angebracht, daß er, und zwar sogar im Bündnis mit England und

Frankreich, einige Feldzüge gegen die Niederlande unternahm, wobei er, wie Hanns-Hubertus von Merveldt sagte, sogar in die Musikgeschichte einging.

»In die Musikgeschichte? Durch Kanonengedonner -?

»Er hat in der Kirche des niederländischen Eibergen ein wunderschönes Barock-Örgelchen gefunden und mitgehen lassen. War es auch Raub, so zeugte es doch von Kultur und davon, daß ihm auch die zarteren Töne etwas sagten.«

Die Westfalen als die Deutschen schlechthin

Im »Großen Brockhaus« heißt es über die Westfalen, sie seien »oft von hohem Wuchs und breitschultrig« und gehörten »zu den konservativen deutschen Stämmen«. Liest man dies, so denkt man wohl: Heinrich Lübke, der zweite Präsident der Bundesrepublik Deutschland, konnte mit seiner kleinen zierlichen Gestalt und seinen schmalen Schultern kein Westfale sein, obwohl er doch aus dem Sauerland stammte. Ferner heißt es, die Westfalen hätten »weithin die niederdeutsche Sprache und viel bäuerliches Brauchtum bewahrt«. Auch sei »das religiöse Leben im überwiegend katholischen Münsterland und in den meist evangelischen Zonen des Nordens und Südens von großer Kraft«.

Bei solchen Einzelheiten kann man annehmen, daß bewährte Lexikon-Redakteure Charakteristiken wie diese nicht drucken ließen, ohne sich bei den Betroffenen selber informiert zu haben. Um so wichtiger wird dann der Satz: »Im Wesen ist der Westfale schwerfällig, jedoch empfindsam und erlebnistief.«

Halten wir also fest, daß die Westfalen sich selber für »empfindsam und erlebnistief«, wenn auch »schwerfällig« im Wesen ansehen, es sei denn, sie stimmten dieser Behauptung nur aus Höflichkeit zu oder widersprächen ihr aus demselben Grund nicht.

Wenn hier nun von Bismarck die Rede sein soll, so deshalb, weil er es war, der den zunächst einfältig klingenden Satz prägte: »Der Westfale bleibt immer Westfale!«

Übrigens haben wir es hier mit einer »Rede an die Westfalen« aus dem Jahre 1895 zu tun, aus einer Zeit also, da Bismarck längst Muße hatte, im Sachsenwald spazierenzugehen. Der Mann, der als Eiserner Kanzler durchaus nicht nur Schmeichelhaftes über die Westfalen geäußert hatte, fühlte sich jetzt offensichtlich verpflichtet, etwas gutzumachen an diesem empfindsamen und erlebnistiefen Menschenschlag. Es ist ihm denn auch ein Denkmal in Westfalen gesetzt worden: nur ein einziges, und zwar in Burgsteinfurt. Sonst aber hat der von Bismarck angezettelte »Kulturkampf« ihm, besonders in den Gegenden von Münster und Paderborn, nichts als erbitterte Feindschaft eingetragen, die sich zum Teil direkt gegen Berlin und Preußen richtete und lange nicht aus den Gemütern der schwerfälligen Westfalen wich.

Unvergessen ist, daß Bismarck die Jesuiten aus Münster vertrieben hatte. Unvergessen blieb, daß jener Bischof Brinkmann von Münster im Jahre 1875 vierzig Tage zu Warendorf im Gefängnis sitzen mußte, ehe er sich nach Holland rettete, von wo er erst ein Dezennium später in seine Diözese zurückkehren konnte.

Daß Bischöfe in Deutschland für ihre Kirche leiden mußten, das war in jenem Jahrhundert eine rare und als pure Barbarei kenntliche Sache. Unvergessen ist, daß Bischof Martin von Paderborn im Jahre 1879 verhaftet und in Wesel gefangengehalten wurde. Er hatte die Chance, nach Belgien zu entkommen, doch nie das Glück, nach Paderborn heimzukehren. Er ist in Scheveningen gestorben. Zwar waren die »Maigesetze«, für die sich 1873 eine Mehrheit im preußischen Landtag gefunden hatte, nach den Verhandlungen mit dem neuen Papst Leo XIII. im Jahre 1887 endlich gefallen. Aber die Wunden waren noch nicht einmal im katholischen Rheinland geheilt. Wie hätten sie in Westfalen vernarbt sein können? Offenbar hat Bismarck sich auch nicht sonderlich wohl gefühlt bei seiner Versöhnungsrede.

»Eins ist Ihrer Landschaft immer eigentümlich geblieben«, sagte er: »sie hat sich immer einig gefühlt als Westfalen.«

Wie holperig das klingt! Eine »Landschaft«, die sich einig fühlt! Und das im Munde des sonst so großen Stilisten!

»Ich habe stets gefunden, daß der Westfale sich immer als solcher bekennt.« So dreht sich der Bismarcksche Text im Kreise. An anderer Stelle aber wird Westfalen als deutsches Land schlechthin, Westfalens Schicksal generell als das deutsche hingestellt, so als seien die Westfalen die eigentlichen, die Ur-Deutschen.

Was mag wahr daran sein?

Eine der besten Charakteristiken über die Deutschen, jedenfalls die bekannteste, hat Madame de Staël geschrieben *(De l'Allemagne),* ein Buch, das zu ihren und Napoleons Zeiten sowohl Unwillen als auch Bewunderung erregte, schließlich aber, nach der Gründung des Deutschen Reiches, vom Bismarck-Gegner Paul de Lagarde als Bild vom seligmachenden, leider verlorenen Paradies betrachtet wurde, da nunmehr die darin gerühmte »Unabhängigkeit des Geistes und Eigenart des einzelnen Menschen fast als Verbrechen und Sünde« angesehen würden.

Wie, wenn wir die Urteile der geistvollen Frau, die nicht müde wird, die Deutschen mit den Franzosen zu vergleichen (so daß ihr Buch eigentlich »De l'Allemagne et de la France« heißen müßte), besonders auf die Westfalen anwendeten?

»Man kann zum Ruhme der deutschen Nation sagen, daß sie zu jener kühnen Geschmeidigkeit so gut wie unfähig ist, die alle Wahrheiten den eigenen Interessen unterordnet und alle eingegangenen Verpflichtungen bricht, sobald sie nicht mehr ins Kalkul passen.« Daß es ihnen an »kühner Geschmeidigkeit« fehle: könnte Madame de Staël dies von den Rheinländern, den Hessen, den Schwaben sagen? Doch auf die treuen Westfalen gemünzt, trifft ihr Wort ganz sicher zu.

»Freude an der Arbeit und Besinnlichkeit sind Charaktermerkmale der deutschen Nation.«

Die Arbeitsfreude darf man wohl für alle Deutsche gelten lassen. Aber daß sie alle »besinnlich« seien, ist doch wohl nicht erwiesen, sie seien denn Westfalen. (»Empfindsam und erlebnistief«, sagt das Lexikon.)

»Weniger dadurch, daß sie geistvoll sind, als vielmehr durch ihre Vorstellungskraft werden die Deutschen charakterisiert.«

Ist jemand unter den Westfalen, der hier widerspricht?

Aber an Annette von Droste-Hülshoff und ihre Beschreibung der Grobheit, die sie im Paderborner Land antraf, wo »Fluch- und Schimpfreden einen großen Teil ihrer Bedeutung verloren« haben und »eine rohe Art aufopfernder Liebe wohl neben sich bestehen« lassen, erinnert folgende Beobachtung der Madame de Staël: »Man ist unaufhörlich betroffen über den Gegensatz zwischen den Empfindungen und den Umgangsformen, zwischen den Begabungen und dem Geschmack: Die Zivilisation und die Natur scheinen sich noch nicht recht ausgeglichen zu haben. Manchmal geben ganz echte Naturen sich affektiert in ihren Äußerungen und machen ein Gesicht, als hätten sie etwas zu verbergen; ein anderes Mal verhindert Sanftmut der Seele keineswegs die Derbheit der Manieren. Oft geht dieser Widerstreit noch weiter, so daß Weichheit des Charakters hinter der Grobheit von Worten und Benehmen bemerkbar wird ...« Wer Westfalen kennt und schätzt, dem ist diese deutsche Erfahrung der Madame de Staël am wenigsten fremd.

Eine ihrer Beobachtungen könnte als Motto über dem nächsten Kapitel stehen.

»Die Deutschen - darüber müssen wir uns einig sein - sind nicht immer restlos natürlich. Überzeugt, loyal und aufrichtig in allen Lebenslagen zu sein, neigen sie dazu, Schwärmerei für das Schöne als einen Kult des Guten anzusehen. Dabei erlauben sie sich manchmal Übertreibungen, die schließlich alles verderben.«

Was ist germanisch an Armin, dem Cherusker?

Es nützt nichts, den Westfalen zu sagen, Arminius, der Cherusker, der anno 9 die römischen Legionen des Quintilius Varus - eine Armee von 30 000 bis 40 000 Mann - vernichtend schlug, worauf der Feldherr sich in sein Schwert stürzte, habe nichts, aber auch reineweg gar nichts mit ihnen zu tun. Sie beharren darauf, daß er doch etwas mit ihnen zu tun habe, wenigstens ein bißchen, wenigstens als Denkmal in ihrem Teutoburger Wald. Und das ist dann auch wieder richtig.

Die Geschichte des Arminius, von dem niemand weiß, wieso er eigentlich auf deutsch »Hermann« heißt, hat für die Westfalen immerhin den Vorteil, daß sie sich in einem Gebiet abgespielt hat, das sie heute bewohnen, wobei allerdings nicht sicher ist, ob die berühmte Schlacht überhaupt im Teutoburger Wald oder weiter westwärts ihren Schauplatz hatte. Jedenfalls gibt die historisch erwiesene Tatsache, daß damals die Vorfahren der Westfalen noch nicht in Westfalen lebten, den heutigen Bewohnern ein Alibi. Denn so kann die sprichwörtliche Treue der Westfalen wenigstens nicht in Zweifel gezogen werden durch den Verrat, den Arminius an den Römern und ihrem Feldherrn Quintilius Varus beging: Erst lockte er, der das Studium der Kriegskunst bei den Römern hatte treiben dürfen, und zwar ersichtlich mit großem Erfolg, ihre Truppen auf raffinierte Weise in den Hinterhalt, und dann ließ er seine Cherusker samt den verbündeten Nachbarstämmen auf sie los. Das Ende kennt man aus dem Bericht, den der römische Geschichtsschreiber Tacitus vom Hörensagen verfaßte: war er doch erst rund fünf Jahrzehnte nach der Schlacht geboren. Drei Legionen vernichtet. Das Gros der römischen Streitmacht zerbrochen. Nur wenige Überlebende hatten die römischen Kastelle am Rhein erreicht. Sie konnten sechs Jahre später, laut Tacitus, den Legionen des Germanicus als Wegweiser dorthin dienen, »wo die Reste des Varus und seiner Legionen unbestattet liegen sollten«.

Damals, als wir im Gymnasium den Tacitus lasen, zweifelten weder Lehrer noch Schüler, daß es sich bei den Cheruskern - wie natürlich auch bei den Teutonen - um Germanen handelte. Aber auch das ist inzwischen anders geworden.

Vieles, was Tacitus, wenn auch lange »post festum«, schrieb, mag auch noch heute unbestritten sein: seine Schilderung vom Schlachtfeld mit den »bleichenden Gebeinen der Krieger, zerstreut oder zu Haufen aufgeschüttet«, und seine Erzählung, wie die Soldaten des römischen Heeres »sechs Jahre nach der Niederlage die Überreste ihrer Kameraden der drei Legionen bestatteten: Niemand wußte, ob er die Gebeine von fremden oder von eigenen Leuten unter die Erde brachte«.

Aber dann wird man doch verlangen dürfen, daß wenigstens in jenem Gebirgszug des Osning, für den sich später der Name »Teutoburger Wald« durchgesetzt hat, Reste von Waffen, Speerspitzen, Schwertklingen finden ließen. Aber nichts. Bisher war nichts zu finden.

Doch hat so mancher ideal gesinnte Mann hier, im Teutoburger Wald, schon nationalen Träumen nachgejagt.

Reinhold Schneider: »Unten im Heidental, über dem die Gestalt des Siegers steht, wurden Eisenklumpen gefunden im Sumpf: Reste versunkener Wagen; und die Hufeisen, die man ausgrub in der alten Stadt Horn, geben noch Zeugnis wilder Flucht, furchtbaren Todes . . .«

Nach dieser Feststellung bringt ein Gewitterregen mit Blitz und Donner unserem Autor Erinnerungen an die »Hermannsschlacht«. Denn in Schneiders Buch *Auf Wegen deutscher Geschichte* geht es folgendermaßen weiter im homerisch sangbaren Text: »Und es ist, als würde das Furchtbare noch einmal Wirklichkeit: Der Römer ruft zu Gericht im Kreis der Legionen, den Starrsinn des Volkes zu brechen mit fremdem Recht; die Masse der Cherusker wird dichter; sind sie endlich gewillt, römisches Recht zu hören, sich ihm zu beugen, dem römischen Rechte, und damit Rom? Doch da kaum der Herold geendet, drängen die Cherusker mit erhobenen Waffen heran, sie ergießen sich aus den Wäldern, ungestüm, wie der Regen niederbraust in die Schluchten; die Legaten fallen, zwei Feldzeichen sinken; die Ordnung der Manipel, der Kohorten, Legionen zerreißt, der Tod ist den Fliehenden so gewiß wie den letzten Kämpfern im Lager. Denn es ist, als habe der Wald selbst sich empört, um mitzukämpfen mit seinen Sümpfen und Schluchten; spät verhallt der Hilferuf der Versinkenden, denen keine Hilfe ward.«

So rhapsodisch und hymnisch braust Reinhold Schneiders Schilderung dahin, und selbst der kritische Leser ist hingerissen, es sei denn, daß ihm rechtzeitig einfällt, die Hufeisen könnten unmöglich seit der »Hermanns-Schlacht« dort herumliegen. Bis zum Einfall der Hunnen, die zugleich mit dem Steigbügel auch das Hufeisen erfunden hatten, war es ja noch eine Weile hin.

Da folgen wir lieber dem westfälischen Historiker Hermann Aubin, der die Vernichtung jener römischen Legionen viel nüchterner darlegt: »Die antiken Berichte laufen auseinander«, so schreibt er, »doch stimmen alle Aussagen darin überein, daß die Vernichtung von Varus' Heer durch fortgesetzte Angriffe der Germanen auf die langgestreckte Kolonne der Legionen herbeigeführt worden ist, welche dem schützenden Rhein zustrebten.«

Übrigens kann auch nach Aubins Ansicht »kein Zweifel herrschen, daß es des Arminius Seelenkraft und Führergabe gewesen sind, welche die ›Hermannsschlacht‹ zu einem vollkommenen Sieg gemacht haben. Wenn die Römer auf diese Schlacht zu sprechen kommen, nennen sie stets seinen Namen und nur ihn allein«.

Jedenfalls ist Jahrhunderte hindurch ein Schauplatz der »Hermanns-Schlacht« nicht fixiert gewesen. Im 17. Jahrhundert allerdings glaubten Chronisten genau zu wissen, wo die Tragödie der Römer sich abgespielt habe, und erst seither wird jener Gebirgszug, den man bis dahin Osning nannte, allgemein als »Teutoburger Wald« bezeichnet. Man fand diese Benennung einer Veste der Teutonen bei Tacitus. Beim Teut, der Name paßte gut! Und er hat sich denn auch vollkommen durchgesetzt und eingebürgert.

Da nun aber die Phantasie einmal aufgeboten wurde, blieb denn die Übertreibung nicht aus.

Er war kein Westfale, der 1800 geborene Bildhauer Ernst von Bandel. Er kam aus Ansbach. Aber wie er einmal bekannte, hatte er schon als Neunzehnjähriger die Idee, dem Arminius auf einer Höhe des Teutoburger Waldes ein Denkmal zu bauen, »ein Monument deutscher Kraft und Größe«. Für diese Idee hat er nicht nur ein ererbtes Vermögen geopfert; er hat auch Willenskraft, Beharrlichkeit, »Sturheit«, Glaubensfähigkeit aufgebracht, Tugenden, von denen man nicht weiß: soll man sie in diesem Falle »fabelhaft« oder »echt westfälisch« nennen.

In Norddeutschland hatte ihm ein Auftrag, einen neuen Altar und eine Kanzel für die Klosterkirche von Loccum zu fertigen, Gelegenheit gegeben zu zeigen, daß er kein großer Meister war. Das entscheidende Erlebnis seiner Kindheit war offenbar auch nicht so sehr künstlerischer Natur, sondern ein von Eltern und Erziehern immer wieder angefachter Haß auf die Franzosen gewesen. Dieser Haß hat seiner Kunst eine politische Tendenz, eine geradezu demagogische Haltung gegeben. Es kam also zu den erwähnten Tugenden eine gehörige Portion Fanatismus hinzu, damit Ernst von Bandel nach einem sage und schreibe fünfzigjährigen Ringen das Kolossal-Monument vollenden konnte: Arminius, auf den Schild gestützt, das Schwert erhebend. »Es sollte«, so erklärte Ernst von Bandel, »die uns Deutschen allgemein verständliche Schwerterhebung Armins im plastischen Momente dargestellt werden.«

Welch eine Idee! Ein Privatmann namens Bandel leistet sich den pathetischen Luxus eines solchen Anrufs: Hoch das Schwert, Ihr Deutschen! Er findet den geeigneten Platz auf der sogenannten Grotenburg, zweieinhalb Stunden Wegs von Detmold; es ist eine Höhe, die das schönste Wald-Panorama zeigt und an deren Symbolwert nicht, damals noch nicht, gezweifelt wurde. Acht Jahre braucht der Bildhauer, um das Fundament fertigzustellen. Dann versiegen die Geldmittel. Pause. Und immer wieder ein Neubeginn, und dies nicht ohne Entbehrungen. Als Zweiundsechzigjähriger, so wird berichtet, muß Bandel bei den Kupferschmieden in die Lehre gehen. Es gab kein Vorbild, kein Beispiel. Niemand hatte zuvor eine solche gigantische Figur zusammengesetzt.

Das Denkmal ist vierundfünfzig Meter hoch. Allein das Schwert mißt siebeneinhalb Meter und ist elf Zentner schwer. Angaben von solch materieller Bedeutung, die das Niedagewesene betonten, wurden damals fleißig verbreitet, wenn von dem »Alten vom Berge« die Rede war, der in jungen Jahren als romantischer Feuerkopf hierhergekommen war. Ein Einsiedler schließlich, auf dessen Seite die Göttin der Geschichte stand. Denn 1870 und 1871 wurde nicht nur Frankreich geschlagen, sondern ein Reichstag wurde gebildet, der dem Patrioten Bandel, diesem Künstler eines einzigen Werkes, das Geld zur Vollendung seines Denkmals bewilligte. Aus seiner Privatschatulle legte Kaiser Wilhelm die fehlenden Taler hinzu. Und als dann anno 1875 die Vollendung des Monuments feierlich begangen wurde, war dies ein Fest für die Deutschen allgemein, an dem unter den Westfalen mit ganzem Herzen die Reformierten aus dem Fürstentum Lippe-Detmold und die Lutheraner in der Provinz, doch nur mit halbem Herzen die Katholiken beteiligt waren, denn diese waren ja durch den Bismarckschen »Kulturkampf« abgelenkt.

Seither sind viele hinaufgewandert mit andächtigem und mit weniger andächtigem Sinn. Doch als auch wir unlängst die Pilgerschaft wieder einmal unternahmen, spürten wir deutlich, daß unser Verhältnis zu Hermann sich getrübt hatte.

War es nur, weil ich fand, daß Helmut Domke, der profunde Kenner seiner westfälischen Heimat, recht hatte, als er in ästhetischem Bezug den Cheruskerfürsten nicht in Ordnung fand? ›Wie steht denn dieser Cherusker da?‹ so fragte ich wie er.

»Ein gut genährter Mann«, so schreibt Domke in *Westfalen und Land an der Ruhr*, »Anfang der mittleren Jahre, steht er da, leicht ermüdet auf seinen Schild gelehnt, und hebt sein Schwert. Aber das Schildlehnen und Schwertheben sind zwei Ausdrucksströme, die sich aufheben. Dem Körper teilt sich weder der eine noch der andere mit.«

Mit anderen Worten: Er hat keine Lust, unser Arminius. Ganz lustlos steht er da.

Mein Gott, warum wohl?

Wenn Domke also keine Bewunderung für Bandels Werk, statt dessen aber für seine Persönlichkeit ausdrückt - »die Hartnäckigkeit und der Wille zum Durchhalten sind zu bewundern« -, so wird es wohl an diesen westfälischen Tugenden des alten Ansbachers liegen, daß dem Schöpfer des riesigen, wenn auch etwas verunglückten Standbildes noch heute eine Verehrung zuteil wird, die manchmal direkt an Anbetung grenzt.

Erinnern wir uns, daß den Arabern die Stelle heilig ist, wo Mohammeds Pferd absprang, als er empor in den Himmel ritt - der Abdruck der Hufe ist dort, bei jener berühmten Moschee in Jerusalem, heute noch zu sehen -, dann wissen wir die Tafel am Boden erst zu würdigen, die in schlichten Worten für ewig festhält: »Hier stand Ernst von Bandel vor seiner Hütte, an der Stätte jahrelangen Sinnens und Schaffens, am 16. August 1875 bei der Übergabe des Denkmals an das deutsche Volk.« Aber aus schuldigem Respekt, aus »Gründen des Protokolls« mußte, siebzehn Meter entfernt, auch dem Kaiser ein Täfelchen geweiht werden: »Hier stand Kaiser Wilhelm an Leopolds des Fürsten zur Lippe Seite, am 16. August 1875, bei der Übergabe des Denkmals an das deutsche Volk.«

Man sieht: Das deutsche Volk hat sich nicht lumpen lassen; es hat auch des Monarchen und des Fürsten von Lippe gedacht.

Auf der Bandel-Bank am Bandel-Blockhaus saßen wir in Kindertagen, aßen Streusel-kuchen aus dem Butterbrotpapier, sahen Männer mit Spazierstöcken, an denen silber-blinkende Beschläge mit dem Hermanns-Denkmal festgenagelt waren, und aus der Tiefe erklang vierstimmig Mendelssohn-Bartholdys Chor, dessen Melodie der Deklamation der Worte innig, natürlich und genial nachgezeichnet ist: »Wer hat dich, du schöner Mann, aufgebaut so hoch da droben? Wer wird nicht den Meister loben!« Der Streuselkuchen war aus dem Café »Thusnelda«, und man konnte auch kleine Taschen-Hermännchen kaufen, aber am besten war einer, der, von etwas nachgemachtem Liliput-Grün umgeben, unter einem Glassturz stand. Schüttelte man die Glasglocke, so flog vom Boden etwas Weißes auf. Nur tüchtig schütteln, daß die Flocken flogen: Hermann im Schnee!

Aber es war nicht alles Kitsch in diesem vaterländischen Waldweben. Besser zugehört, und es war klar, daß es im Chorlied hieß: »Du schöner Wald« und daß mit dem »Meister« nicht Ernst von Bandel, sondern der liebe Gott gemeint war.

Nein, es war nicht alles Kitsch. So trat bei einem Klassenausflug beispielsweise ein Junge vor und sagte laut den Namen eines Dichters, »Hölderlin«, und sprach die Verse:

Wir reisten dann
Hinein in andre Gegenden, ins Land

des Varustals. Dort bei den dunklen Schatten
der wilden heil'gen Berge lebten wir
die Sommertage durch und sprachen gern
von Heiden, die daselbst gewohnt, und Göttern.

Noch gingen wir des Tages, ehe wir
vom Orte schieden, in den Eichenwald
des herrlichen Gebirges hinaus und standen
in kühler Luft auf hoher Heide nun.
›Hier unten in dem Tale schlafen sie
zusammen‹, sprach mein Vater, ›lange schon,
die Römer mit den Deutschen, und es haben
die Freigebornen sich, die stolzen, stillen,
im Tode mit den Welteroberern
versöhnt, und Großes ist und Größeres
zusammen in der Erde Schoß gefallen.‹
Ich sah hinab, und leise schauerte
mein Herz, und bei den Starken war mein Sinn,
den Guten, die hier unten vormals lebten.

Diesmal aber, ehe wir uns auf der Bandel-Bank an der Bandel-Hütte niederließen, haben wir im Touristen-Restaurant im Freien etwas unterhalb der Kuppe und hinter Hermanns Rücken ein Schinkenbrot verzehrt, denn die Zeiten haben sich geändert: Parkplätze, Autobusse, Kraftwagen. Früher - so fiel uns ein - zogen wir durch Detmold zum Bahnhof; die ganze Klasse. Und man fragte uns: »Wo kommt ihr denn her mit euren Mützen?«

»Vom Hermann!«

»War was los?«

»Na, und ob!«

Jetzt, zu Hermanns Füßen, fällt mir ein: ich war sein Pferd gewesen. Hermanns Pferd! Denn wir hatten Szenen aus der »Hermanns-Schlacht« Christian Dietrich Grabbes aufgeführt, jenes genialen Dichters, der, ein Jahr später als der Monument-Erbauer zur Welt gekommen, schon mit sechsunddreißig Jahren gestorben war und in seiner Geburts- und Sterbestadt Detmold nicht das Glück gehabt hatte, bei Lebzeiten so berühmt zu werden wie Bandel auf dem Berge.

Wir hatten gelernt, daß Grabbe die Cherusker und Brukterer und Marsen, die Varus für seine Bundesgenossen hielt, gezeichnet hätte wie die lebendigen, blutvollen Westfalen seiner Umgebung: mit denselben Eigenschaften unverblümten Redens, des Widerspruchs, des Aufbegehrens. Sogar ich, das Pferd, sollte fühlen wie ein Mensch. Varus hebt mit der Feststellung an, daß die Truppen des Arminius, der an des Feldherrn Seite steht, zu den Feinden zurückweichen. Er schöpft Verdacht: »Dein Hilfsvolk weicht zu ihnen!«

Hermann: »Es will sie verjagen.«
Varus: »Ohne meinen Befehl?«
Hermann: »Der Deutsche tut des Guten gern zuviel, auch ungefragt.«
Varus: »Der Germane ist noch viel zu dumm, als daß er nicht anfragen müßte, ehe er etwas beginnt. Hole die Leute sofort von den Bergen zurück, und ich will ihnen diesmal verzeihen.«
Hermann: »Quintilius Varus, das Verzeihen ist an uns, das heißt: an meinen Landsleuten und an mir!«

Hermann schwingt sich auf mich, der ich gebückt stand und mit dem Fuße scharrte. Ich galoppiere wiehernd zur anderen Seite hinüber, wo es, laut Grabbe, »von Deutschen wimmelt«.

Hermann: »Marsen, Cherusker, Brukterer, ihr Nationen alle, die ich um mich sehe: Heil uns, es gibt noch genügend Brüder und Genossen in des Vaterlandes weiten Auen! Ihr breitschulterigen Enkel der Cimbern, Ambronen und Teutonen, vergesset ihr so leicht und so lange die Gefilde von Aquae Sextiae und Verona? Soll das Blut euer Großeltern ungerächt ewig dort die Äcker düngen? Rüttelte mein Ahn, der Teutobach, vor Freude an seinen Ketten, als ihn Marius durch die Straßen der Tiberstadt führte wie ein wildes Tier, das man dem Pöbel zu seinem Zeitvertreib zeigt?«

Dies ist das Stichwort dafür, daß ich herumtrippele, herumhüpfe, schnaube, pruste, während Hermann mit noch stärkerer Stimme weiter deklamiert:

»Würd's mir und euch nicht bald ebenso oder gar noch schlimmer ergehen? Schämt euch vor meinem Pferde. Ihr zaudert und überlegt. Es schäumt bereits vor Zorn.«
Ein alter Cherusker: »Drück auch dem Vieh nicht so hart die Sporen in den Balg. Das Luder fühlt wie ein anderer Mensch!«

Hermann: »Er ist da, der Tag der Rache, und Roms Siegestraum ist aus! Ihr, meine
   Untertanen, leidet keine Willkür von mir, euerm angeborenen Herrscher, und duckt
   euch nun unter fremde Tyrannen? Pfui!«
Viele Cherusker, alias unsere ganze Klasse: »Er wird wieder unser!«

Jetzt, lange nachher, auf Bandels Bank fällt mir ein: kein Mensch im pferdeliebenden
Westfalen würde in diesem Zusammenhang den Ausdruck »Vieh« in den Mund nehmen,
erst recht nicht das Schimpfwort »Luder«. Wer in Westfalen scharfe Ausdrücke für
Menschen hat, verwendet sie noch lange nicht für die Pferde. Aber es kommt noch
schlimmer.
So wie ich hier auf Bandels Bank sitze und meiner hippologischen Mitwirkung in der
»Hermanns-Schlacht« an Ort und Stelle gedenke, dreht sich mir im Kopf herum, daß
jüngste Forschungen der Frühhistoriker darauf hinauslaufen, Arminius sei kein Germane
gewesen.
Kein Germane?
Überhaupt kein Germane! Vor allem der Saarbrücker Universitätsprofessor Rolf Hach-
mann läßt in seinem Buch *Die Germanen* (Nagel Verlag, München 1971) die Wahrscheinlichkeit zur Gewißheit werden, daß die Cherusker, und wie sie alle hießen, Kelten
waren. Er erklärt, Caesar, der das (keltische) Volk der Gallier besiegte, habe in seiner
Kriegsbeschreibung *De bello gallico* die Gefahr der Germanen, vor denen die Römer einen
Heidenrespekt hatten, ganz listig an die Wand gemalt, um von Rom mehr Truppen, mehr
Ausrüstung bewilligt zu bekommen und desto größer in seiner Rolle als Retter des Vaterlandes dazustehen. So sei nicht nur sein Hauptfeind in Gallien, dem heutigen Frank-
reich, nämlich Vercingetorix, sondern auch der andere gegnerische Feldherr, nämlich
Ariovist, Kelte gewesen, obwohl Caesar von ihm als einem Germanen-Häuptling spricht.
War aber dessen Stamm, das Volk der Triboker, keltisch, so waren es auch die Sugam-
berer, die Ubier, sogar die noch im »Westfalen-Lied« treu erwähnten Teutonen. Summa
summarum: Alle Stämme, die in der Zeit um Christi Geburt und noch lange nachher das
Gebiet zwischen Rhein und Weser bewohnten und ihre eigene, sogar hochstehende Kultur hatten, besaßen einen Fehler: daß sie nun einmal beim besten Willen keine Germanen
waren.
Jetzt ist es heraus. Denn irgendwann mußte die keltische Langmut am Ende sein. Wahr
bleibt freilich, daß die Kelten große Waffenschmiede waren.
»Ob es möglich ist«, so bemerkte ich, während im Tal schon die Nebel stiegen, zu meiner
westfälischen Beisitzerin auf dem Bandel-Bänkchen, »daß dieser falsche Hermann dort

oben sein Schwert nicht drohend, sondern empfehlend emporhebt? ›Leute, kauft Kelten-schwerter!‹?«

Unmöglich, daß er meine Worte gehört hat. Und auch nicht als eine Erwiderung, son-dern als eine eherne Feststellung dröhnte hoch vom Denkmalssockel ein gastliches Wort, dreimal wiederholt, über das Tal: »Gast, Gast, Gast!« Warum schwang nur so viel Zorn, so viel Erbitterung in diesem Wort?

Ich wußte lange nicht, was Arminius damit hatte sagen wollen. Bis ein Bretone mir die Erklärung gab:

»›Gast‹ ist das keltische Wort für das fränkische ›Merde‹!«

Die Riesen und die Zwerge

Der erste authentische Westfale ist bei Ausgrabungen aufgetaucht, die 1959 am Stadtrand von Beckum begonnen hatten. Archäologen des münsterischen Landesmuseums für Vor- und Frühgeschichte, die schon vorher erfolgreich gewesen waren, indem sie bei Warendorf Spuren einer germanischen Siedlung gefunden hatten, legten das Grab eines Mannes frei, der ein Meter neunzig groß war. Untersuchungen, nach denen man auf das Alter solcher Überreste schließen kann, wiesen dem Mann für seine Lebzeit einen Platz im siebenten Jahrhundert an.

Hier spricht nun in der Tat alles dafür, daß es sich um einen Germanen handelt.

Da ist die erwähnte Siedlung bei Warendorf, die etwa aus derselben Zeit datiert: Man fand Eindrücke von ein paar tausend Holzpfosten. Danach konnte man etwas wie Grundrisse festlegen, Grundrisse, die offensichtlich auf jene Schiffsform zurückgingen, wie sie als typisch für die Häuser und Hütten aus Dänemark bekannt waren. Es war also eine Siedlung aus Holz und Lehm. Daß die sächsischen Vorfahren der Westfalen aus Jütland kamen, war ja ohnehin angenommen worden. Und daß die Sachsen sich erst nach der Berührung mit den Franken daran gewöhnten, Steine als Baumaterial zu benutzen, war ebenfalls bekannt.

Nun zeigten bestimmte Umstände, mit was für einem Germanen wir es bei dem großen Mann zu tun haben: Seine Leidenschaft galt den Pferden.

Und diese »Pferdepassion«, wie die Nachfahren der Germanen heute sagen, wurde von seiner Sippschaft und den verwandten Stämmen allgemein geteilt. Die westfälische Liebe zum Wappentier hat im Laufe der Jahrhunderte auch so wenig nachgelassen, daß die modernen Westfalen, in deren Mitte die Olympia-Reiter immer trainieren, mit Verständnis die Kunde aufnahmen, es seien rund um das Grab des großen Mannes zehn Pferde zur Ruhe gebettet worden, zehn Pferde und ein Hund.

Von den Gegenständen, die dem großen Mann ins Grab mitgegeben worden waren, sind schöne friedliche Sachen zu erwähnen: eine lederne Tasche, eine bronzene Schale, eine goldene Münze nach Art der römischen Geldstücke, ein Eimerchen und ein Becher aus

Holz sowie ein grüngläsernes spitzes Becherlein, wozu die Bemerkung erlaubt sei, daß die Germanen das Bier bereits zu brauen wußten, noch ehe sie mit den erfindungsreichen Kelten und den eroberungssüchtigen Römern in Berührung gekommen waren.

Solche Römer, nämlich Legionäre der inzwischen untergegangenen Garnisonstadt Carnuntum östlich von Vindobona, alias Wien, hatten im vierten und fünften Jahrhundert, der Zeit der ersten Völkerwanderung also und der endgültigen Dämmerung ihres Weltreiches, mit blauäugigen blonden Eindringlingen aus dem Norden viel zu schaffen gehabt und davon berichtet. Da hohe Beamte aus Rom in eben diesem Carnuntum mit keltischen Häuptlingen über die Ausbeutung der Erzlager in Oberkrain zu verhandeln pflegten, wußten die Legionäre zu unterscheiden: Die Kelten waren etwas kleiner als sie, die sich für das Maß aller Dinge hielten, die blonden blauäugigen Germanen aber viel größer. Und erst in den Augen der Kelten! Da waren die Germanen, wenn sie aus dem Dunkel der Wälder hervortraten, Riesen. Und in germanischen Augen waren die Kelten, wenn sie sich inmitten ihres gerodeten Landes hinter Mauern versteckten oder auch in Feld und Wald hastig verschwanden - irgendwo, aber wo? -, Zwerge.

Der Mann also, den die Archäologen in der Erde bei Beckum fanden, war ein Riese. Er war etwa fünfzig Jahre alt, als er im Kampf fiel. Er war auf seinen Schild gebettet, ein Häuptling offenbar. Und die kostbarsten Sachen, die seine Leute ihm ins Grab mitgeben hatten, waren kriegerischer Natur.

Da waren eine Streitaxt aus Eisen, eine Wurflanze, ein Dolch. Am meisten aber freuten sich die Archäologen über ein Schwert mit einem sogenannten Ringknauf. Ein seltener Fund. Nicht selten aber sind solche Ringknaufschwerter in den alten Sagen verherrlicht worden. Natürlich hatte Siegfried eins, »Balmung« mit Namen. Und nennen wir noch einen anderen Schwertnamen: »Notung«. Wem klingen da nicht die Ohren von Richard Wagners germanischen Leitmotiven? Aber kommen nicht auch keltische Motive vor?

Wer solch ein Schwert siegreich schwingt und bei Gelegenheit auch tief bis zum Ringknauf in die Eiche stößt, so daß nur ein auserwählter Riese, aber kein hergelaufener Wald-Hallodri es wieder herausziehen kann, ist spätestens durch Wagners *Ring des Nibelungen* populär geworden. Eben dort aber wird auch die Frage musikalisch beantwortet, wer den Riesen diese wunderbaren Schwerter schmiedete. Es war natürlich der kluge Mime; es waren die kunstfertigen Zwerge!

Und nun folgen Sie mir, geneigte Leserin, geneigter Leser, ins westfälische Sauerland.

Diese Gegend ist von einigen Forschern »Süderland«, »Südland« genannt worden. Andere tasteten dem Sprachstamm tiefer nach: Man spricht von »sauren Wiesen«, wenn zuviel Feuchtigkeit im Boden ist.

Noch etwas tiefer gebohrt, und es sprudelt die Weisheit hervor, daß »Suer« der keltische Ausdruck für Quellwasser ist und der Flußname Sieg »Das Fließende« bedeutet. So hätten denn die Ureinwohner dieser gebirgigen Gegend, wo die Flüsse und Bäche Westfalens entspringen und heute die Talsperren das Wasser stauen, den treffenden Namen gefunden. Als eine historische Sensation aber wird der Umstand gepriesen, daß die Kelten, besonders ein Stamm unter ihnen, den der griechische Geschichtsschreiber Herodot »Veneter« nannte, im Siegerland tausend und mehr Jahre vor Christi Geburt Erzgestein aus der Erde gruben, wie dies der vorzeitliche »Venetianerstollen« im Bastenberg bei Ramseck noch heute demonstriert. Ist doch dieser Stollen gerade ein Meter hoch gewesen, eher noch kleiner. Und wenn auch anzunehmen ist, daß die Bergleute nicht gerade erhobenen Hauptes ihre Erdadern durchschritten haben, sondern eher in gebückter Stellung, so ist doch andererseits zu vermuten, daß der Riese von Beckum beim Anblick solch zierlicher Leute vom Schrecken oder vom Lachen der Länge nach hingeschlagen wäre, während seine zehn Pferde sich wahrscheinlich aufgebäumt hätten. Anderen germanischen Riesen vor ihm ist es wohl sicher so ergangen.

Man sieht: Hier werden der Phantasie alle Tore geöffnet. Märchenluft weht heran. Da staunen die großen Leute die klugen Kleinen an, die mit geheimen Kräften ausgestattet sind und mit Sachen umzugehen wissen, die anderen verborgen sind.

Du siehst sie, großer Germane - schon hast du sie gesehen, sei es, daß sie ihre Tarnkappe aufsetzten, sei es, daß die Erde sie verschluckte. Und schlichst du hinter ihren Spuren drein und spähtest du durch einen Felsspalt, so sahst du, je nachdem, wie etwas Licht einfiel, silberne Säulen, Treppen, Throne, Ambosse und Hämmerchen. Heute, erst heute würde man deinem »Märchen« lauschen, ohne zu erschauern. »Tropfsteinhöhle« lautet des Märchens Lösung. Rund hundertfünfzig davon sind im Sauerland bekannt, deren einige erst spät entdeckt wurden, so daß man annehmen kann, die Forschung habe noch Zukunft, so in der Klutert-Höhle im Ennepetal nahe der Grenze zum Bergischen Land, der größten dieser Art in Deutschland, in der mehr als fünf Kilometer Gänge bisher erforscht sind.

Wer mag übrigens den modernen Menschen, besonders denen im zehn Kilometer entfernten »nordrheinischen« Wuppertal und denen im selben Abstand liegenden westfälischen Hagen erzählt haben, daß die Klutert-Höhle gut als Heilanstalt zu verwenden sei? Nicht etwa Nachfahren jener Wichtelmänner, denen die Geheimnisse der Natur vertraut waren? Die Klutert-Höhle hilft gegen chronische Bronchitis, gegen Heuschnupfen, sogar gegen allergische Hauterkrankungen und gegen Bronchial-Asthma.

Im Umgang mit den Kelten haben die Sachsen aus der Zeit des großen Mannes von Beckum und viel mehr noch die germanischen Eindringlinge vor ihnen gewiß Feststellungen treffen können, die schon die Römer getroffen hatten; Feststellungen, die wie Schmeicheleien klingen.

Caesar schreibt in seinem Bericht vom »Gallischen Krieg« - und wenn er ihn nicht selber geschrieben hat, so ließ er ihn schreiben -, daß die Kelten bessere Pflüge besaßen als die hochkultivierten Römer. Überhaupt spricht alles dafür, daß die Kelten, auch »Gallier« genannt, die klassischen Ingenieure, Erfinder, Bastler und Tüftler waren. Übrigens gab es auch Stämme unter ihnen, die Waffen nicht nur zu schmieden, sondern auch zu gebrauchen wußten. Hatten sie nicht 390 vor Christus Rom und 279 vor Christus Delphi geplündert? Caesar nennt die keltischen Wallonen die tapfersten unter den Galliern und rühmt, daß sie noch nicht einmal von Händlern aus dem Süden Galliens Genußmittel kauften, die sie hätten verweichlichen können.

Indessen sind die Germanen, und unter ihnen die heutigen Westfalen, doch siegreich geblieben, weil es den Kelten zwar nicht an Tapferkeit und List und guten Waffen, wohl aber an Organisationsfähigkeit, an Gemeinschaftsgeist mangelte. Ihr Untergang im Raum der heutigen Westfalen muß gegen das Jahr 100 nach Christus besiegelt gewesen sein.

Ebensowenig aber wie die Römer und nach ihnen die Franken alle Gallier in Gallien umbringen konnten oder wollten, schlugen die Sachsen alle Kelten im Sauerland tot. An ihre Speere gelehnt oder ihre lieben Pferde umhalsend, sahen sie zu (so darf man annehmen), wie diese Heinzelmännchen, die ihre spitzen Bergmannsmützen trugen, so hurtig alles Mögliche machten: wie sie das Erz aus der Erde holten und auf ihren Schubkarren hin- und herfuhren. Und zweifelsohne fanden die Germanen diesen Anblick so putzig, daß sie dieses Bild auch später nicht entbehren konnten, als sie im Laufe der Jahrhunderte endlich ein bißchen zur Ruhe gekommen waren. Denn nirgends nehmen sich Gartenzwerge mit Schubkarren, Rehen und roten Pilzen, wie sie in den Wäldern des feuchten Sauerlandes wachsen, lieblicher aus als auf dem Rasen und den Beeten um westfälische Stadtrandhäuser.

Die verblüfften Germanen, die das Sauer- und darin das Siegerland erobert hatten, beobachteten natürlich auch, wie die Kelten Holz aufschichteten, es anzündeten, zudeckten und schwelen ließen. Die germanischen Riesen waren weder so dumm noch so unzivilisiert, wie die Römer es behaupteten, und sie begriffen rasch, daß diese Kelten-Köhler genau wußten, was sie wollten. Holz erhitzte nicht genug; Holzkohle mußte her, wenn das Erz zu Eisen verwandelt werden sollte. Vom Meiler rollten die Schubkarren zu den Verhüttungsöfen: ein Begriff, der manchem Germanen noch heute nicht ganz geheuer ist, er müßte denn Westfale sein. Da gab es Öfen (vor heute dreitausend Jahren konstru-

iert), die ausschließlich mit Hangaufwind funktionierten, andere, die von Hand bewegte Blasbälge brauchten. Und da Erfindungen, wenn sie gut sind, es in sich haben, daß die Maschinen immer mehr zunehmen an Raffinement, standen die Eisenöfen schließlich nicht mehr klein und ärmlich oben am Berg bei den Stollen oder den Holzmeilern, sondern groß und mächtig unten an den Flüssen und Bächen: Hochöfen, deren Windzufuhr durch Wasserräder gesteuert wurde.

Eilen wir der Zeit voraus, so können wir hier erwähnen, daß die Siegerländer im fünfzehnten Jahrhundert sozusagen konkurrenzlos Kanonen aus Gußeisen exportierten, für sich selber aber gußeiserne Zimmeröfen machten, die samt kunstvoller Gußeisen-Platten dann auch ein gesuchter Exportartikel wurden.

Um solche Platten, die zum Teil künstlerisch reife Darstellungen frommen Inhalts tragen, reißen sich heute die Sammler.

Eilen wir die Zeit nun wieder zurück, so kommen wir um die Feststellung nicht herum, daß nicht nur die Germanen die Kelten, sondern auch die Kelten die Germanen beobachteten, und dies wahrscheinlich mit einer Schärfe, die nicht ihresgleichen hatte.

In den Legenden und Märchen der Riesen sind nämlich die Zwerge immer klug. Sie wissen, wie gesagt, von Dingen, von denen Riesen keine Ahnung haben. Wenn Riesen etwas unternehmen, so strengen sie sich oft furchtbar an, während Zwerge das im Handumdrehen in Ordnung bringen, getreu dem in sauerländischen Fabriken oft zitierten Spruch: »Unmögliches wird sofort erledigt. Wunder dauern etwas länger.« Sie sind dabei oft verdrießlich und schlecht gelaunt, diese Zwerge. Kunststück! Wenn sie beobachten müssen, wie die Riesen untätig herumstehen und auf ihre Schwerter warten! Wie oft mag ein Riese solch einen Schmied, der ihm ein vorzügliches Schwert geliefert hatte, zum Dank über den Amboß gelegt und ihm die Zahlung hinten drauf gegeben haben, da nun einmal in germanischen Wäldern und Sümpfen Abzahlungssysteme noch unbekannt waren! Und dann ritten sie davon, wobei sie ins Horn stießen. Was wollten sie auch im Sauerland, wo es oft kalt war und die Felder stets unfruchtbar!

Wenn die Zwerge die Riesen beobachteten, amüsierten sie sich, wie Ordnung unter ihnen herrschte. Das brachte sie darauf, ihnen allerlei Schabernack zu spielen: aus Rache, aber auch aus Humor. Wie heißt es im Kinderlied? - »Will ich da mein Süppchen kochen, kommt das kleine Männlein an, hat den Topf zerbrochen.« Oder: »Knie ich auf mein Bänklein nieder, will ein bißchen beten, kommt das kleine Männlein an und fängt an zu reden: ›Liebes Kind, ich bitt', bet' fürs kleine Männlein mit!‹ . . .«

Wie? Das sei einfach nur so ein Kindergedicht, und keltische Hintergründe seien nicht erwiesen?

Nun, wie kommt es dann, daß im noch heute keltischen Irland das gespensterhafte »Kleine Volk« (Little People) der Nebelgestalten mit Vorliebe den angelsächsischen Bewohnern der Insel Streiche spielt? Und ist es denn Zufall, daß ich im Sauerland als Kind ein Gedicht lernte, mit dessen Vortrag ich bei intelligenten Kindern noch heute stets die größten Erfolge erziele?

Kommt die Eisenbahn
Fährt den Berg hinan.
Kommt der kleine Mann,
Hängt sich hinter dran.

Guckt der Schaffner raus,
Macht ihm eine Faust.
Sagt der kleine Mann:
»Geht dich gar nix an!«

Und wer ist Rumpelstilzchen, wenn nicht ein Kelte, der so klein ist angesichts der Riesen? Ein Kelte aus dem Sauerland!

Und wem das immer noch nicht genügt oder wer meint, das seien höchst strittige alte Geschichten, dem seien hier Teile eines Gedichts aus einem modernen Balladen-Buch vorgelegt:

> *Wenn morgens schon die Schule brennt,*
> *Wenn ein Pfarrer aus der Kirche rennt,*
> *ein Schutzmann in die Pfütze fällt,*
> *ein Hund durch ein Museum bellt,*
> *wenn der Friedhofswärter, der niemals trinkt,*
> *noch am offenen Grab an zu lachen fängt,*
> *wenn der Mond sich vor die Sonne schiebt,*
> *und ein Greis ein Mädchen von siebzehn liebt,*
> *dann habe ich, mal kaum, mal viel, die Hand im Spiel.*
> *Ich bin mit jedem blutverwandt,*
> *doch bleibt mein Name ungenannt.*
> *Es ist gut, daß niemand weiß,*
> *daß ich Rumpelstilzchen heiß.*

Woher stammt der Dichter-Sänger, der die sprachliche Wendung kennt: »an zu lachen fängt«? Doch laßt uns nach der ersten jetzt die dritte Strophe hören:

> *Ich bin es, der so oft bei Nacht*
> *unterm Bett liegt und so hämisch lacht,*
> *und der, der hinterm Spiegel steckt,*
> *der grinst, wenn man das Kinn vorreckt,*
> *der von jeder Geschichte den Schluß verrät,*
> *der beim dritten Mal wie ein Hahn aufkräht,*
> *der auch gnäd'ge Frau'n ans Kreischen bringt,*
> *wenn ein Wort fällt, das so glitschig klingt.*
> *Und der Spruch an der Toilettentür stammt auch von mir.*
> *Ich beiß' auf Glas und knirsche laut,*
> *und so entsteht die Gänsehaut.*

Der Mann, der diese Verse schrieb und auch sonst viel Anstoß erregte, obwohl er einen Doktorhut erwarb und der angesehenen Zunft der Rechtsanwälte angehört, heißt Franz Josef Degenhardt. Er stammt aus Schwelm an der sauerländisch-bergischen Grenze, wo sich nach der Beobachtung der zarten Annette von Droste-Hülshoff jemand gut unterhalten kann, »dessen Ohren nicht allzu zart sind«. (Auch Bundespräsident Heinemann kommt hierher.)

Wie aber mag so ein Spott auf das wohlgeordnete Leben, so ein Humor, so eine Beobachtungsgabe offensichtlich keltischer Herkunft sich durch die Jahrhunderte derart frisch erhalten haben, wenn es wahr ist, daß die westfälischen Sachsen über die Kelten siegten?

Es ist wahr: sie haben gesiegt. Doch die Kelten, die einmal den größten Teil Europas bewohnten, haben sich, wenn auch besiegen, doch nicht überall vertreiben lassen.

Und so hat sich das keltische Element, allerdings fleißig vom Germanischen »überlagert«, auch im Sauerland gehalten, wo schon vor Jahrtausenden die emsigen Männlein die von ihnen erfundene Töpferscheibe kreisen ließen, den Mahlstein, ebenfalls ein eigenes Patent, in Bewegung setzten und aus der Erde Erz hervorholten, das sie mit Hilfe ihrer Hochöfen in »Isarnon« verwandelten. Angesichts dieses original-keltischen Ausdrucks werden Sprachforscher mit mir jubeln, wenn ich einen Topf aus Isarnon bei den Henkeln nehme, ihn ins Westfälische übertrage und einen »isernen Pott« nenne.

Nun hat die germanische Überlagerung die Leute offensichtlich immer größer gemacht, wenigstens einen Teil von ihnen. Wir müssen dies anerkennen. Sonst stößt uns ein Text von Annette von Droste-Hülshoff gar zu hart vor den Kopf. »Der Sauerländer ist ungemein groß und wohlgebaut«, so schreibt sie, »vielleicht der größte Menschenschlag in Deutschland.« Offenbar hatte sie keine Augen für die Kleinen, sondern für die Großen. Aber etwas Bedeutsames fiel ihr bei dem Sauerländer auf: »Seine Züge, obwohl breit und verflacht, sind sehr angenehm, und bei vorherrschend lichtbraunem oder blondem Haare haben doch seine langbewimperten blauen Augen alle den Glanz und den dunklen Blick der schwarzen.«

Bedenken wir nun, daß Annette Münsterländerin war, so gewinnt an Gewicht, was sie über die Intelligenz und den Charakter des Sauerländers sagt: »Sein Anstand (ist) ungezwungen, so daß man geneigt ist, ihn für ein argloses Naturkind zu halten als irgendeinen seiner Mitwestfalen. Dennoch ist nicht leicht ein Sauerländer ohne einen starken Zusatz von Schlauheit, Verschlossenheit und praktischer Verstandesschärfe, und selbst der sonst Beschränkteste unter ihnen wird gegen den gescheitesten Münsterländer fast immer praktisch im Vorteil stehen ... Seine Neigungen sind heftig, aber wechselnd, und so wenig er sie jemands Wunsch zuliebe aufgibt, so leicht entschließt er sich aus eigener Einsicht oder Grille hierzu. Er ist ein rastloser und zumeist glücklicher Spekulant, vom reichen Fabrikherrn, der mit Vieren fährt, bis zum abgerissenen Herumstreicher, der ›Kirschen für Lumpen‹ ausbietet.«

Es fällt auf, daß Annette nicht nur vom »Sauerländer« (im Singular) spricht, sondern ihn allein auch beobachtet zu haben scheint: den sauerländischen Mann. So sei denn eilends hinzugefügt, daß wir nach eigenen Erfahrungen zu einem ähnlichen Urteil über die Sauerländerinnen kommen. Zwar nimmt Annette ebensowenig Notiz von den vielen zierlichen, schmalen Sauerländerinnen wie von den kleinen oder mittelgroßen, dunklen Sauerländern. Wir aber verweisen auf die flämisch-wallonische Sprachgrenze in Belgien, wo vor Jahrhunderten zwei Idiome zusammengeprallt sind und zugleich zwei Menschensorten Gelegenheit hatten, einander näher kennenzulernen. Unter den Produkten solcher Verbindung, wenigstens unter den weiblichen, lassen sich solche von besonderer Schönheit und Anmut finden. So auch im Sauerland. Grazile Mädchen, dunkelhaarig, doch blauäugig, launenhaft, witzig, verführerisch und dann auch wieder plötzlich tugendsam, Seite an Seite mit großgewachsenen Blondinen von ruhigem Charakter, kameradschaftlicher Offenheit, Mädchen, die brav-bürgerlich auftreten und es doch nicht immer sind: über diesen Anblick, diese Begegnung hätte ich gern etwas gelesen. Vielleicht aus der Feder eines Herrn von Droste-Hülshoff. Na, dann nicht!

Wenn es also sauerländische Sonderheiten des westfälischen Wesens gibt, als da sind: die Lebenslust der Sauerländer (beiderlei Geschlechts), ihr fabelhafter Erfindungsgeist, ihr querköpfiger Individualismus, ihre Sprunghaftigkeit, ihr Geschäftssinn, ihre Freude am Tanz und ihre Kunst zu fabulieren, aber auch ihre Tugend, Maß zu halten, ihre Abneigung, den Kopf zu verlieren, so muß dies alles seine Ursache haben. Diese Ursache ist keltisch; es kann nicht anders sein.

Zum irdischen und listigen, von Zweifeln elegant garnierten Optimismus keltischer Provenienz hat germanisch ernster Geist schließlich christliche Metaphysik mit leisem Nachhall eines wotanischen Motivs beigesteuert. Und diese Prägung sauerländischer Wesensart hat, wie es schöner nicht ausgedacht werden könnte, ein Beispiel in dem Spruch auf einem Kriegergedächtnisplatz gefunden:

Frönde, hallt in Friän d'n langen Slopp!
Bitt taum Wiersain einst!
Frisk op!

Es wäre nun der Mühe wert, die Herkunft eines Mannes zu ergründen, der allgemein nur für eine Sagengestalt gehalten wird.

Im Siegerland gab es ein »Wielandsdorf«; es heißt heute Wilnsdorf. Erinnert es an jenen Wieland, den Schmied, der in der Sage kenntnisreich und wundertätig über den Amboß gebeugt steht?

Viel eher noch als der Name eines Dorfes spricht eine Verszeile dafür, daß er existiert hat: ein Mensch von Fleisch und Blut und obendrein ein Fachmann, wie es sich hier gehört. *Pocula quae sculpsit Guilandus in urbe Sigeni.*

Hier wird Siegen (Sigeni) als eine Stadt (urbs) genannt, ehe noch die erste deutsche Urkunde sie erwähnte. Und Guilandus heißt natürlich Wieland. Wir sind am Ende des zwölften Jahrhunderts. Geoffroy von Monmouth beschreibt in lateinischen Versen die »Vita Merlini«, nämlich das Leben Merlins, des Zauberers, des Angehörigen der Artus-Runde. Und darin ist die Rede von jenem »Pokal, den Wieland in der Stadt Siegen schmiedete«. Übrigens war der Autor der biographischen Merlin-Ballade Bischof von Wales, dem englischen Keltenlande.

So ließe sich dann der Versuch wagen, mittels indirekter Beweismethoden zu demonstrieren, daß Wieland der Schmied ebensowenig wie der Feldherr Arminius ein Germane, sondern ein Kelte war. Doch wäre ein solches Unternehmen gemein und absurd. Erwähnte der Bischof aus dem keltischen Wales in England Siegen als Stadt, so liegt mehr als ein Jahrtausend zwischen Arminius, dem Cherusker, und Wieland, dem listigen Schmied. Zeit genug, aus einem Kelten ein Westfale zu werden, ein Sauerländer, wie er in Annettes Buche steht.

Sanctus Carolus oder Sachsenschlächter

Nach der mnemotechnischen Methode »3-3-3 Issus-Keilerei« lernten wir in der Schule: »7-7-7, wo ist Wittekind geblieben?« Daß die Jahreszahl 333 eine »Keilerei« aus der Zeit vor Christi Geburt bezeichnet, vergißt man nie. Aber welche? Ob wirklich Alexander in Issus den Darius schlug?

Wo jedoch im Jahr 777 nach Christi Geburt Wittekind geblieben sei, war leicht im Gedächtnis zu behalten. In Dänemark. Dorthin floh der Sachsenherzog vor Karl dem Großen und seinen heranrückenden siegreichen Franken, um neue Kräfte zu sammeln für den Kampf, den er 778 wieder aufnahm. Er unterwarf sich im Jahre 785, nachdem er wechselvolle, immer wieder unterbrochene und stets von neuem auflodernde Partisanenkämpfe geführt hatte, und hier war es leicht, sich sogar den Tag zu merken, an dem er in Attigny an der Aisne, einer Residenz der Frankenkönige in den Ardennen, die Taufe entgegennahm. Es war Weihnachten, und Karl der Große war sein Taufpate, »netterweise«, wie unser Studienrat, ein Westfale, ironisch sagte.

Es ist nicht zu leugnen, daß die Westfalen immer noch einen gelinden Horror vor Karl dem Großen haben. Ihr Verhältnis zu ihm ist und bleibt gestört. Es ist aber auch dies ein Punkt, in dem sie sich von den Niedersachsen unterscheiden: Diese sind radikal gegen den Frankenkönig eingestellt, und jene Liedzeile: »Heil, Herzog Widukinds Stamm!« meint den Krieger, nicht den Täufling. Sie zweifeln auch nicht einen Augenblick daran, daß Karl, der Franke, im niedersächsischen Verden vier- bis fünftausend Geiseln enthaupten ließ. »Der Sachsenschlächter«, so heißt er bei ihnen, aber diesen Ausdruck, wenn auch nicht so laut, kann man gleichfalls in Westfalen hören. Auch hier legt ja ein Heimatlied Zeugnis für »Wittekind« ab. Was aber wäre Wittekind ohne Karl den Großen, der ihm Gelegenheit gab, so unbeschreiblich tapfer zu sein, und der zuletzt eben nicht sein Schlächter, sondern sein Taufpate wurde! Das ist immerhin ein Unterschied.

Falls es möglich ist, historische Psychoanalytiker auszubilden, sollte dies geschehen. Zwar würden sie nicht nur in deutschen Ländern, sondern überall in der Welt Arbeit finden, doch wäre ihre Aufgabe in Westfalen besonders interessant. Denn Karl der Große ist ja

schließlich nicht irgendwer. Der abstrakte Westfale, den Annette im Singular nennt, streckt sich also auf der Chaiselongue im Ordinationsraum des Psychoanalytikers aus. Im Halbschlaf angekommen, empfängt er das Reizwort »Karl der Große«. Die Analyse beginnt. Jetzt braucht man nur noch die geflügelten Worte zu notieren, die über seine Lippen kommen. Der Westfale erinnert sich gut.

Es war im Jahre 772, als die Franken über die Sachsen herfielen und einen Krieg begannen, der dreißig Jahre dauern sollte. Später hat dann noch ein zweiter Dreißigjähriger Krieg stattgefunden, denn in Europa wird alles zweimal gemacht. Beispielsweise: Erster Weltkrieg, Zweiter Weltkrieg. Dann erst reicht's.

Aber erinnert sich unser Patient nicht, daß die Westfalen vorm ersten Dreißigjährigen

Kriege nicht gerade ideale Nachbarn waren? Sind sie etwa nicht zu wiederholten Malen über die Franken hergefallen? Haben Sie nicht ihre Dörfer geplündert, ihre Pferde gestohlen, ihre Frauen geraubt, ihre Priester erschlagen?

Ein bißchen, das ist wahr. Aber warum mußten die Franken gleich so rabiat reagieren!

Haben wir es mit einem bürgerlichen Westfalen auf der analytischen Liege zu tun, so kommt bald sein Zorn darüber zum Vorschein, daß sich nach seiner Meinung der Adel nicht richtig verhielt. Er unterwarf sich am ehesten, anstatt dem Herzog Wittekind getreu bis in den Tod zu sein, wie es die freien Bauern waren. Die Edelinge haben am frühesten getrachtet, daß sie aus dem Spiel kamen. Und nicht nur, daß sie willig die neuen Gesetze Karls des Großen akzeptierten: Viele von ihnen ließen sich von ihm als Angestellte, als Aufseher, als Bürokraten, als »Grafen«, wie der Titel hieß, einsetzen, während die freien Bauern treulich für ihr Heidentum kämpften, dreißig vergebliche Jahre lang.

Vergeblich! Wie war es nun mit der westfälischen Treue?

Er wälzt sich ein bißchen auf der Chaiselongue, unser Westfale, die Wahrheit muß heraus!

Das Königtum Karls des Großen war ein ambulantes Unternehmen. Er ritt mit seinen Ratgebern in himmlischen und irdischen Sachen, mit seinen Theologen und Politikern, mit seinen Generälen und seiner Familie von Pfalz zu Pfalz. Das waren befestigte Residenzen, die er zum Beispiel im Abstand von vier bis fünf Stunden Rittes jenen »Hellweg« entlang errichtete, der mehr war als ein Weg, wenn auf seinen Spuren später auch die »Reichsstraße I« von Aachen und Köln bis Königsberg angelegt wurde. Man pflegt mit dem Namen »Hellweg« eine ganze westfälische Landschaft zu bezeichnen.

Vornehmlich hier zwischen Bochum, Dortmund, Unna, Werl, Soest, Erwitte und Paderborn, aber auch in anderen Teilen Westfalens, ja praktisch überall ereignete sich nun folgendes: Die freien Sachsen, müde gekämpft in blutigen Schlachten und endlich besiegt, suchten den Frankenkönig auf, blickten ihm fest ins Auge und versprachen, sie würden es nie, nie wiedertun. Sie übten das Kreuzzeichen, schworen heilige Eide, versicherten ewige Treue.

Doch kaum, daß der König mit dem Gros seiner Streitmacht, welche die Hohensyburg erobert, die Eresburg erstürmt und das geheimnisvolle sächsische Stammesheiligtum, die »Irminsul«, zerstört hatte, von dannen geritten war, warfen sie sich auf die zurückgebliebenen Besatzungstruppen, auf die Verwaltungsleute, auf die Priester, stürzten die Altäre und bauten ihre heidnischen Heiligtümer wieder auf, um sich vielmals bei ihren germanischen Göttern zu entschuldigen.

Kehrte Karl zurück, so begannen sie ihr Spiel mit der größten Naivität von neuem. Erneute Bekehrung, neue Schwüre, neue Kämpfe.

Man kann natürlich sagen, daß die große Treue zu Wittekind und ihrer gemeinsamen Sache die kleinen Treuebrüche rechtfertigte. Indessen kämpften viele Westfalen auch nach dem Weihnachtsfest 785, dem Tauftag des Sachsenherzogs, noch in wilder Verbissenheit weiter. Der offene Krieg war selbst nach 800 noch nicht zu Ende. Daß der fränkische König nun auch römischer Kaiser, Herrscher Europas, geworden war, nahmen die treulos Treuesten aller Sachsen nicht zur Kenntnis, als wollten sie frühzeitig in der Geschichte und ein für alle Male ein Exempel westfälischer »Sturheit« statuieren.

Karl der Große starb am 28. Januar 814 in Aachen, aber in Frankreich war er geboren worden. Dort, wo man, ebenso wie in »Nordrhein«, wenn auch mit gewissen Zweifeln, glaubt, daß er nicht nur Carolus Magnus, sondern auch Sanctus Carolus sei, wird er an seinem Namenstag, dem 28. Januar, den man auch »la fête Saint-Charlemagne« nennt, als Schutzpatron der Schulen gefeiert. Mit Recht. Er war es ja, der die ersten Schulen eingerichtet hat, auch in Westfalen, wo die Geschichtslehrer dennoch an seinem Königsmantel zerren und nicht müde werden in ihren Andeutungen, eigentlich sei doch Widukind der feinere Mann gewesen, wie dies ja auch im Liede nachdrücklich betont wird.

Der belgische Historiker François L. Ganshof hat nachgewiesen, daß Karl, der das damals sehr verbreitete Räuberunwesen energisch bekämpfte, zugleich gegen die »Faida«, die Fehde, vorgehen wollte, die in Westfalen gang und gäbe war. Es handelte sich dabei um die gute alte Blutrache. Jedoch: »Ihre Rechtmäßigkeit«, schreibt Ganshof, »war im Rechtsbewußtsein der Bevölkerung zu tief verankert, als daß Karl so weit gegangen wäre, ein Verbot auszusprechen; er traf aber Maßnahmen, sie in Grenzen zu halten.«

Er muß sich also überlegt haben, daß, hätte er die Blutrichter gegen die Bluträcher eingesetzt, die Zug um Zug, Schlag um Schlag gehandelt hätten, bei allem Respekt vor dem natürlichen »Rechtsempfinden« bald keine Westfalen mehr übriggeblieben wären. Wie denn überhaupt das Christentum, welches das Gebot »Liebet einander« der Regel »Schlagt einander tot!« entgegensetzte, außerordentlich dazu beigetragen hat, daß überhaupt noch Germanen übriggeblieben sind. So haben viele Westfalen Karl dem Großen nicht nur den christlichen Glauben, sondern auch ihr Leben zu verdanken. Und da soll er der »Sachsenschlächter« gewesen sein!

Karl also ist der »Heilige der Schüler«. Aber als Schutzpatron christlicher Ehen käme er nicht in Frage. Die zweite Frau hat er verstoßen. Erst die dritte (Hildegard) wurde die Mutter der karolingischen Könige. Wenn Karls Freunde ihm aber zur Wahl seiner vierten Gattin besonders herzlich gratuliert haben sollten, so haben sie recht getan. Denn

Fastrada, Tochter des Grafen Radulf, mit der Karl dann leider nur eine Tochter (Hilrud) hatte, war Westfälin.

Als er sie heiratete (783), kam ein wenig Ruhe in sein Leben: Der König zu Pferde saß ab und hielt sich häufiger und längere Zeit in Aachen auf. Leider starb Fastrada kurze Zeit, nachdem sie den zehnten Hochzeitstag hatten feiern können (794). Und es muß für unseren Westfalen ein rührender Gedanke sein, daß Karl der Große, was er zuvor nie getan, ein ganzes langes Trauerjahr einhielt, ehe er wieder heiratete, diesmal eine Schwäbin, wie schon Hildegard, die dritte Gemahlin und fruchtbare Königsmutter, die Tochter eines Alemannenherzogs gewesen war.

So wäre denn der Augenblick gekommen, dem Westfalen auf dem psychoanalytischen Liegebett folgenden Satz zu suggerieren: »Karl hat vielleicht die besseren Erfahrungen mit Schwäbinnen gehabt. Aber die Westfälin hat er geliebt. ›Glückselig, wessen Arm umspannt, ein Mädchen aus Westfalenland!‹ Wie schön, daß Karl das noch hat erleben können!«

Im übrigen war Karl, den wir uns als ein Mannsbild von einem Meter zweiundneunzig vorstellen müssen, auf sogenannte Kebsweiber oder Konkubinen angewiesen, von denen wir vier mit Namen kennen, bei der fünften jedoch gezwungen sind, ein »X« oder »N« zu setzen: ein Namenlos.

Hier ist nun einzuwenden, und der Westfale wird es tun, daß der Lichtschein um das Haupt des großen schönen Kaisers ein bißchen ins Flimmern, ins Flackern geraten könnte. Aber nein. Bis auf das arme Kebsweib »N«, das eine nicht bemerkenswerte Tochter, wenn auch mit einem hübschen Namen (Hruodhaid) gebar, und bis auf Gerswind, die eine gewisse Adeltrud zur Welt brachte, haben gerade die Konkubinen für das christliche Ansehen ihres großen Freundes gesorgt: Madelgard gebar eine Tochter, die Äbtissin von Farmoutier wurde, Regina zwei Söhne, von denen einer als Drogo, Bischof von Metz, der andere als Hugo, Abt von Saint Quentin, in die Kirchengeschichte einging. Adelinde gab einem Sohne namens Dietrich das Leben, der Mönch wurde. Man sieht: Es gleicht sich alles aus.

Alle diese Kinder, ob ehelich oder nicht, sind in Aachen oder an den anderen, den ambulanten Höfen des großen Karl aufgewachsen. Sie sind ohne Unterschied als Prinzen und Prinzessinnen erzogen worden, die sie ja auch waren. In dieser Hinsicht hat Sanctus Carolus sich verhalten wie ein Heiliger sich zu verhalten hat. Er hätte nicht zugelassen, daß uneheliche Mütter an den Pranger gestellt wurden, wie dies in Niedermarsberg geschah, wo solch ein »Kaak« (ein Schandpfahl) noch heute zu sehen ist; er nicht! Ach, gibt es denn kein Gedicht aus westfälischer Feder, das den Westfalen unter der psychoanalytischen Brause rühren und, im ungeeigneten Moment zitiert, eine segensreiche Schockwirkung ausüben könnte, wie sie dem Kitsch eigen ist? Ja, es gibt ein solches Gedicht. Es stammt von dem sehr achtbaren, sehr westfälischen Ferdinand Freiligrath aus Detmold. Auf die Frage aber, was diese Verse mit Karls des Großen Liebesaffären zu tun hätten, lautet die Antwort: Genausoviel, wie sie mit dem wohlklingenden Klavierstück von Franz Liszt zu tun haben, das sehr populär wurde, *Liebesträume* heißt und dem das Gedicht ausdrücklich vorangestellt ist, damit der Pianist durch rasche Lektüre in die rechte Stimmung kommt.

> *O lieb', so lang du lieben kannst, o lieb', so lang du lieben magst.*
> *Die Stunde kommt, die Stunde kommt, wo du an Gräbern stehst und klagst.*
> *Und sorge, daß dein Herze glüht und Liebe hegt und Liebe trägt,*
> *so lang ihm noch ein ander Herz in Liebe warm entgegenschlägt.*
> *Und wer dir seine Brust erschließt, o tu ihm, was du kannst, zulieb.*
> *Und mach ihm jede Stunde froh und mach ihm keine Stunde trüb!*
> *Und hüte deine Zunge wohl: Bald ist ein hartes Wort entflohn.*
> *O Gott - es war nicht bös gemeint -*
> *Der andre aber geht und weint.*

In dem auf vorbildliche Weise informierenden, in allen Einzelheiten auch wohlformulierten Buch *Westfalen* (Glock und Lutz, Nürnberg 1968) gesteht die Autorin Gisela Schwarze, daß sie sich die Bereitschaft Widukinds, sich von Karl zur Taufe führen zu lassen, nicht erklären könne: »Wir wissen heute nicht, welche Erlebnisse oder Einsichten Widukind dazu gebracht haben, den christlichen Glauben anzunehmen und sich dem fränkischen König zu unterwerfen.«
Sollte er nicht einfach den Frieden gesucht haben nach all dem Krieg?
Sollte er nicht eingesehen haben, daß nun, da die Nachbarn, die Friesen und die Hessen, den neuen Glauben angenommen hatten, die Sachsen ebenfalls nicht lange widerstehen könnten?
Könnte er nicht am Ende, was Gisela Schwarze völlig auszuschließen scheint, ein aufrichtiger Christ geworden sein?
Wenn nichts von alledem zutrifft, dann bleibt die Vermutung: Widukind hat es Karl zulieb getan; er ist ganz einfach weich geworden. Wie Freiligrath bei dem Gedanken, der andre könnte gehn und weinen. Wie Franz Liszt bei den Freiligrathschen Zeilen: »Und wer dir seine Brust erschließt, o tu ihm, was du kannst, zulieb!« Laß dich taufen, sentimentaler Westfale!

Wer hat aber mehr das geistige Bild Westfalens geprägt: Widukind oder Karl der Große?

Steht man beispielsweise vor dem Westwerk der Klosterkirche von Corvey, so glaubt man den Geist Karls zu spüren, obwohl er selber den Bau nicht mehr gesehen hat, der nichtsdestoweniger in seinem ältesten Teil ein Monument karolingischer Macht ist. Aber man läßt sich wohl nicht zuletzt durch die Tatsache beeindrucken, daß Karl seinem Vetter Adalhard und bedeutenden Ratgeber in der Politik gegenüber Italien, dem Abt des 660 gegründeten Klosters Corbie an der Somme, den Auftrag gegeben hatte, ein »Nova Corbeia« an der Weser zu gründen. Mit einem Wort: »Persönliches« scheint anzuklingen.

Hier in Corvey saß im zehnten Jahrhundert ein Mönch mit Namen Widukind und brachte seine *Sächsische Geschichte* zu Pergament. Westfälischer Traditionssinn möchte wahrhaben, daß er ein Nachkomme, jedenfalls ein Verwandter des Herzogs gewesen sei, und vielleicht war er dies wirklich. Jedenfalls war er Christ genug, Karl den Großen gerade noch gelten zu lassen, doch auch Westfale genug, den fränkischen Sieg zu bedauern. Schon der Mönch Widukind war also in dieser Hinsicht ein »Zerrissener«. Was von Karls Taten erhalten blieb, blieb auch für die Westfalen erhalten. Sie machten auch sein Vermächtnis zu ihrer Tradition. Sie stärkten sich im Christentum. Aber zugleich lobten sie sich ihren Widukind.

Karl der Große wurde im Jahre 1165 auf Veranlassung des Kaisers Barbarossa, der einen Westfalen, nämlich den genialen Politiker und Erzbischof von Dassel, zum Reichskanzler hatte, heiliggesprochen.

»Und Widukind - was ist mit ihm?« fragt der Westfale.

Was soll denn mit ihm sein? Was ist von Widukind übriggeblieben? Bis auf den schönen Grabstein in Enger, dessen Echtheit auch noch umstritten ist? Nichts! Und was haben die Westfalen dem König Karl zu verdanken? Alles!

Solange diese Diagnose vom historischen Psychoanalytiker nicht gestellt und vom Patienten nicht akzeptiert wird, kann unser Singular-Westfale nicht als vom Widukind-Komplex geheilt entlassen werden.

Was sie geerbt von ihren Vätern haben

Das problematische Verhältnis unseres Prototyps zum alten Heldenpaare Karl und Widukind wurde soeben ziemlich detailliert behandelt: Haben wir es hier doch mit einem westfälischen »Dollpunkt« ersten Ranges zu tun! Er ist beileibe nicht der einzige. Doch liegt die etwas gründlichere Behandlung des Falles nahe, weil er so weit zurückliegt, nämlich am Anfang der Geschichte Westfalens. Die Westfalen haben ihn geerbt von ihren Vätern. So erwerben sie ihn stets von neuem, um ihn zu besitzen.

Zwar schmerzt die Niederlage Widukinds nicht mehr; sie tut nur noch ein bißchen weh; womöglich auch dies vornehmlich aus traditionellen Gründen. Dabei ist gerade hier eine Eigenschaft der Westfalen hervorzuheben, die manchem Neuling in der Betrachtung westfälischer Sitten und Gebräuche überraschend vorkommen mag: Die Westfalen sind in der Lage, über sich selber zu lachen, über ihre eigenen Dummheiten, ihr eigenes Leid. Sie lachen, wenn's zum Heulen nicht reicht. Oder sie lächeln wenigstens. Ihr Lächeln ist dann etwas wund, doch sehr sympathisch.

Einer meiner Freunde, dem solch ein Lächeln eigen ist, hatte, da er als Sauerländer in hohem Maße die Kunst des Bastelns beherrscht, folgende Veränderung an dem Wetterhäuschen in seinem Extra-Zimmerchen vorgenommen: Männchen und Frauchen ... nein, Unhöflichkeit läßt er sich nicht vorwerfen, also Frauchen und Männchen entfernt und statt dessen Karl den Großen mit Krone und Zepter sowie Widukind mit Knüppel und krummen Beinen aufmontiert. Auf den ersten Blick schien es, als stünde mein Freund auf fränkischer Seite. Weit gefehlt.

Er sagte: »Schau hin! Widukind mit seinem Knüppel gibt das schöne, Karl mit seinem Zepter das schlechte Wetter an. Jeder macht das Gegenteil vom anderen. Und doch sind sie miteinander verbunden, aneinandergebunden. Sie stehen auf demselben Brett. Es ist, um philosophisch zu werden.« Nicht lange, und wir sprachen über die letzten Dinge. Denn ein echter Westfale hat eine große Neigung, den letzten Dingen nachzusinnen.

»Was glaubst du«, sagte mein Freund, als wir über die letzten Dinge sprachen, »wie oft ich in mein Kämmerlein geh? Ich sag es keinem und lache.«

Wir haben es hier mit dem erlösenden Lachen zu tun. Das erlösende Lachen ist ein westfälisches Lachen. Es befreit von einem Druck. Der Westfale ist »verbiestert«. Und das
Lachen hilft ihm. Hat er ein Buch zum Lachen, ist es gut. Aber das reinste westfälische
Lachen stützt sich auf etwas, das passiert. Karl 'rein, Widukind 'raus! Und so weiter auf
dem Brettchen.

Westfälischer Humor ist anekdotisch. Er braucht die Pointe nicht, verlangt den Blitz-
schlag nicht, der die Miniaturlandschaft des Witzes von der unerwarteten Seite her er-
leuchtet. Der westfälische Humor ist dem rheinischen entgegengesetzt.

Ich kenne Westfalen, welche schreckliche Pointen-Mörder sind und doch von Grund auf
humorige Naturen. Sie brauchen keinen Blitz. Sie genießen das Panorama. Sie begreifen
desto besser einen Humor, der sich langsam entfaltet, Falte nach Falte. Kommt am Ende

eine Pointe oder folgen gar zwei, desto besser. Aber es muß nicht sein. Pointen verbrennen, sie sind nicht wiederholbar. Anekdotischer Humor kann konserviert werden.

Karl der Große und Widukind, an ein gemeinsames Schicksalsbrettchen genagelt und vollkommen antipodisch, veranstalten immer wieder gemeinsam ein Kommen und Gehen, demonstrieren den Widerspruch, den Konflikt, symbolisieren den Gegensatz der beiden Pole, zwischen denen der Singular-Westfale lebt, zwischen den Magneten, die ihn wechselweise anziehen. Zwar macht die Betrachtung der Gegensätze den Westfalen gelegentlich traurig, doch macht sie ihn auch lachen. Und dies will wohl beachtet werden.

Es ist wichtig zu wissen, daß der Westfale, dem so viel an der Bewahrung der Tradition gelegen ist, diese Pflege des Überkommenen keineswegs stur betreibt (mag dies dem Außenstehenden, etwa dem Rheinländer, manchmal auch so erscheinen), sondern er umhüllt es mit einem Schleier von Humor. Es ist ein so zarter und poetischer Schleier, daß man daran bei dem doch eigentlich robusten Wesen der Westfalen nicht sogleich glauben mag. Aber das paßt schließlich auch zu jener Eigenschaft, daß der Westfale, obwohl er doch sehr, sehr sentimental ist, sich eher kühl und lächelnd als überschwenglich zeigt, eher unempfindlich als verletzbar. Beethoven, der (Gott sei Dank) Rheinländer war, hat in einem Augenblick der Verzweiflung einen sehr westfälischen Satz geschrieben: »Der Überschwang der Empfindung weicht der Empfindung aus.« (Wer in dramatischen Momenten einen Westfalen nicht begreift, tut gut daran, sich diesen Satz Beethovens ins Gedächtnis zu rufen.)

Es gibt in Westfalen eine »Sattelmeyer«-Tradition, die heute noch so wach oder so wenig eingeschlafen ist, daß einem in einer Gaststube etwa in einem Dorf bei Herford bedeutet wird: »Der da drüben, der ist noch vom alten Schlag; der ist ein Sattelmeyer und weiß es noch.«

Möglich, daß er in seinem Dorf den größten Bauernhof besitzt, aber das muß nicht sein. Es genügt, ihn besessen zu haben. Lange, lange Zeit. Er versteht etwas von Pferden. Ja, von Pferden muß er etwas verstehn. Sünsten is hei keen Sattelmeyer nich! Früher konnte erwartet werden, daß der Landesherr - sagen wir mal: der Alte Fritz - vorbeikam auf einer Inspektionsreise. Für solche Fälle mußte der Sattelmeyer ein gesatteltes Pferd im Stall bereithalten. Nun sagen wir einmal als Beispiel: der alte Sattelmeyer starb; da mußte der junge auf dem Pferd des Vaters um den Hof herum reiten, einmal 'rum, zum Zeichen, daß er von jetzt an der Herr war. Und er hatte die Waffen angelegt - Hirschfänger oder Flinte oder so, und daraus ging hervor, daß er seinen »Sadelhoff« notfalls ganz schön verteidigen würde. Und noch ein Jahrhundert früher: da bildeten die Sattelmeyer mit ihren Knechten eine eigene Reiterei zum Schutze Westfalens.

Und heute?

Ja, da ist dann weiter nichts als dies: Stirbt ein Sattelmeyer, läuten die Glocken an drei folgenden Tagen. Und das ist speziell in Enger so, wo der Wittekind liegt. Dort wird der Sattelmeyer um die Kirche getragen, auch dreimal, und dann noch hinein, und jetzt wird sein Sarg neben oder auf dem Wittekind sein Grab gesetzt. Und wenn der Trauerzug herauskommt, steht da sein Pferd und muß seinen toten Herrn bis zum Grab begleiten.

Zu solchen Berichten muß man wissen, daß Begräbnisse zwar auch in Westfalen Ereignisse der Trauer sind, aber wenn sie mit traditionsreichem Zeremoniell verbunden sind, schwingt etwas anderes mit. Ja, was denn wohl? Etwas Beschwingtes!

Man rückt zusammen nach der Beerdigung, wärmt sich am Lob, das man auf den dahingegangenen Freund und Nachbarn häuft. Man sinnt noch über die Worte des Herrn Pastor nach, die er zur Einleitung des letzten »Vater unser« sprach: »Nun laßt uns beten für denjenigen, der als nächster aus unserer Mitte abberufen wird.«

Laßt uns mit voller Andacht beten; man könnte es selber sein! Horcht er jetzt in sich hinein, so stellt der Westfale fest: Hei lewet noch. Und er denkt womöglich an das schöne Wort eines Dorfbewohners: »Wenn es bei uns nicht ab und an mal 'ne Beerdigung gäb', wär' bei uns kein Leben!« Daher der feine Schleier von Heiterkeit, der über der Trauer liegt: spürbar für den, der die Westfalen kennt. Man lacht natürlich nicht; man lächelt und erinnert sich später, daß die Josephine, die Dienstmagd, deren Herrin so plötzlich an einem Herzschlag verstorben war, einen Tag bevor sie ihren Namenstag hätte feiern sollen, die Trauergemeinde nach dem Begräbnis, als es Kaffee für die Frauen, einen Doppelkorn für die Männer gab, herzhaft »nötigte«, feste zuzugreifen: »Den Kuchen hat die selige Leiche noch selbst gebacken.«

Erst später wird ein Witz daraus. Erst später wird gelacht, obwohl auch dann nicht vergessen wird, daß »Leiche« kein gewöhnlicher, sondern ein feiner Ausdruck ist.

Er erinnert an Fronleichnam, an die schöne Prozession über die sommerlichen Felder. Und wie die Gedanken kommen und gehen, wird auch noch einmal an Obermeyers Großvadder gedacht, der bis zu seinem Tode auf der Ehre bestanden hatte, das Kreuz zu tragen, das leichte, mit dem immer der Wink für den Einsatz der Gebete gegeben wird: »Ge-grüßet seist du, Maria ...!« Aber als die Prozession an Großvadders Acker vorbeikam, der in diesem Jahr der Trockenheit auch nicht besser, eher schlechter als die anderen Felder war: was macht der alte, brave Mann? Dreht das Kruzifix seinem Acker zu und schüttelt den Schaft und brummt zornig: »Herrgott, kiek hin! Dat sall 'n Roggen sien?«

Um aber auf die Sattelmeyers zurückzukommen - was war es doch für ein Begräbnis, das dem Wittekind zuteil wurde?

Es war der Sattelmeyer großer Augenblick, da niemand anderer als sie das Recht hatten, den Herzog zur Ruhe zu betten. Der aber hat erst einmal nur so getan, nur so »gespeelt«, als sei er tot. Der Einfall, der den Düsseldorfer Schneider Wibbel einen Blick auf sein eigenes Begräbnis tun läßt, ist also keine rheinische Original-Idee. Wenn nicht dem Widukind, dann ist seinen Westfalen der Gedanke gekommen, dies sei die beste Gelegenheit, den Leuten ins Herz zu schauen.

Wittekind hat sich auf seine Leute verlassen können, Treue um Treue! Wir bleiben die alten! Alle, die an seiner Seite geritten waren, neben ihm gekämpft hatten, wohl auch traurig gewesen waren, als er nach Dänemark hatte eilen müssen im Jahre siebensiebensieben (wo ist Wittekind geblieben?), alle kamen, alle Mann, worauf sie reich belohnt wurden. Es kam der Ebermayer, der bei den Jagden der Führer war, und der Ringstmeyer, der die Pferde unter sich hatte. Und einer, der schon sehr alt war, wäre fast zu spät gekommen zur Stunde, die Wittekind für sein Begräbnis hatte verbreiten lassen. Er war nicht zu Pferde, er kam zu Fuß. In seinem rechten Holzschuh war ein Riß. Auf den Steinen vor der Kirche klapperte sein Schritt. So hieß er von da an - ach, wie haben sie gelacht! - »Klappmeyer«.

Jede Zeit lacht anders. Von heute aus gesehen, ist eigentlich eher der Gedanke komisch, daß sie in doppeltem Sinne bei der falschen Beerdigung waren.

Was nämlich der Sattelmeyer-Tradition an historischem Befund zugrunde liegt, wurde von der soliden westfälischen Forschung inzwischen anders gedeutet: Der fränkische Eroberer Karl hat nicht nur die hartnäckigsten Gegner samt Frauen und Kindern evakuiert. Er hat zugleich Elite-Franken in Westfalen angesiedelt. Die sollten Bauern und Krieger und Vorbilder sein, loyal, tapfer, tüchtig, treu. Das waren sie auch, aber nicht gegenüber dem Herzog Widukind, sondern gegenüber dem Kaiser. Als Verwalter im Sattel ritten sie umher. Und wenn sie in der Gegend um Enger dichter als anderswo angesiedelt saßen, so ist auch dies erklärlich. Denn hier wohnte Widukind. Und wenn er auch jetzt gut Freund mit Karl dem Großen und fromm geworden war oder wenigstens den Freund und Frommen spielte, so war es vielleicht angebracht - große Herren denken einmal nicht anders -, ihn ein bißchen durch Vertrauensleute überwachen zu lassen. Natürlich nimmt solch ein Vertrauensmann eine Sonderstellung ein, erhält Belohnung in Gold und Land, er steht sich viel besser als die Kollegen, und wenn er ein Pferd satteln muß für den Fall, daß sein hoher Herr vorbeikommt, dann ist das noch das wenigste, was man von ihm verlangen kann. Also, um es kurz zu machen: Na, wenn schon!

Dieser Forschung zu glauben, hätten also die Westfalen in ihrer Sattelmeyer-Tradition die Ehrung und den Herrschaftsglanz, die dem Kaiser Karl zukamen, nachträglich auf Widukind gelenkt. Wie konnte das anders geschehen als auf Grund hartnäckiger, wenn wahrscheinlich auch unbewußter Abneigung gegen Karlen?

Gerecht ist es nicht. Aber ist es Treue?

»Ja, tausendjährige Treue«, erwiderte mein Wetterhaus-Freund. »Und dann natürlich das hintergründige Pläsier für Kenner, der Geschichte ein Schnippchen zu schlagen.«

Mit der Geschichte leben! Und sei es lachend! Das ist das westfälische Rezept.

Daß sie in Münster, der im letzten Kriege so arg zerstörten westfälischen Hauptstadt, auf die patrizischen Bogenhäuser am Prinzipalmarkt und am Roggenmarkt nicht verzichten konnten, war zu erwarten gewesen. Die Fürsprecher der Tradition haben sich durchgesetzt, wenn sie auch in Kauf nehmen mußten, daß die Giebel nicht mehr dieselben, sondern nur ähnliche Formen bekamen. Die »Modernisten«, die in den Debatten um den Wiederaufbau Münsters unterlagen, haben das neue Theater dafür bekommen: einen Bau, der ganz aus dem Geist der Gegenwart geschaffen ist, jedoch, weil er solide und zugleich heiter wirkt, gut in das Bild der mit Vorsicht, Kunstverstand und Liebe restaurierten Stadt hineinpaßt. Es ist schön, bei Sonne, aber auch beim Flockentreiben den Prinzipalmarkt entlangzuschlendern. Man findet das alte Münster wieder, wie denn überhaupt zum Unterschied von vielen anderen zerstörten und wiedererrichteten deutschen Städten, die westfälischen noch am ehesten ihren Charakter bewahrt haben. Und die Geschichte lebt. Denn wenn die Westfalen eigensinnig an der Pflege der Denkmäler vergangener Zeiten hängen, so ist es wirklich kein »stures« Beharren. Auch ist es nicht so, daß sich überhaupt nichts ändern dürfte. Es soll sich möglichst nur langsam ändern. Das ist alles, was verlangt wird.

Nehmen wir zum Beispiel den »Guten Montag«, den die Bäcker in Münster feiern.

Es heißt, daß sie ihn einigen Gesellen verdanken, die zur Zeit des Türkenkriegs in Wien arbeiteten. Diese hatten in der nächtlichen Stille, während sie den Wienern die Kipferl buken, ein unterirdisches Kratzen und Scharren gehört. Und bei der hohen Begabung, welche die Westfalen für die Anwendung, aber auch die Abwehr von Kriegslist haben, hatten sie sofort erkannt, worum es sich handelte: Die Türken bauten unterirdische Gänge, um heimlich in die Stadt einzudringen. Darauf hatten die Bäcker das getan, was im alten Rom schon den Gänsen verdienstvoll angerechnet worden ist: Krach geschlagen.

Der Kaiser tat, was vorauszusehen war: »Wünscht euch, was ihr wollt! Ihr tapferen Bäcker!« sprach er, »der Wunsch soll euch erfüllet sein!«

Was aber die Bäcker machten, war vorbildlich in höchstem Maße. Sie forderten nicht Geld, nicht Gut. Sie verlangten einen einzigen freien Tag. Daß dies wirklich und ungelogen wahr ist, bestätigt noch heutigen Tages eine gleichlautende Überlieferung in Münster und in Wien. Es ist also nur recht und billig, daß die Bäcker alle drei Jahre den »blauen«, nein, den »guten Montag« als ein großes, jetzt schon über drei Jahrhunderte altes Happening feiern. Mit Trommeln und Trompeten, mit einem Aufmarsch, bei dem die Bäcker Holzgewehre schultern. Sie führen ein hübsches Mädchen als »Bäckerkönigin« mit, und die Prominenz empfängt die Feiernden vorm Rathaus: Bischof, Regierungspräsident und Oberbürgermeister. Fahnenschlag, Fanfarenklang. Sei es auf dem Prinzipalmarkt, sei es auf dem Domplatz: die Bürger schauen dem Treiben zu. Doch das Wort »Bürger« darf nicht darauf schließen lassen, daß auch das Publikum unveränderlich sei. Es gibt heute Bärte und langes Haar, weite Joppen, enge Hosen. Die Jugend ist in Münster genauso jung und originell wie anderswo. Es sind die Bäcker, es sind die Beteiligten am traditionellen Fest, und es sind ihre Regeln, die sich gleichbleiben oder nur wenig ändern. Die letzte Änderung passierte, als Münster zu Napoleons Zeiten französisch wurde.

Bis dahin hatten die Bäcker ihren »Guten Montag« alle Jahre gefeiert. Seither feiern sie ihn, wie gesagt, nur alle drei Lenze.

Geheimnisvoll, auf welche Weise diese Änderung mit Napoleon zusammenhängen mag. Aber erst recht unerklärlich wird die Verlängerung der Periode, wenn man Deutungen folgt, die weder mit dem guten Kaiser Leopold I. noch mit dem Wien des Türkenjahres 1683 (denn diese Majestät und dieses Jahr werden stets genannt) das geringste zu schaffen haben. Es sei ganz einfach ein Frühlingsfest, so heißt es. Dann fände der Frühling in Münster nur alle drei Jahre statt. Auf jeden Fall wird es sehr lange dauern, ehe der »Gute Montag« abgeschafft wird. Jahrhunderte vielleicht.

Eine andere Sitte hat sich in Münster gehalten, die allerdings auch nicht mit besonderen Kosten verbunden ist: An den Jahrmarkt- und Kirmestagen im Frühling, im Sommer und Herbst, also dreimal, wird am Rathaus das »Sendschwert« ausgesteckt. Ein eisernes Gestell an der Fassade trägt hier einen ebenfalls eisengeschmiedeten, waagerecht gehaltenen Unterarm, dessen Faust ein aufgerichtetes Schwert umklammert. Dies war im XVI. Jahrhundert das Zeichen, daß Gerichtstag gehalten wurde, aber zugleich auch das Symbol für die Marktfreiheit. Das Schwert bedrohte Betrüger und Friedensbrecher. Es versprach Gerechtigkeit und Ordnung, zwei Werte, die einst ein Fachmann wie Ulrich von Hutten nirgendwo so hoch geehrt und treu bewahrt fand wie in Westfalen.

Nun kostet es nicht viel Mühe, ein durch Tradition geheiligtes Schwert dreimal im Jahr zur »Sendzeit« auszustecken, das heißt zu einem Volksfest, dessen Name sich aus dem Wort »Synode« herleitet. (Da man sich zur »Beratung« traf, regelte man alles: Gericht, Geschäft, Vergnügen.)

Eine andere Tradition, die keine Umstände macht, will, daß im Friedenssaal des Rathauses eine vertrocknete menschliche Hand aufbewahrt wird, um die es nicht schade gewesen wäre, wenn sie unter dem Bombenhagel der Kriegsnächte zugleich mit dem herrlichen Bau untergegangen wäre. Die Hand wurde in einem eisenbeschlagenen Kästchen aufbewahrt, das aus dem sechzehnten Jahrhundert stammt. Diese Zeitbestimmung ist die einzig sichere Kunde. Doch was bekundet sie? Nichts, es sei denn, daß man zu dem Schluß kommt, die Hand sei genauso alt wie das Kästchen. Sie könnte einem bösen Wiedertäufer von einem braven Katholiken oder umgekehrt einem braven Katholiken von einem bösen Wiedertäufer abgeschlagen worden sein und deshalb ein historisches Ansehen bekommen haben. Sie könnte - so lautet eine andere Spekulation - ein »Leibzeichen« sein: War jemand erschlagen worden, so war es nicht nötig, dem Richter den ganzen Leichnam vorzuführen zum Beweis, daß er tot sei. Wenn man dem Opfer einen Finger oder eine Hand abschnitt, war der Richter auch so schon davon zu überzeugen, daß irgend jemand auf nicht natürliche Art ums Leben gekommen sei.

Andere kleiden indessen ihre Vermutung in eine Frage: »Wie, wenn man einem Notar,

der eine Urkunde gefälscht hat, die Hand abgeschnitten hätte, damit er sich ein für alle Male merke, daß dies nicht mehr vorkommen dürfe?«

Tradition! Die Hand hat zweierlei Sinn. Erstens erinnert sie an letzte Dinge, und zweitens hat sie etwas Unverbindliches, wie mein Freund, der Besitzer des historisch arrangierten Wetterhäuschens, sagte: etwas Losgelöstes. Sie kann manche Anregung vermitteln. Man kann sich so viel dabei denken.

In der Tat vergesse ich mein Lebtag nicht, daß Fritz Vollbach, der zwar aus dem Bergischen stammte (aus Wipperfürth), aber durch lange Jahre unermüdlicher, freilich auch dankbar anerkannter Tätigkeit in Münster ein guter Westfale geworden war, mich als Halbwüchsigen ins Rathaus führte, in den Friedenssaal, zu der eisenbeschlagenen Truhe und der armen, gespenstig aussehenden Hand: »Hier, mein Sohn, siehst du die Hand eines Pianisten, der aus dem ersten Satz der Mondschein-Sonate einen Slow-Fox machte.«

Hier ist anzuführen, daß Fritz Vollbach absolute Autorität hatte, da er doch zu dieser Zeit Generalmusikdirektor von Münster und obendrein noch Professor für Musikwissenschaft an der dortigen Universität war.

Grobmaschiges Netz westfälischer Geschichte

Was ist Westfalen? Was ist gemeint, wenn von dem Raum Westfalen die Rede ist? Westfalen - ist es nur ein geographischer, ist es auch ein politischer Begriff?

Wer ein Westfale ist, das ist leichter herauszufinden. Es ist ein bestimmter Menschenschlag, den es, wie es scheint, in drei oder vier und mehr Variationen gibt, wobei jeweils die Landschaft einen bestimmten bestimmenden Einfluß ausübt. Aber was Westfalen ist - diese Frage ist angesichts der Verschiedenheiten, denen man hier begegnet, nicht so leicht zu beantworten.

Westfalen war nie ein Staat: wir erinnerten schon daran, Westfalen hat nie eine politische Einheit gebildet. Wir wissen jedoch, daß es »etwas Westfälisches« gibt, etwas, das nichts anderes als westfälisch sein kann. Aber dieses Westfälische war immer größer als Westfalen: räumlich größer. Und so ist es noch heute.

Die Westfalen wissen natürlich, daß ihr Westfalen wenig Stabilität hat - historisch und räumlich gesehen. Also sind sie selber desto stabiler. Sie wissen, wie kompliziert die Geschichte Westfalens ist, so daß man jedem Nichtwestfalen nur den Rat geben kann, die Finger davon zu lassen. Um so mehr beschäftigen sie selber sich damit. Kein Rheinländer kann so rheinisch (kein »Nordrheiner« so nordisch), kein Hesse so hessisch, kein Niedersachse so niedersächsisch sein, wie ein Westfale westfälisch ist. (Hier gleicht der Westfale dem Bayern, der meist so ausgesprochen bayrisch auftritt.) Kölsch ausgedrückt: So 'ne Westfal is ewig sich am westfälisch föhle.

Bei alledem ist es nun ein Vorteil, daß die Geschichte der Westfalen erst mit Karl dem Großen beginnt, der ihnen das Christentum samt den Bischöfen sowie die karolingische Verwaltung samt den Grafen hinterließ. Diese alte Geschichte ist sehr gefragt. Wäre die westfälische Geschichte so alt wie die ägyptische, wäre es schier zum Verzweifeln. Aber auch so, wie die historischen Dinge in Westfalen nun einmal liegen, müssen wir als »terribles simplificateurs«, wie Jakob Burckhardt sie nannte, als »schreckliche Vereinfacher«, auftreten, weil wir sonst nicht durchkämen. Frisk up, also! Frisk up!

Wenn die Grafen geschickt waren, konnten sie es so einrichten, daß ihr Amt erblich wurde.

Ihre Söhne profitierten und wurden ebenfalls Grafen. Diesen Vorteil hatten die Bischöfe so leicht nicht. Immerhin sind von den vier Bistümern, die Karl eingerichtet hat, nämlich Minden, Münster, Osnabrück und Paderborn, drei bis auf den heutigen Tag übriggeblieben. Das ist ein gutes Resultat im Angesicht der Geschichte. Der Mindener Dom, wohl der schönste in Westfalen, ist seit dem Westfälischen Frieden freilich nicht mehr das Zentrum einer Diözese. Auch muß ja leider daran erinnert werden, daß Osnabrück zwar noch Bistum und traditionell auch noch westfälisch ist, de facto aber längst zum Lande Niedersachsen gehört. Und was die Grafen betrifft: sie haben heute nur noch, wenn sie Schlösser, Güter oder dergleichen besitzen, etwas zu sagen; es ist kaum der Rede wert.

Nun ist es wohl auch anderswo in Deutschland vorgekommen, daß die Grafen und Freiherrn und Ritter, aber auch die Bischöfe eine dynastische Territorialpolitik trieben, so daß lauter kleine Staatsgebilde entstanden, deren Miniaturherrscher sich gegenseitig mit Hilfe ihrer Miniaturvölker fleißig zu überspielen suchten oder sogar bekriegten. In Westfalen wurden auf diese Weise die Grafen von Tecklenburg führend, desgleichen die Grafen von Altena-Isenberg, die später »Grafen von der Mark« hießen. Vor allem aber konnten die Grafen von Westfalen, die erst in Werl, schließlich in Arnsberg saßen, ein großes Gebiet gewinnen, in dem sie unumschränkt herrschten. Die Bischöfe waren ihrerseits darauf aus, die geistliche Herrschaft durch weltliche Befugnisse zu verstärken, vor allem, indem sie die Gerichtsbarkeit und die Verwaltung, die doch Sache der Vögte waren, an sich zu bringen suchten.

Es war anderswo wohl auch der Fall, daß die kleinen Gebietsherren, wenn sie einmal ein gewisses Gleichgewicht der Machtverteilung untereinander erreicht hatten, sich gemeinsam gegen die Mächtigeren zur Wehr setzten, gleichgültig, ob ihnen da ein Herzog, ein Erzbischof oder der Kaiser selber in die Quere kommen wollte. Die westfälischen Klein-Granden aber bekämpften mit List und Löwenmut ihren eigenen Groß-Granden, den Herrscher des Herzogtums Sachsen, zu dem sie selber gehörten: Heinrich den Löwen.

Mit einem Erzbischof von Köln, der zugleich des Kaisers Kanzler war und dem die Einheit und Kraft des Reiches mehr am Herzen lagen als das Wohlergehen der westfälischen Grafen, gingen sie erst recht schrecklich um: Sie brachten einen der Ihren, den Grafen Friedrich von Isenburg, dazu, den Erzbischof, der sich auf Staatsreise befand, hinterlistig zu erstechen. (Das geschah unweit von Gevelsberg am 7. November 1225.) Dabei war dieser Isenburg des Erzbischofs leiblicher Vetter.

Der Mörder wurde geächtet und verfolgt, sein Opfer aber heiliggesprochen, was damals leichter vonstatten ging als heutzutage. (Auf dem Marktplatz von Wipperfürth habe ich oft am Denkmal dieses heiligen Engelbert gewartet; man traf sich dort; er war der Schutzpatron unserer jugendlichen Stelldicheins; wir haben still bei uns gedacht, man müsse sich vor der Verwandtschaft in acht nehmen, und uns entsprechend verhalten.)

Aus Kindertagen aber erinnere ich mich daran, daß es noch ein anderes Mal mit Schwertern und Spießen gegen einen Erzbischof von Köln ging. Diesmal hatten sich die Westfalen mit den Rheinländern, speziell den Bergischen, zusammengetan. Die Geschichte passierte im Jahre 1288, hieß die »Schlacht bei Worringen« und hing bei meinem lieben Onkel, der Sanitätsrat und Arzt in Marienheide war, über dem Klavier. Man sieht: Diesmal wurde gesiegt, wie häufig, wenn Westfalen und Rheinländer gemeinsam ein Werk verrichteten.

Im zwölften und dreizehnten Jahrhundert war man sich im ganzen klar, wo Westfalen lag. Der Name bezeichnete jetzt nicht nur, wie anno 775, einen Volksstamm, sondern auch eine Landschaft, die »von zwei wichtigen Flüssen umflossen wird, von der Weser und dem Rhein«: dies schrieb 1235 ein englischer Mönch namens Bartholomäus, der in Paris und später in Magdeburg lebte; ein Kosmopolit, wie man sieht, der sich vorgenommen hatte, in seinem Buch *De proprietatibus rerum* die ganze Welt enzyklopädisch zu beschreiben. Bei solch gigantischem Vorhaben kam es auf Genauigkeit so sehr nicht an. Daß er die Weser so wichtig nahm wie den Rhein: das soll ihm nicht angekreidet werden.

Er hat ja immerhin schriftlich niedergelegt, daß der Begriff Westfalen mehr umfaßte als ein Herzogtum ohne Herzog, das obendrein auch noch rheinisch oder sagen wir: kölnisch, war. Und zwar war folgendes passiert: Kaiser Friedrich Barbarossa hatte Heinrich den Löwen überwunden (1180). Der fürstliche Rebell war geschlagen, sein Herzogtum Sachsen aufgelöst. Einen Teil des Landes, nämlich das Gebiet südlich der Lippe, ernannte der Kaiser zum »Herzogtum Westfalen« und unterstellte es dem Kölner Erzbischof. Dieser ließ es durch einen »Marschall« in Arnsberg regieren, der später den Titel »Droste« erhielt.

Hier haben wir also ein sogenanntes »Westfalen«, das im Bewußtsein der Westfalen Teil eines größeren Westfalen war. So kompliziert ging es schon in alten Zeiten auf deutschem Boden zu. Ein Klein-Westfalen also, ein herzogloses Herzogtum, und dann noch kölsch regiert!

Auch anderwärts sind in dieser Zeit nach und nach die Städte ins politische Spiel gekommen. Die Bürger und Handwerker und Kaufleute stellten fest, daß auch sie wer waren, und bauten, wenn sie das Geld hatten, entsprechend schöne Häuser für sich selbst und feste Mauern und Wälle für ihr Gemeinwesen, an denen sich die Gegner erst einmal die Köpfe einrennen konnten. Die westfälischen Städte, die im Mittelalter führend waren, gingen mit eigenen Methoden vor. Sie hießen Dortmund, Soest und Münster.

Nachdem sich Dortmund 1388/84 gegen die übermächtig erscheinenden Truppen des Erzbischofs von Köln und des Grafen von der Mark als freie Reichsstadt erfolgreich verteidigt hatte, machte es aus der Tatsache seines Sieges einen Slogan für den Vergleich fester Gegenstände: »So fast as Düopm!« (Rheinische Witzbolde allerdings behaupten, daß die Soldaten des Erzbischofs die Belagerung aufgegeben hätten, weil sie begriffen, sie würden »Düopm« niemals aussprechen lernen. Wozu also die ganze Müh'?)

Die Bürger von Soest, die ihre schöne, aus grünem Sandstein gebaute Stadt doch eigentlich den Kölner Erzbischöfen zu verdanken hatten, denn sie waren die Gründer gewesen, brachten es fertig, einen Graf von der Mark, der zugleich Herzog von Kleve war, auf ihre Seite zu locken. Und dann richtete sich mit seiner Hilfe die »Soester Fehde« (1444 bis 1449) gegen Dietrich von Mörs, den Kölner Erzbischof. Sie wollten also nicht mehr zum kurkölnischen »Herzogtum Westfalen«, sondern zur westfälischen Mark gehören. Sie versprachen sich ein freieres Leben davon. Nun brach man aber damals nicht einfach einen Krieg vom Zaun, zumindest nicht in Westfalen, sondern schrieb zuerst einen schönen Fehdebrief: »Wisset, Bischof Dietrich von Mörs, Bischof von Köln, daß wir, der Bürgermeister, der Rat, die Gilden, Ämter, Bruderschaften und die ganze Gemeinde der Stadt Soest Euch Feind sein wollen: Euren Landen, Leuten, Untertanen und allen, die bereit stehen, Euch zu verteidigen, und wir entsagen Euch mittels dieses Briefes. Wisset, daß wir den Jungherrn Johann, ältesten Sohn von Cleve und der Mark, lieber haben als Euch, und es wird Ihnen hiermit abgesagt.« (›Wettet, dat wy den Junker Johann von Cleve un Mark lever hebbet als Juve, und werde Juve hiermit abgesagt.‹)

Das also war die Soester Höflichkeit. Es war aber auch das gute (Platt-)Deutsch, das die Soester einfach sagen ließ, daß sie einen anderen lieber hatten.

Da kann man schlecht widersprechen. Und dennoch brachte der Erzbischof eine Streitmacht zusammen, an der sich sogar die freie Stadt »Düopm« beteiligte, während die Mitwirkung des Kaisers sich darauf beschränkte, daß er Soest in den Reichsbann tat. Die Soester aber riefen die ketzerischen Hussiten aus Böhmen zur Hilfe, die mit dreißigtausend Mann auch wirklich anrückten und ebenso wie die Verbündeten des Erzbischofs das Land rund um die Stadt, die Soester Börde, verwüsteten. Was die eine Partei stehenließ, vernichtete die andere. Doch die Stadt hielt der Belagerung stand, fünf Jahre lang. Frauen und Kinder schleppten in heißen Kampftagen das Kriegsmaterial, die Männer fochten. Und so legten alle eine Tapferkeit an den Tag, die schon hundert Jahre später legendär war, denn jetzt tauchte das Motiv »Die Helden sind müde« in der Chronik auf, wobei der Klage durch die Reimform Nachdruck verliehen wurde:

Dei Olden hebt ere Vriheit in Eren gehat
Averst in düsser Tid verd sei matt.

Das vierzehnte und fünfzehnte Jahrhundert war die Glanzzeit der Feme: jener durch und durch westfälischen Angelegenheit, die als Freigerichtsbarkeit nur dadurch erklärlich ist, daß die Macht des Kaisers mehr und mehr zurückging. Was die Westfalen für lange, lange Zeit als ein Erbe Karls des Großen in Ehren hielten, als einen heiligen Auftrag, schloß in der Tat eine Lücke. Das Femegericht ersetzte das fehlende Reichsgericht, und an der quasi offiziellen Bedeutung der Sache ändert auch die Tatsache nichts, daß die Sitzungen heimlich waren. Die Öffentlichkeit brauchte also niemals ausgeschlossen werden, weil sie nie eingeschlossen war. Dadurch aber waren und blieben die Feme-Richter von der Aura des Unheimlichen umgeben.

Die Feme-Gerichte waren den landesherrlichen Gerichten übergeordnet. Und da der Kaiser diese Gerichte anerkannte, fielen alle schweren Verbrechen, wo immer sie im Reiche begangen wurden, unter die Kompetenz der westfälischen Freigerichte, von denen es etwa vierhundert gab. Das oberste Feme-Gericht war der Dortmunder Freistuhl.

Ein Tisch mit einem nackten Schwert und eine Eckbank, beides aus Stein, das war die ganze Einrichtung. Die Richter machten auch nicht viel Umstände. Sie hatten den Henker rasch bei der Hand. Knüpfte dieser mit seinen Gehilfen einen Deliquenten auf, so wurde in den Stamm des Baumes ein Messer gestoßen bis zum Schaft. Dann wußten die Leute, um was es sich handelte. Das war Zeichen der Gerechtigkeit genug. Und wenn die Henker den Verurteilten nicht ergreifen konnten, so genügte es auch, daß seine Verurteilung bekanntgemacht wurde. Er war verfemt. Jeder konnte ihn erschlagen; es war ein gutes Werk, ihn umzubringen.

Karl Lebrecht Immermann, gebürtig zu Magdeburg, der in den Jahren zwischen 1819 und 1824 in Münster am Militärgericht tätig gewesen, ehe er als Amtsrichter nach Düsseldorf ging, wo er dann auch als Mentor des Theaters berühmt wurde, hat in der westfälischen Novelle *Oberhof* nach historisch-juristischen Studien geschildert, wie man sich das Zeremoniell des Femegerichts zu denken hat. Dabei geht es um die Aufnahme eines jungen Bauern ins Freigericht; die Szene spielt in der Gegend von Soest.

(Es) wanderten zehn bis zwölf Bauern von verschiedenen Seiten die Pfade den Hügel hinauf nach dem Freistuhle. Es waren die reichsten Hofbesitzer der Umgegend ... Sie setzten sich schweigend, einander nicht begrüßend, auf die Steine umher, die in der Einsenkung zwischen den Brombeergebüschen lagen; der größte aber blieb für den Freigrafen aufbehalten ... (Nach einer Viertelstunde ging) der Fronbote dem Hofschulzen entgegen: »Herr Graf, mit Verlaub und mit Behagen / Tue ich Euch fragen / Soll ich, Euer Knecht / Euch den Königsstuhl setzen, wie Recht?« Der Hofschulze erwiderte: »Alldieweil die Sonne mit Rechte / Bescheinet Herren und Knechte / Und alle unsere Werke / Spreche ich, das Recht zu stärken / - Den Stuhl zu setzen eben / und rechte Maß zu geben!« ... Jetzt redete der Hofschulze die Versammlung mit folgenden Worten an: »Ist es die rechte Stätte und die rechte Stunde, Ding und Gericht zu halten nach Freistuhlrecht

unter echtem römischem Königsbann?« Die Bauern antworteten: »Ja, sie ist es«, und der Hofschulze fuhr fort: »So warne ich Euch vor Unlust, Keif, Scheltwort.« ... Und der Hofschulze fragte abermals: »Was gibt dem Freischöffen Fug und Recht?« Die Bauern murmelten dumpf: »Hebende Hand, blickender Schein, gichtiger Mund. ...« Darauf entblößte der junge Bauer sein rechtes Knie, kniete ..., legte die linke Hand auf die Weide, die ihm der Fronbote vorhielt ... Bei der Weide sollte er denken an den Strick um den Hals und bei der Linde, die er sehe, auf den Baum, der den Verräter trage. Vermaledeit sei dessen Fleisch und Blut, die Krähen sollen ihn verzehren ... Als der Eidam (der junge Bauer) den Eid geleistet hatte, wollte er aufstehen; der Fronbote aber hielt ihn fest: »Ihr kriegt ja erst die Losung« ... Der Hofschulze (der Schwiegervater) setzte den Hut auf, er mußte ihn abnehmen, und nun sagte jener: »Die Losung lautet: Stock, Stein, Gras, Grain ...«

Wie viele Kinder haben diese Szene nicht nachgespielt: Angst im Herzen, Gicht im Munde! Und das Ganze wirkte um so unheimlicher, als die feierlichen Worte so wundervoll unverständlich waren. Mark Twain, der Autor von *Tom Sawyer*, hätte das größte Verständnis dafür gehabt, wie wir die Feme-Bauern nachempfanden.

Wenn man aber von der dunklen Seite des westfälischen Mittelalters spricht, muß man auch von den hellen sprechen. So vom Zusammenschluß der Städte Münster, Soest, Dortmund und Lippstadt zu einem Städtebund (1253), das praktisch ein Schutzbündnis war und zum Großen Landfriedensbund (1385) führte. Hier waren dann mit Münster, Paderborn, Osnabrück, Minden, dem Kloster und Gebiet Corvey und den Ländern Mark, Lippe, Schaumburg, Tecklenburg, Bentheim und dem »Herzogtum Westfalen« so gut wie alle westfälischen Städte und Territorien vereint. Wo gab es das sonst? Keine Zwangsvereinigung, sondern Föderation mit Institutionen, die auf Freiwilligkeit, ja, den Regeln der Demokratie beruhten. Welch ein Beispiel für die Zukunft.

Als diesen Schutzbündnissen zu Dank die Straßen relativ sicher waren, haben die westfälischen Kaufleute dann einen Außenhandel entwickelt, wie man ihn nicht für möglich halten sollte. Mochte Westfalen im Westen und Süden Europas als terra incognita gelten: dem Spott preisgegeben auf Grund von Berichten, die das unwirtliche Klima des Sauerlandes oder die Leere des Münsterlandes und die Armut der Leute hier wie dort schilderten, so waren die westfälischen Kaufherren im Norden und Osten so hochangesehen, wie die Waren beliebt waren, die sie vertrieben.

Sie handelten mit England, wo zumal die Dortmunder Kaufleute Privilegien besaßen. Als einer von ihnen, nämlich Tidemann Lemberg, die Chance hatte, dem englischen König

Eduard III. Geld zu leihen, wußte er genauso gut wie Jacob Fugger in Augsburg, was er tat. Nahm dieser Pfänder und Zinsen von seinem Herrn, dem Kaiser Karl V., so ließ Tidemann Lemberg sich die englischen Hafenzölle und - sage und schreibe - die Königskrone verpfänden. (Karl der Große hätte diesen »königlichen Kaufmann«, der sich erdreistete, Geld gegen Zinsen auszuleihen, Mores gelehrt.)

Die westfälischen Kaufleute trieben Handel mit Norwegen, mit Schweden - mit Flandern ohnehin. In Kurland und Livland, wohin westfälische Ritter ihnen vorausgegangen waren, ihnen folgten oder sie begleiteten, hatten sie kaum noch Konkurrenten. Hierher und weiter hinauf transportierten sie ihre Waren und verschifften sie auch über die Ostsee. »Überseeisches Westfalen«, so lautete der Titel für das Baltenland.

Das Hansestädtchen Medebach im Sauerland, das über ein eigenes Markt- und Münzrecht verfügte und hoch in der Gunst der Kölner Erzbischöfe stand, betrieb sogar einen ausgedehnten Handel mit Rußland. (Und wurde im Dreißigjährigen Krieg dann doch vom Schicksal ereilt: Das Städtchen brannte nieder, kam im Lauf der Weltgeschichte aus dem Kurs und ist heute ein stiller Flecken in wunderschöner Landschaft, der, bis auf eine Kapelle aus Medebachs Glanzzeit, keine historisch bedeutsamen Häuser mehr besitzt.)

In Riga stießen die Interessen der westfälischen Kaufleute zusammen, doch hielten sie sich fein getrennt: es gab die »Große Stube von Münster« und die »Kleine Stube von Soest«. Vielleicht luden sie sich ja gegenseitig in die Gast- und Lagerstätten ein, öffneten ihre Stuben füreinander: die Herren aus Münster, die sich öffentlich als Bürger der westfälischen Metropole, als Hauptstädter, aufführten, und die aus Soest, die später nicht begreifen konnten, daß nicht ihre Heimat, wo sich doch so stolz und wuchtig der »westfälische Turm« des Patroklus-Domes erhob, die Hauptstadt Westfalens sei; sie sei es heimlich, sagten sie dann.

Die Glaubenskämpfe haben sich im sechzehnten und siebzehnten Jahrhundert wüst in Westfalen ausgetobt. Und zwar hatte die Reformation Martin Luthers zuerst die Städte und die Gebiete unter weltlicher Herrschaft erfaßt. Aber die Anhänger Luthers und Calvins übten auch in den von Bischöfen regierten Teilen Westfalens Einfluß aus. Die Geister gerieten in Glut, und in Münster kam es (1534/35) zur Wahnsinnsherrschaft der »Wiedertäufer«, die ein westfälisches Kapitel für sich sind und zugleich die Frage aufgeworfen haben, ob das auch anderswo hätte passieren können.

Erschütterungen wie die Glaubenskämpfe, die das Innerste der Menschen erfaßten, mußten sich in Westfalen, dem Land der glaubensstarken Seelen, besonders auswirken. Verteufelt wurde, wer sich den neuen Konfessionen, sei es in der Form Luthers oder

Calvins, zuwandte. Gewissensentscheidungen gefährdeten die Existenz. Seelische Not drängte noch mehr als die leibliche zur Katastrophe.

Als 1618 der Dreißigjährige Krieg begann, der oft mehr Zustand als Aktion war, einmal Blutrausch, dann Erlahmung, einmal Lärm, dann Totenstille, einmal Sturm, dann Lethargie, hatte Westfalen vor allem unter dem »Tollen Christian«, dem Herzog von Braunschweig, zu leiden, dem Nachbarn also, der namentlich das Münsterland, Stadt und Gebiet von Paderborn und den Hellweg heimsuchte. Er verwüstete das Land, bis ihn die kaiserlichen Truppen (1623) bei Stadtlohn unter Tillys Führung schlugen und zur Flucht nach Holland trieben: ein Sieg, an dem auch ein westfälischer General, Graf Johann von Anholt, an der Spitze der Reiterei beteiligt war. Übrigens gab es noch einen anderen Feldherrn, der im Land beheimatet war: Alexander von Velen, den man den »westfälischen Wallenstein« genannt hat, womit man auch durchblicken ließ, daß er, wie jener Herzog von Friedland, der Meinung war, der Krieg, den er führte, solle ihn auch großzügig ernähren: Vom Gewinn hat er dann sein gräfliches Wasserschloß Raesfeld gründlich befestigt und prunkvoll verschönt.

Zu großen Schlachten ist es nach dem Sieg Tillys und Anholts über den »Tollen Christian« in Westfalen nicht mehr gekommen. Um so mehr hatte das Land unter den umherziehenden und lagernden Söldnern zu leiden, welcher Kriegspartei sie auch sein mochten, wie Grimmelshausen dies beschrieben hat, der seinen *Simplicissimus* verwegen und prächtig als »Jäger von Soest« reiten und leben läßt.

Es war eine Chance für beide Städte, als Münster und Osnabrück von einem Reichstag auserwählt wurden, Sitz der Friedensverhandlungen zu werden. Beide Städte wurden für neutral erklärt und erhielten den internationalen Sonderstatus, der ihren Bürgern gut zupaß kam. Fünf Jahre dauerten die Friedensverhandlungen, die nicht nur europäische Bedeutung, sondern auch ein gewisses westfälisches Kolorit hatten. Der erste Teil des Vertragswerkes betraf Spanien und die Niederlande. Die katholischen Spanier legten (Mai 1648) im Friedenssaal des Rathauses zu Münster den Eid ab, indem sie das Kreuz und das Evangelienbuch berührten, die Niederländer hoben die Hand zum Schwur. So war nun anerkannt, daß die Niederlande die spanische Herrschaft losgeworden waren. Da sie ein selbständiger Staat wurden, schieden sie auch aus dem deutschen Reich aus. Eine Staatsgrenze trennte jetzt Westfalen und Holland.

In Münster wurde auch der Friedensvertrag zwischen dem deutschen Kaiser Ferdinand III. und dem französischen König Ludwig XIV. ausgehandelt, der Deutschland alte Reichsgebiete kostete und seine Niederlage auf lange Zeit besiegelte. In Osnabrück aber ging es um den Vertrag zwischen dem kaiserlichen Bevollmächtigten, dem Grafen von

Trautmannsdorf, und dem schwedischen Repräsentanten Oxenstierna. Schließlich war es doch wieder Münster, und zwar der bischöfliche Domhof, wo beide Verträge unterzeichnet wurden.

Es war am 25. Oktober 1648: Die Glocken läuteten, die Kanonen machten Friedensdonner. Reiter brachen mit Flugblättern auf. Meldung aus Münster: Es soll wieder Frieden herrschen. Langsam kam das Kriegskarussell zum Stehen.

Münster war also Schauplatz eines der bedeutendsten Ereignisse der europäischen Geschichte geworden. Seine Ratsherren haben dies sogleich verstanden. Sie ließen für den »Friedenssaal« die Portraits der Großen malen: des Kaisers, des französischen Königs, des Königs Philipp IV. von Spanien und ihrer zweiunddreißig Abgesandten, unter denen sich auch der päpstliche Nuntius, Fabio Chigi, befand, der dann als Papst den Namen Alexander VII. wählte. Der Saal hat im Laufe der Jahrhunderte unzählige Besucher angezogen. Und sein Anblick hat schließlich dem Freund der Annette Droste-Hülshoff, dem Schilderer Westfalens, Levin Schücking, die gelegentlich noch heute zitierten Verse eingegeben:

> *Es ist ein düstrer, feierlicher Ort!*
> *Viel Bilder schauen aus vergilbten Mienen –*
> *Hier Trautmannsdorff und Oxenstierna dort –*
> *Als ob sie selber sich zu zürnen schienen,*
> *daß sie in diesem Raume hier die Pracht,*
> *die Kraft, die Herrlichkeit des Reichs begraben*
> *und einen Frieden schmachvoll hier gemacht*
> *nach welschem Sinn mit welscher Zunge haben.*
>
> *Es ist ein düstrer, feierlicher Ort,*
> *durch den verstorbner Tage Schatten schwanken,*
> *und durch Jahrhunderte so siecht er fort,*
> *ein letzt Asyl gespenstischer Gedanken.*

Hat man diese ehrlichen, wenn auch nicht allzu wohl gelungenen Verse im Sinn, stellt sich die Erinnerung an ein irgendwo gelesenes Bonmot aus den Tagen der Verhandlungen in Münster ein, das die Meinung der Zuschauer über die Akteure charakterisiert: »Die Hölle ist leer. Denn alle Teufel sind in Münster und Osnabrück versammelt.« Doch wie verheißungsvoll, wie optimistisch hatten die Verse des Flugblatts gelautet, das den Titel

»Neuer auß Münster vom 25. deß Weinmonats im Jahr 1648 abgefertigter Freud- und Friedensbringender Postreuter« samt dem Holzschnitt eines stattlichen, das Posthorn blasenden Reiters auf hübschem, dickem, galoppierendem Pferd trug:

Ich komm von Münster her gleich spronstreichs geritten
und habe nun das meist deß Weges überschritten.
Ich bringe gute Post und neue Friedenszeit,
der Frieden ist gemacht, gewendet alles Leid.
Mercur fleugt in der Lufft, und auch der Friede Jo,
gantz Münster, Oßnabrugg und alle Welt ist froh,
die Glocken thönen starck, die Orgeln lieblich klingen,
Herr Gott, wir loben dich, die frohen Leute singen,
die Stücke donnern und sausen in der Lufft,
die Fahnen fliegen schön, und alles jauchtzend rufft:
Der Höchste sey gelobt, der Friede ist getroffen,
fortan hat männiglich ein besser Jahr zu hoffen.
Es tauren mich allein die armen Degenfeger.
Die haben nichts zu thun: Laßt Degen Degen seyn,
macht einen Pflug darfür und eine Flugschar drein.

In der holzgetäfelten Hauptwand des Friedenssaales gibt es zweiundzwanzig kleine Schränke, deren Türchen Schnitzereien tragen, die etwa hundert Jahre vor dem Ausbruch des Dreißigjährigen Krieges entstanden sind. Da hat der Bildschnitzer zum Beispiel zwei kämpfende Männer dargestellt, wie sie die Schwerter schwingen. »Sie haben beide keinen Kopf mehr, aber sie halten jeder einen abgeschlagenen Kopf an den Haaren - den Kopf des Gegners, der zugleich der eigene ist.«
Dieser Beschreibung fügt Josef Bergenthal, der gründliche Kenner westfälischer Geschichte, in seinem Buch *Münster* hinzu: »Eine erschütternde Darstellung und Demaskierung des mörderischen und selbstmörderischen Krieges.«
Sollte man dem, ohne ein Wort dieser Chrakterisierung zurückzunehmen, nicht hinzufügen, daß wir es da mit einer Meisterleistung des Humors zu tun haben? Es wird sogar durch diese Schnitzerei treffend dargelegt, wie westfälischer Humor geartet ist: anekdotisch, dramatisch, derb, ein Stückchen Philosophie, ja, sogar ein Spiel mit den »letzten Dingen«. (Gegen Bergenthals reich bebildertes, in den Texten wie der Aufmachung schönes Buch, das im sehr alten, sehr traditionsreichen Verlag Regensberg, Münster, erschie-

nen ist, kann man nur einen einzigen Einwand vorbringen: »Münster ... steckt voller Merkwürdigkeiten«, wie der Titel sagt. Warum die Anleihe bei Frankfurt? Dieser Goethe-Stadt galt der als Poststempel benutzte Spruch. Und Goethe hatte sogar gemeint: »Frankfurt stickt voller Merkwürdigkeiten« - »stickt« mit »i«.)

Oder: »Ein Landsknecht mit zerbrochener Hellebarde schreitet auf einen Narren zu, der einen Dudelsack bläst. Kann das die Darstellung der Dummheit sein, wie man vermutet hat?«

Das Flugblatt mit seinen schönen barocken Reimen, das der Reiter aus Münster in alle Welt trug, hat wohl dasselbe Motiv aufgegriffen, als es von den bedauernswerten, jetzt arbeitslosen »Degenfegern« sprach: »Laßt Degen Degen sein, macht einen Pflug darfür und eine Pflugschar drein!«

Es ist wahrhaftig eine gute Frage: Wer ist der Dumme – der Narr, der friedlich musiziert, oder der Landsknecht, der mit zerbrochenem Spieß aus dem Krieg heimkehrt?

In der Zeit, die dem Westfälischen Frieden folgte, wußten die Großen sich noch am ehesten schadlos zu halten, da der Kaiser nicht Einhalt gebieten konnte. So wie der »Kanonen-Bischof« Galen, der »Bomben-Bernhard«, die freie Stadt Münster zum Kuschen brachte, die soeben noch internationales Leben und Treiben mit allen dazugehörigen Freuden und Ärgerlichkeiten kennengelernt hatte, suchten auch andere Landesherren, und zwar überall in Deutschland, die Oberhand zu gewinnen, wenn sie auch nicht allenthalben so radikal, großplanend und intelligent vorgingen wie der streitbare Graf und Bischof im Münsterland. Und wie denn die Großen die Kleinen fressen, wenn kein Größerer aufpaßt, so fanden die in ihren Ländern unbeschränkt regierenden Herren, daß auch in Westfalen ihr Machthunger von den neuen Umständen gereizt wurde und gesättigt werden könnte.

Als am Anfang des Dreißigjährigen Krieges das jülich-clevisch-märkische Gebiet der Grafen von der Mark, deren Geschlecht im Mannesstamm erloschen war, aufgeteilt wurde, hatten die preußischen Hohenzollern die Grafschaften Mark und Ravensburg geerbt, während Schaumburg und Waldeck an Hessen gekommen war. Auch war den Hohenzollern im Westfälischen Frieden das Bistum Minden zugesprochen worden: speziell die Schweden hatten es so gewollt, weil sie ja das bisher preußische Vorpommern eingesteckt hatten. Da Preußen 1702 noch die Grafschaft Lingen, 1707 die Grafschaft Tecklenburg erhielt, war diese aufstrebende Macht plötzlich auch im Westen Deutschlands stark geworden.

Aber auch der Erzbischof von Köln, dem schon seit Kaiser Rotbarts und seines Kanzlers Rainald von Dassels Zeiten das »Herzogtum Westfalen« und das »Vest Recklinghausen« gehörten, sah die Stunde gekommen, durch Personalunion die Bistümer Münster, Osnabrück und Paderborn unter seine Fittiche zu nehmen. Mit anderen Worten: Nicht alle Teile Westfalens, zum Beispiel nicht das Fürstentum Lippe, doch weitaus die größte Mehrzahl der westfälischen Gebiete wurde entweder von Berlin oder von Bonn aus regiert. (Und von Bonn aus regierten die Erzbischöfe und Kurfürsten von Köln, weil die Kölner sie aus ihrer Stadt hinausgeekelt hatten.)

Merkwürdig, daß Friedrich II. von Preußen vom politischen Genie der Westfalen nichts hielt. Die Geschichte des »Kanonenbischofs« hätte ihn eines Besseren belehren sollen oder das Exempel des Heinrich Ostermann aus Bochum, des Königs Zeitgenossen. Übrigens hatte der Aufstieg beider westfälischer Genies in einer Atmosphäre von Tragik und Härte begonnen.

Der Vater des »Kanonenbischofs«, der noch den Titel eines Erbmarschalls von Kurland trug, ein aufbrausender Mann, hatte im Rausch einen Standesgenossen erstochen und lange im Gefängnis gesessen, eine Tatsache, die nicht dazu beigetragen hatte, die Jugend des künftigen Bischofs und Staatsmannes zu verschönen. Es wird übrigens berichtet, daß auch er, der Bischof, einen Boten, der ihm eine schlechte Nachricht überbrachte, in einer Aufwallung blinder Wut niedergestreckt habe.

Heinrich Ostermann, Abkomme evangelischer Pfarrer, geboren 1687, tötete als junger Student in Jena einen Kommilitonen nach durchzechter Nacht, floh nach Holland, gelangte - immer noch dieser Weg nach Rußland, der den Westfalen vertraut war! - nach Petersburg, wo er Geheimschreiber Peters des Großen wurde (1708). So begann sein Aufstieg. Ostermanns diplomatisches Genie brachte den Krieg zwischen Rußland und Schweden, der seit zwanzig Jahren tobte, im »Frieden von Nystad« zu Ende. Er wurde geadelt, blieb als Graf Ostermann und Großadmiral einer der mächtigsten Männer auch unter Katharina und der Zarin Anna. Als freilich die jüngste Tochter Peters des Großen, Elisabeth, die Hoffnung der russisch-nationalen Kreise, denen die »Herrschaft der Deutschen« leid war, auf den Thron kam, wurde Ostermann gestürzt, ins Gefängnis geworfen und zum Tode verurteilt. Anna hatte ihr Reich mit Hilfe dreier Deutscher regiert: da war Feldmarschall Graf Münnich, da war ihr Günstling, Ernst Johann Bühren, der nun Herzog Biron von Kurland wurde, und da war eben dieser Heinrich Ostermann, der schließlich sein Haupt auf den Richtblock legen sollte. Man mag an Brechts *Dreigroschenoper* und den »Reitenden Boten des Königs« mit der Begnadigungsurkunde denken, oder an Dostojewskis sibirisches Erlebnis: auch Ostermann wurde im letzten Augenblick begnadigt und nach Sibirien verbannt, wo er sechs Jahre später seinen wirklichen und natürlichen Tod starb. Heute gilt er gemeinsam mit dem Kriegsmann Wittgenstein als einer jener aus dem Ausland gekommenen Größen, die am meisten für Rußland getan haben. Wittgenstein schlug Napoleon; Ostermann, das politische Genie, hatte den Russen den Frieden geschenkt.

Die Westfalen wurden jetzt in eine Hohe Schule der Politik genommen. Denn der Siebenjährige Krieg brach aus (1756). Wie herrlich gleichgültig hätte es ihnen sein können, daß Friedrich der Große von Preußen gegen die Kaiserin Maria Theresia den Krieg vom Zaun brach! Aber auf den Bischofssitzen thronten Wittelsbacher, und die waren mit Habsburg verbündet. Auch führten Spannungen geographisch weit entfernter Kräfte zu Rissen, die Westfalen teilten. Und die Hohe Schule bestand darin, daß die Westfalen lernten - oder wenn sie es schon wußten, dann mit Nachdruck zeigten -, wie einig sie blieben trotz der Zerrissenheit, einig im westfälischen Geist und Denken und Temperament, einig in ihrem sprichwörtlichen Westfalentum.

Der Alte Fritz kämpfte um Schlesien mit Maria Theresia; auf seiner Seite stand ungewollt der eine Teil der Westfalen. Sein Verbündeter war das englische Hannover oder hannöversche England. Mit der Kaiserin aber waren die Franzosen im Bund. Doch nicht hauptsächlich um Schlesien kämpften die Bundesgenossen beider Gegner, sondern um das ferne Kanada. Sowohl die Franzosen als auch die Briten legten Wert darauf, möglichst viele Truppen des anderen dem kanadischen Kriegsschauplatz fernzuhalten.

Das Kriegsglück schwankte. Mehrmals wechselte Münster den Herrn. Zwar mischten sich die Münsteraner ebensowenig wie ihre anderen Landsleute aktiv in den Kampf. Aber katholisch, wie sie ja längst wieder waren, und Untertanen eines Fürstbischofs, waren sie froh, als die katholischen Franzosen die Preußen, Hannoveraner und Engländer aus ihrer Stadt vertrieben. Und sie waren traurig, als Herzog Ferdinand von Braunschweig, ein Vetter des Königs von Preußen und ein großer Feldherr, die Franzosen auch wieder verjagte. Ihm gegenüber hat sich die Bevölkerung wenig freundlich gezeigt.

Der Friede wurde in Hubertusburg zwischen den Preußen und den Österreichern geschlossen, nachdem die Engländer und Franzosen sich im Vertrag von Paris geeinigt hatten. Friedrich II., dessen Besitzungen in Westfalen unangetastet blieben, hatte alle diplomatischen Künste aufgewendet, die geistlichen Fürstentümer zu annektieren. Vergeblich.

Als die preußische Besatzung abzog, fanden sich die Bürger Münsters zur Dankprozession zusammen. Und prozessions- oder umzugsfreudig sind sie bis auf den heutigen Tag geblieben.

Wieder einmal war das Land verarmt und elend. Friedrich II. bereiste, wie es heißt, »seine westlichen Provinzen«, um nach dem Rechten zu sehen und Mittel und Wege zu finden, wie die Kriegsschäden zu reparieren seien, während die Großen im Lande auf Geld und Steine und Holz und Arbeiter für neue Schlösser aus waren. Rokoko: letzter Frühling höfischen Glanzes.

Das Bistum Münster hatte das Glück, durch einen idealistisch denkenden Minister des Kölner Erzbischofs, durch Franz von Fürstenberg, verwaltet zu werden, der sich große Verdienste und ein ehrenvolles Ansehen allenthalben dadurch erwarb, daß er das Erziehungswesen neu ordnete: der erste Erziehungspolitiker Deutschlands. Goethe schenkte ihm seinen Respekt.

Inzwischen hatte sich etwas Neues angedeutet. Aber wenn das Neue, wie so oft in der

Geschichte, auch hier und diesmal nicht gleich begriffen wurde, wie hätte man es anders erwarten können?

Die Glanzzeiten der westfälischen Hanse waren lange vorbei. Wer Kaufmann war, schlug sich mühsam durch. Zwar wurde wie seit alters Eisenerz aus der Erde geholt, zu Eisen und Stahl verarbeitet, in Waffen und Werkzeug verwandelt, je nach Bedarf, und seien es Rollen von Draht. Im wesentlichen aber war Westfalen Bauernland, und hier waren die Bauern von den Mächtigen so in die Klemme genommen worden, daß da von Freibauerntum nicht mehr viel die Rede sein konnte. Das Land war rückständig. Das Volk war brav und hungrig und arm. Und es war nicht von ungefähr, daß Voltaire, des Preußenkönigs Fridericus Freund, die westfälischen Adelsherren samt ihrer Welt verspottet hatte.

Das Neue kam »von oben«, aus Berlin. Daß die Landschaft an der Ruhr Kohle barg, brennfähige Steine, wußte man natürlich seit langer Zeit. Wo ein Flöz dicht an die Erdoberfläche trat, dort bediente man sich der Schätze. Viel kam nicht dabei heraus. Das Abteufen war schwierig. Man hätte das Unternehmen großzügig entfalten müssen. Dies begriff man in Berlin, wo man (1784) den jungen Freiherrn vom Stein zum Direktor eines neugegründeten »Bergamtes« machte, und bald lag auch eine »Märkische Bergordnung« vor. Das alles ließ sich so gut an, daß Stein Karriere machte und der Oberpräsident der Kriegs- und Domänenkammern wurde, nämlich der beiden Verwaltungsbehörden von Minden und der Mark, das heißt des preußischen Besitzes in Westfalen. Doch ehe noch das Neue zu etwas Stabilem werden konnte, senkte sich der Schatten der Französischen Revolution über das Land.

Das Verhängnis wollte es, daß der Sieg der französischen Revolutionäre in Deutschland etwas Blamables und Unnatürliches im Gefolge hatte. Entsprechend lautete denn auch der Name, den der Vorgang trug: Reichsdeputationshauptschluß, so recht ein Wort aus jener Sphäre, die der Freiherr vom Stein »Schreibmaschinerie« nannte.

Links des Rheins hatten die Franzosen die Oberhand gewonnen: die Revolutionäre. Rechts des Rheines waren die Souveräne derart mit Blindheit geschlagen für das, was kommen würde, daß sie beschlossen, wer drüben Land verloren habe, sollte es hüben gewinnen. Aber an wem anderem sich schadlos halten, wenn nicht am bischöflichen Besitz?

Dies veränderte die westfälische Landkarte total, und zwar gewannen sogar flämische und wallonische Herren Land in Deutschland. Anders als durch die Beschlüsse des in Regensburg tagenden Reichsdeputationshauptschlusses wäre zum Beispiel der Herzog Croy nicht in den Besitz der Güter bei Dülmen und der Wildpferde im Merfelder Bruch gekommen.

Der große Gegenspieler der preußischen Könige im Westen, der Erzbischof von Köln, verlor also sein Land, wie denn alle Bistümer, Klöster, Abteien säkularisiert wurden. Wenn nun wenigstens im Zuge dieser Neuordnung der Tendenz zur Kleinstaaterei Einhalt geboten worden wäre. Aber im Gegenteil: die Chance wurde verpaßt, das Land weiter zerstückelt. Der westliche Teil des Münsterlandes fiel quasi scheibchenweise an die vordem linksrheinisch begüterten Fürsten Salm-Salm und Salm-Kyrburg, an die Herzöge Croy und Looz-Corswarem. Bei dieser Gelegenheit gewann Oldenburg vom sogenannten Niederstift Münster die Ämter Cloppenburg und Vechta. Das »Vest Recklinghausen« kam wie das Amt Meppen an den Herzog von Arenberg. Und während Hannover endgültig das Fürstbistum Osnabrück sowie die Grafschaften Bentheim und Hoya zugesprochen bekam, fielen an Preußen die Bistümer Münster, Paderborn, die Abteien Herford, Essen und Werden sowie die Probstei Cappenberg. Sogar Nassau-Oranien und Hessen-Darmstadt bekamen etwas ab. Das erste Land erhielt die freie Reichsstadt Dortmund und das Kloster Corvey nebst Besitz, das zweite das Herzogtum Westfalen.
Wie nun aber der siegreiche Napoleon, der 1807 mit den Preußen den Frieden von Tilsit geschlossen hatte, mit Westfalen umging! Er machte aus dem märkischen Sauerland, dem Ruhrland und dem Münsterland das »Großherzogtum Berg« und unterstellte es seinem Reiterführer Murat: einem »Großherzog«, der allerdings bald darauf das Zeug zu einem König (von Neapel) hatte. Im gleichen Jahr 1807 gründete der Empereur ein »Königreich Westfalen«, das - anders als das uralte Herzogtum gleichen Namens - ein eigenes Oberhaupt erhielt: den frischgebackenen lustigen König Jérôme, des Kaisers jüngsten Bruder. Jetzt war Westfalen ein beträchtliches Stück größer geworden und dabei gehörig ostwärts gerutscht. Es umfaßte mit Kassel als Hauptstadt hessische, hannoversche und braunschweigische Territorien. Nachdem Napoleon (1810) neben anderen Teilen Deutschlands auch die Gebiete Münster, Osnabrück und Minden direkt zu Frankreich geschlagen hatte, stand es mit Westfalen so, daß hier ein französischer Kaiser, ein König und ein Herzog regierten, dazu noch ein deutscher, wenn auch nicht westfälischer Großherzog: Ludwig von Hessen. Übrigens hatten die Ländchen Lippe und Waldeck ihre Selbständigkeit bewahrt.
Die Tugend der Gelassenheit, über die gottlob die Westfalen verfügen, muß über alle Maßen groß sein; sonst hätten sie nicht so sehr auf die Probe gestellt werden können. Denn nach des französischen Kaisers Niederlage ging ja das westfälische Ländchenverlegen von neuem an, wobei die Aktion jetzt allerdings in umgekehrter Richtung verlief. Denn nun wurden die Gebiete zusammengelegt, wie dies den Regelungen des Wiener Kongresses von 1815 entsprach.

König Friedrich Wilhelm III. ernannte noch von Wien aus zum Oberpräsidenten der neu geschaffenen Provinz Westfalen einen hochbegabten Verwaltungsfachmann, der es fertigbrachte, ein ebenso treuer Westfale wie begeisterter Preuße zu sein: den Freiherrn von Vincke, der schon Landrat in Minden gewesen war und zukünftig das Herz seiner Landsleute gewinnen und sehr populär werden sollte. Es fügte sich unter preußischem Wappen nun wieder alles zusammen, was westfälisch war, bis auf die Gewinne, die Hannover und Oldenburg gemacht hatten und später Teile Niedersachsens wurden. Von Nassau-Oranien wurden Corvey und Dortmund zurückgegeben, während Hessen-Darmstadt sich erst 1816 bequemen konnte, das einstige Herzogtum Westfalen herauszurücken, das für Preußen ebenso ein Neugewinn war wie das »Vest Recklinghausen«. Im folgenden Jahr kam noch das Siegerland hinzu.

Welche Idee aber, die sogenannten »Moorgrafen«, die durch den Reichsdeputationshauptschluß vom Jahre 1803 an Gebiete des westlichen Münsterlandes gekommen waren, am 21. Juni 1815 nach Münster zu bitten, auf daß sie dem neuen Landesherren, dem König Friedrich Wilhelm III., den Treueid leisteten und ihm huldigten! Zwar behielten sie ihren Besitz. Doch war es arg für sie, daß sie die Souveränitätsrechte samt und sonders verloren. Allen Herren erging es so. Auch hatten sie bald die Steinschen Reformen zur Kenntnis zu nehmen. Keine Selbständigkeit mehr für sie. Die »Moorgrafen« sind übrigens nicht zur Huldigung nach Münster gekommen, wo damals - wie sollte es anders sein? - das »Tedeum« gesungen und ein Festzug veranstaltet wurde.

Diese Provinz Westfalen ist dann intakt geblieben, solange es preußische Könige, und weiter noch, solange es ein Land Preußen gab. Und auch danach hat sich Westfalen nur ganz unwesentlich territorial verändert.

All den Veränderungen zum Trotz bietet sich der westfälische Raum - so sagt Hermann Aubin - als »eine Einheit aus innerem Gewachsen- und Verwachsensein« an. Seine Bewohner - so formuliert er - erleben im Bewußtsein einer tausendjährigen Geschichte die »Heimat Westfalen«. Daher haben sie sich in jüngster Vergangenheit auch so hartnäckig die landschaftlich-provinzielle Selbstverwaltung erkämpft, die, wie sie gern betonen, alter westfälischer Rechtsauffassung entspricht.

Die Westfalen feierten im Oktober 1953 einen Sieg: Die vom Düsseldorfer Landtag beschlossene Landschaftsordnung trat in Kraft. Bis dahin hatte Bernhard Salzmann, der westfälische Landeshauptmann der ersten Nachkriegsjahre, seelenruhig eine Praxis weitergeführt, die seit der Auflösung Preußens im Jahre 1945 und dem Ende der Provinzialverbände ohne gesetzlichen Auftrag war. Dr. Anton Köchling, als Direktor des Landschaftsverbandes sein Nachfolger, hat dies damit erklärt, daß man »die landschaftliche Selbstverwaltung als eine Art Lebensrecht der Westfalen betrachtet habe. Eine Verwaltung«, so sagte er, »gehört zu Land und Leuten und nicht in die fernen Spitzen der Ministerien.«

Es ist nach einigen Jahren, die wir die Probezeit des »Bindestrich-Landes« nennen wollen (so ein ironischer Ausdruck im Munde der Westfalen wie der Rheinländer), unter der Leitung des früheren Reichskanzlers Dr. Luther ein »Gutachten über die Neugliederung der Länder« erstellt worden. Das Grundgesetz der Bundesrepublik Deutschland sieht nämlich vor, daß Staatsgebiete neu gegliedert werden können. Es soll danach zusammenbleiben oder zusammenkommen, was durch »landsmannschaftliche Verbundenheit, geschichtliche und kulturelle Zusammenhänge, wirtschaftliche Zweckmäßigkeit und soziales Gefüge« zusammengehört: dies die Formulierung Luthers.

Im Falle von »Nordrhein-Westfalen« kommt das Gutachten allerdings zu dem Ergebnis, daß, wenn die Richtbegriffe der »landsmannschaftlichen Verbundenheit so wie der geschichtlichen und kulturellen Zusammenhänge« gleichwertig (wie im Artikel 29 des Grundgesetzes) neben den wirtschaftlichen Elementen stehen sollen, die Existenz des Landes Nordrhein-Westfalen nicht befriedige. Denn Rheinländer und Westfalen seien nun einmal stammesmäßig verschieden und hätten auch von alters her ihr gesondertes Eigenleben geführt. Da Dr. Luther aber vor allem die Bedeutung des Ruhrgebietes ins rechte Licht rückte, das Westfalen und »Nordrhein« verbinde, sprach er sich schließlich doch für den rheinisch-westfälischen Staat aus.

Seine Thesen lauteten: Obwohl das öffentliche Leben im westfälischen Landesteil durch Jahrhunderte immer mehr seine Eigenständigkeit ausgebildet habe, sei das Gebiet vom rheinischen Teil nicht mehr zu trennen. Geschähe dies, dann um den Preis, daß das Ruhrgebiet, der am meisten, am engsten geschlossene wirtschaftlich-soziale Raum in Europa, zerrissen würde.

Diesem Urteil Dr. Luthers fügen die Sprecher der Westfalen hinzu, daß der westfälische Teil des Ruhrgebiets sich von Anfang an zu einer »westfälischen Spielart« entwickelt habe, wie der westliche Teil zu einer rheinischen. Wie kommt es nun aber, daß die Westfalen sich gelegentlich falsch behandelt fühlen – sonst wäre ja wohl das Wort nicht aufgekommen, es sei besser vor als hinter dem Bindestrich zu leben?

Weil die Westfalen empfindlich sind und sensibel reagieren auf jede Düsseldorfer Weisung, die ihnen vorschnell dünkt oder in einem »Ton von oben hinunter« klingen könnte. Sie wollen alles gründlich überlegen. Werden sie in diesen Überlegungen durch Anregungen aus Düsseldorf unterbrochen, die nach Anordnungen aussehen, gleich wittern sie böse Absicht, fürchten Unterdrückung und regen sich auf.

Da hat zum Beispiel einmal ein Verwaltungs-Ukas aus Düsseldorf versehentlich von einem »Schulkollegium Münster« anstatt vom »westfälischen Schulkollegium« gesprochen. Große Aufregung!

War es Düsseldorfer Überheblichkeit? Rheinische Nachlässigkeit? Oder sollte die Benennung auf die listigste Weise fixieren, daß das Schulkollegium für die Bezirke Arnsberg und Detmold, also für ganz Westfalen, nicht mehr zuständig sei?

Derlei Zweifel, Verdächtigungen, Fälle äußersten Mißtrauens gab es viele in der ersten Zeit.

Der höchste westfälische Beamte, der verdienstvolle Landeshauptmann a. D. Dr. Anton Köchling, hat (1961) nach fünfzehnjähriger nordrhein-westfälischer »Probeehe« gesagt: »Zwei völlig verschiedene deutsche Kultur- und Stammeslandschaften wurden 1946 im Land Nordrhein-Westfalen zusammengeführt; der Bindestrich ist ein Symbol dafür. Es geschah auf Veranlassung der Besatzungsmacht, aber auch aus der Sorge, die Loslösung des Ruhrgebietes aus dem deutschen Staatskörper zu verhindern. Gleichzeitig wollte man dem Ruhrgebiet, das in seinem Kern beide Landschaften umfaßt, ein gemeinsames Elternhaus geben. Es war zunächst eine Notlösung in des Wortes ursprünglicher Bedeutung. Sie konnte nur von Bestand sein, wenn den beiden Gliedern des neuen Staates in der regionalen Selbstverwaltung wie im landschaftlichen Kulturbereich ein Eigenleben gesichert wurde. Ja, es war keine Liebesheirat, die Nordrhein und Westfalen eingegangen sind. Es war eine Ehe aus Vernunft. Die Verbindung ist dennoch glücklich und harmonisch geworden.«

Vor Ausbrüchen wird gewarnt

Vom Rhein her ist der Karneval ostwärts getanzt. Er hatte schon Terrain gewonnen, als es sich noch hüben wie drüben um zwei preußische Provinzen handelte. Seit der gemeinsame Staat existiert, ist er lustiger, aber, wie es scheint, auch verwegener geworden. Dabei hat der Karneval im Sauerland eine geschmacklich beachtenswerte, manchmal auch geschmäcklerische Note angenommen.

Wenn wir das Rheinland ostwärts verlassen haben, ist auch die Büttenredner-Grenze hinter uns. Vor uns liegt der Anblick anmutiger Majoretten: junger langbeiniger Mädchen, die in einer Art von Rokoko-Uniformen einhertänzeln und die Hüften sowie weiße Stöcke schwingen. Überhaupt ist der sauerländische Karneval eine Veranstaltung zwischen Tanz und Sport. Hinzu kommt etwas Gesang und Flirt. Anders gesagt: Die Sauerländer sind keine geborenen Karnevalisten. Sie sind von den Rheinländern nur ein bißchen infiziert. Ist der rheinische Karneval, zumal in den »tollen Tagen«, mit hohem Fieber zu vergleichen, so erreicht die saisonbedingte Ansteckung im Sauerland den Grad von »leichter Temperatur«. Sie sind Spaßmacher, die Sauerländer, sie können auch hemmungslos lachen. Aber Büttenreden von einigem Niveau, zu denen ja etwas Zirkusluft und Clownerie gehört, ist von ihnen nicht zu erwarten oder zu befürchten. Es ist angenehm, zur Karnevalszeit im Sauerland zu sein. Man entbehrt die Fröhlichkeit nicht, doch ist man dem Lärm der rheinischen Fastelovends-Maschinerie entgangen. Viele, die dennoch keine »Freunde von Traurigkeit« sind, flüchten zu dieser Zeit denn auch ins schöne Sauerland.

Der Karneval fegt und stiebt über die rheinischen Ruhrgebietsstädte hinweg durch die westfälischen Häusermeere ostwärts, hält sich in den überwiegend protestantischen Gegenden nicht lange auf, sammelt dort höchstens neue Kräfte. Denn wenn er im katholischen Münsterland angekommen ist - du meine Güte! Zurücktreten! Volle Deckung! Explodiert die Fröhlichkeit, so herrscht Lebensgefahr!

Mit meinen beiden münsterländischen und obendrein höchst eingeweihten Freunden, dem älteren Hanns-Hubertus Merveldt, dem Maler, und dem jüngeren Dr. Paul Hühnerfeld, dem Journalisten, habe ich mich gelegentlich über den Karneval in Münster unterhalten, einen solchen auch selber mitgemacht. Obwohl eine kleine Generation Zeitspanne zwischen den Geburtsdaten meiner beiden Freunde lag, lautete ihr Urteil ähnlich. Beiden war das Staunen noch nicht vergangen, dem etwas wie amüsierte Angst beigemischt war.

»Der Karneval in Münster ist dämonisch«, sagten beide. Und beiden war der Ausspruch eines ländlichen Vaters über die Erfahrungen seiner Töchter bekannt: »Mien Dörte fief Johr verhieraodt - nix. Ons Libbet ain Moal up Fasnacht in Mönster - dä!«

Von »Carrus navalis« sei »Carneval« abzuleiten: diese Ansicht klassischer Philologen vertrat Hühnerfeld. Die Mittelmeervölker hätten im Altertum ihre Schiffe an Land überwintern lassen, sie bei Anbruch des Frühlings auf Räder gesetzt und in großem Festzug zum Ufer gezogen oder zu den Flüssen, die ins Meer mündeten. Bekränzte »Schiffswagen«, freudig umtanzt. »Karneval« beim Wort genommen: da hätten nur Hafenstädte wie Venedig oder Städte am Strom wie Köln und Mainz das Recht auf Festzüge und Mummenschanz.

Merveldt aber, der sich an den Küsten des Mittelmeeres so gut auskannte wie in Westfalen, vertrat die Ansicht, in Münster habe man Karneval von »Carne vale« abzuleiten: Fastenzeit naht, keine Fleischgerichte mehr bis Ostern, keine fleischlichen Genüsse. Ergo muß noch einmal getobt werden, daß die Schwarte kracht. Frisk up!

So schön, so bunt, so prächtig es sei, dies Bild vom geschmückten flitterüberdachten Prinzipalmarkt, sie hätten kein Verlangen, über die Betrachtung des Festzuges hinaus Fastnacht in Münster zu feiern, beide nicht. Zu anstrengend, zu gewaltsam, zu wuchtig, zu laut, zu explosiv, zu grundsätzlich.

»Grundsätzlich - wieso?«

In Köln, in Düsseldorf, sogar in München, da dürfen Colombine oder Pierrot, Tünnes, Schäl, Marizebill ruhig zwischendurch auch einmal traurig sein; in Münster ist das nicht erlaubt. Frisch auf, frisch auf! Um klassische Zitate zu parodieren: Es lösen sich die Bande frommer Scheu. Oder: Karneval ist Trunkenheit ohne Wein. (»Münsterländer« und »Dortmunder« tun es auch.)

Und es folgten Geschichten, die von Boccaccio hätten sein können, wenn sie sich unter freundlicherem, unter südlichem Himmel abgespielt hätten. Zum Beispiel die von dem Teppich, der mit anderen Sachen auf der Kegelbahn neben dem Ballsaal abgelegt wurde, an der anderen Seite des Ganges. Auf diesen, in dicker Rolle zusammengelegten Teppich setzte sich ein Karnevals-Geck (wenn dieser Ausdruck in Münster erlaubt ist), der »mal 'n Moment Ruhe brauchte«. Alles drehte sich ihm im Kopp. Und dann der Krach im Saal nebenan, wo er 'raus kam, mal 'raus mußte.

Ruhe und Übersicht! O Chottochotochott!

Bewegt sich doch der Teppich unter ihm, und er hat auch den Eindruck, daß er Stimmen hört: ein Stöhnen und Schimpfen: »Au, Mensch, steh up, du Suipkopp!« Und ein tiefes Brummen: Daß es doch des Deibels wäre und so weiter.

Unser Mann erhebt sich von dem sich aufbäumenden Teppich, taumelt davon, bleibt an der Tür stehen. Kennt er nicht die Kegelbahn? Sehr gut kennt er die Kegelbahn. Also findet er den Lichtschalter! Licht an!

Er hat die Stimmen gehört und die Augen aufgemacht: Der Teppich bewegt sich. Unser Mann hat viel vom »zweiten Gesicht« vernommen, das den Westfalen eigen ist. Jetzt hat auch er es mit der Spökenkiekerei zu tun.

Im Gang zwischen Saal und Kegelbahn geht der Mann hin und her, so gut er gehen kann, »dicke«, wie er ist. Und es kommt ein Freund vorbei. Auf zur Theke! Aber der andere glaubt nicht, daß es das »zweite Gesicht« ist. Kann genausogut ein Mensch aus Fleisch und Blut in dem eingerollten Teppich stecken. Oder zwei. Entschluß: Den anderen Bescheid sagen! Den Teppich ausrollen! Wer weiß, was da passiert! Noch twee Kloare! Und dann los!

Und da so ungefähr ein Dutzend Leute - Männlein und Weiblein - in die Kegelbahn poltert und zusieht, wie zwei starke Kerls den Teppich ausrollen, kommt 'raus, daß es nun ganz bestimmt kein »zweites Gesicht« war. Und unser Mann schlägt sich vor die Stirn. War es ihm doch gleich so vorgekommen, daß er die eine Stimme aus dem Teppich kannte, die hohe, und den Ausdruck, die Betonung des Wortes »Suipkopp«. Siene Fru!

War 'n Glück, daß die andere Stimme noch von keinem aus dem Saal wiedererkannt werden konnte, obwohl das ja laut herging, das ganze Hin und Her, mit Fluchen und Geschrei. Aber der Mann war nicht von hier, war nicht ut Mönster. Un wie se em footäset hedd, do hedd de Musik en Tusch speelt.

(Footäset? - Na, weißt du: Mit Fußtritt in 'en Hintern und auf 'e Straße. - Ach, so!)

»Am Aschermittwoch«, sagte Merveldt, »da kannst du sie in die Kirchen schleichen sehen; zur Kniebank und zum Aschenkreuz. ›Bedenke, daß du aus Staub bist und zu Staub zurückkehren wirst.‹ Andere sitzen zu Hause oder im Büro und spüren noch stundenlang jedes einzelne Haar auf dem Kopf. Ochottochottochott!«

»Und manchmal sind es dieselben«, sagte Hühnerfeld.

»Ihr seid die richtigen Nestbeschmutzer«, sagte ich.

Sie schüttelten jedoch den Kopf. Der eine war aus Coesfeld, wie wir wissen, wo sie noch jedes Jahr der »Hessen-Utjagd« fromm gedenken, der andere ebenfalls nicht aus Münster, sondern aus der Stadt, die ihren Namen von dem Ausruf: »Oh-du-liebe-Gottesmutter-von-Telgte!« herleiten könnte.

Ein Nestbeschmutzer mit Gefühl war jedenfalls Fred Endrikat, der, wie schon sein Name verriet, von Einwanderern aus Ostdeutschland stammte und doch ein echter Westfale war, der trinkfeste Mann, der ein deftigerer »Gegenbruder« zum poetischen Sachsen Joachim Ringelnatz war und wie dieser seine Gedichte in den Kabaretts vorlas, wobei er ein dickes Telefonbuch in der Hand hielt, aber das machte nichts, er sah ja kaum noch etwas; er war fast blind.

Zwei seiner Gedichte hatten es mir, als er sie vortrug, so sehr angetan, daß ich sie im Gedächtnis behielt. Das heißt: sie ermunterten geradezu das Gedächtnis. Das erste verspottete Endrikats Landsmann Löns, den ja nur zufällig in Westpreußen geborenen sentimentalen Jägersmann, dessen »Farbenlehre« (so Endrikat) am meisten und obendrein noch musikalisch bekannt geworden war: »Grün ist die Heide / Die Heide ist grün / Aber rot sind die Rosen: Wenn sie verblühn.« Endrikat sang es anders:

Grün ist der Grünkohl
Der Grünkohl ist grün
Aber rot ist der Rotkohl,
Und Wi-i-i-ien bleibt Wien.

Von seiner westfälischen Ruhrgebietsheimat aber sang er im »Gruß an die Rote Erde«:

Dort sagt man zart und mit Gefühl:
»Du gottverdammter Dunnerkiel!«
Wie klingt es lieb und gar nicht grob:
»Ick hau di ain vörn Piepenkopp!«
Wie höflich sagt man dort auf Platt:
»Du Dusseldier, ick driet di wat!«

Ja, diese Sprachenmelodien,
Die sind bestimmt kein Scharm aus Wien.
Die sind geformt aus Stahl und Erz.
Sie haben Blut und haben Herz!
O selig, wessen Arm umspannt
'nen Schinken aus Westfalenland!

Die tollen Tage von Münster

Josef Winckler, der ja nicht nur den *Tollen Bomberg* geschrieben, sondern sich auch in jeder Beziehung poetisch, erzählerisch und historisch mit seinen Landsleuten beschäftigt hat, erinnerte daran (*Westfälische Dichtungen* in »Ausgewählte Werke«, Verlag Lechte, Emsdetten), »wie das Treiben der Wiedertäufer in Münster voll grausiger Drastik, Vielweiberei, Gütergemeinschaft, Tänzen zum Gottesdienst, tollstem Prunk ›einhertobte‹, am Rand des grandios Komischen: ein orgastisches geistiges Malheur, wie es nur auf diesem Volksboden erwachsen konnte mit seinem unterirdischen, vulkanhaften Wesen, mit seinem alten Hang zum trotzigen Aufruhr und tiefinnerst erfüllt vom ›Wat stöt he mi‹, mit seinem Hang zum Spintisieren, Grübeln, seiner spökenkiekerischen Unheimlichkeit und dem Fehlen geistiger Zucht vor Ungebärdigkeit und Kraft - hier wurde sogar das ›Reich Sion‹ nach Münster versetzt«.

Nebenbei: wer nicht weiß, auf welche Weise Gott »den« Westfalen erschuf, muß rasch belehrt werden: Gott fand auf dem Weg, der nicht zum Paradies geführt haben kann, einen Eichenknorren und stieß mit dem Fuß daran. Sofort war der Westfale aus dem harten Holz geschaffen, wie Eva aus Adams Rippe. Er sprang auf, aber er lächelte nicht dankbar wie Eva, sondern knurrte wütend, während der Schöpfer weiterging: »Wat stöt he mi!«

Bei dieser Gelegenheit sei auch gleich daran erinnert, was die Westfalen spöttisch über die Erschaffung des Rheinländers erzählen: Ihn schuf Gott nicht aus Eichen-, sondern aus Rebenholz. Sofort sprang er auf und rief erfreut: »Darf ich Sie, verehrter Liebergott, zu einem Gläschen einladen?«

Übrigens sei Eva Rheinländerin gewesen, so spotten die Westfalen. Sie sagte nämlich zu Adam: »Guck ma' dat nett' Äppelsche. Wilze ma abbeißen?« Aber durch diese Szene sei auch bewiesen, daß Adam kein Westfale war - leider. Denn dann hätte er geantwortet: »Eva, nä! Giw mi en Kloaren!« Der Lauf der Welt wäre anders gewesen. Wir wären alle noch im Paradies. Und gewisse Geschichten wären undenkbar, wie zum Beispiel die, daß in Münster anno 1534 das »Reich Sion« anbrach.

»Wie war es möglich?« fragte 1823 August Hermann Niemeyer, ein gelehrter Pädagoge und Theologe aus Halle, der auf Einladung des fürstbischöflichen Ministers Fürstenberg nach Münster gekommen war und seine dabei gemachten »Beobachtungen auf einer Reise durch einen Teil Westfalens und Hollands« niederlegte. »Wie war es möglich, daß jener Bockold, ein junger sechsundzwanzigjähriger Schneider, späterhin Johann von Leiden genannt, es wagen durfte, sich eine Krone aufzusetzen, sich als König des neuen Zion anzukündigen, Münzen zu schlagen, Manifeste von Empörungen gegen regierende Häuser zu erlassen, Vielweiberei durch Beispiel und Lehre zu begünstigen, während Hunger und Seuchen in der Stadt wüten, in fürstlicher Pracht und Herrlichkeit zu schwelgen und jeden, der ihm in den Weg tritt, hinrichten zu lassen? Wie war es möglich, daß er Tausende durch das Vorgeben eines höheren Berufs verblenden und daß die ruhigen und verständigen Bürger, deren es doch in jener damals so volkreichen Stadt gewiß sehr viel gegeben haben muß, solchem Unwesen nicht steuern konnten?«

Hier hätte Josef Winckler erwidern können, daß der Theologe und Professor Niemeyer in der Annahme irrte, es hätte in den Tagen, da die Wiedertäufer es am schlimmsten trieben, noch viele ruhige und verständige Bürger in der Stadt gegeben. In diesem Moment eben nicht! Es handelte sich ja um westfälische Dämonie »voll grausiger Drastik am Rande des grandios Komischen«!

Niemeyer hingegen hatte die napoleonischen Wirren miterlebt und fuhr fort: »Aber hat unsere Zeit nicht Ähnliches gesehen? Ja, hat nicht zu allen Zeiten der Fanatismus, sobald er den tierischen Neigungen oder einem der Vernunft oder dem Gesetz stets abholden Pöbel zu schmeicheln verstand, die Gemüter in Flammen versetzt?«

Wenn schon das Erlebnis des Bonapartismus den gelehrten Mann dies sagen ließ: was hätte er erst über den Hitlerismus gesagt!

Manchmal lenkte Hanns-Hubertus Merveldt das Gespräch im Kreise seiner Verwandtschaft auf die Wiedertäufer. Diese Geschichte, so sagte er, hätte er verdammt gern mitgemacht. Aber nicht von draußen, wie die lieben Vorfahren, sondern von drinnen. Dann schmunzelten, wie er feststellte, seine Vettern, aber seine Basen lächelten schmerzlich.

Wenn wir an die Frage des Pädagogen Niemeyer denken - »Wie war es möglich?« -, so müssen wir uns genauso sagen: Auch wir haben es mitgemacht, viele von uns. Oder wenigstens etwas Ähnliches. Und sollte sich die Frage stellen: »Hatten die Münsteraner eine Entschuldigung?« so stellt sich auch die Gegenfrage: »Hatten wir eine?«

»Die Ausrede, die mir gerade in den Sinn kommt, ist an den Haaren herbeigezogen«, sagte Hühnerfeld, »aber warum nicht? Wir haben im XX. Jahrhundert unseren ›Wiedertäufer-König‹ aus Wien oder Braunau bezogen: aus dem Ausland. Auch die Münsteraner des XVI. Jahrhunderts können ein Pflaster auf ihre Wunde kleben: Die Herrscher ihres ›Tausendjährigen Reiches‹ kamen aus Holland. Pst, Ihr sagt: Wenn Österreich auch Ausland sei, so seien die Österreicher doch Deutsche? Ihr sagt, daß Holland damals, als in Münster die Wiedertäufer regierten, zu Deutschland gehörte, dessen Kaiser in Wien saß? Pst, nicht weitersagen! Keine Spaßverderber sein!«

Merveldt war kein Spaßverderber. Und ich erinnerte mich gut an seinen ganz speziellen »Spaß«. Im »Dritten Reich«, dessen Herrscher nach ein paar Jahren auch seine Malerei als »entartet« verbot, und in Berlin, wo unter Bomben schließlich sein Atelier mit dem größten Teil seiner Werke unterging, setzte er eine »Melone« auf, einen dieser steifen, schwarzen Hüte, die, was er sehr gut wußte, damals »Judenhelm« hießen und infolgedessen nicht mehr getragen wurden. Obwohl die Merveldts, wenn sie Lust haben, nachweisen können, daß sie sich durch mindest sechzehn Generationen keines Tropfens bürgerlichen, geschweige denn jüdischen Blutes schuldig gemacht haben, sah Hanns-Hubertus unter Umständen nicht so aus, als ob solche westfälische Ahnenpracht auch für ihn zuträfe. Diese Umstände traten ein, wenn er die Melone aufsetzte und abends auf dem Kurfürstendamm spazierenging. In den ersten der tausend Jahre war es so, daß sofort braun uniformierte Männer angerannt kamen, um ihn zur Rede zu stellen. Leicht hätte er sich ausweisen können. Er tat es nicht. Solange es sich um nur einen oder zwei Uniformierte handelte, ging der Streit ja noch an, aber meist liefen mehrere herbei. Und so ist Merveldt nicht nur einmal, sondern mehrere Male niedergeschlagen worden und blutend auf dem Trottoir des Kurfürstendamms liegen geblieben.

Warum?

Merveldt winkte ab. Aber Hühnerfeld wußte die Antwort: »Westfale!«

Es ist nicht nur westfälische Streitlust. Es ist auch noch etwas anderes: ist etwas, das den Westfalen »stößt«. Er sieht beispielsweise die Melone am Haken, den »Judenhelm«, den keiner mehr trägt. »Das wollen wir doch einmal sehen!« (Das stößt ihn.)

Peter Hille, der westfälische Vagabunden-Poet mit seinem unerfüllten Heimweh nach Westfalen und seinem Sack Gedichte, den er immer bei sich trug, bis er ihm auf einer Station der Berliner Stadtbahn von den Schultern fiel, worauf in den nächsten Sekunden auch er selber umkippte; tot - Peter Hille also hat gesagt, was Merveldt, der etwas Märtyrerhaftes haben konnte, gelegentlich zitierte: »Was sie (die Westfalen) mal anfangen, das setzen sie durch, und ob der Geier ihnen die Leber zerhackt, sie geben nicht nach. So ein Westfale muß auch der Prometheus gewesen sein.«

In den letzten Jahren vor dem Krieg trug Merveldt ein Buch mit sich herum und verlieh es auch gern: *Das Schreckensreich des Propheten,* das der konservative Autor Fritz Reck-Mallescewen, ein Ostpreuße, geschrieben und mit dem Untertitel »Geschichte eines Massenwahns« versehen hatte. Es war der Bericht der »Wiedertäufer-Zeit« in Münster und zugleich eine kühne, kunstvolle Parodie auf das »Dritte Reich«. Erst nach dem Kriege erfuhren wir, daß der Autor im Konzentrationslager Dachau gestorben war.

Was Fritz Reck in der Stille seines Gutes Mallescewen über den Goldschmied Dusentschnuer aus Warendorf, den Propagandisten des »Königs« Jan Bockelson, niedergeschrieben hatte, wobei er bei den alten plattdeutschen Dokumenten zu Rate gegangen war, ließ unwillkürlich an Hitlers Propheten Goebbels denken: »Nur ein armer Krüppel, hat aber ein gewaltiges Mundwerk und ›konde dat volck so verschrecken, un do mackeden sie ihn für einen Propheten‹...«

»Auf den gemeinen Mann«, so setzte Reck seinen Bericht fort, »macht es immer einen tiefen Eindruck, wenn man Ach und Weh über die Verderbnis der Zeit schreit... So gilt das Wort dieses hinkenden Propheten bald sehr viel in Münster. Und so läuft er eines Tages im September auf den Markt und schreit, daß Gottes heiliger Mann Johann Bokkelson fortan als König nicht nur von Münster, sondern als König über die ganze Welt und über sämtliche Kurfürsten und natürlich auch über Kaiser Carolus anzusehen sei.«

Es folgt die Schilderung, wie der fünfundzwanzigjährige Bockelson »sich mit dem Gesicht auf die Erde wirft, sich zu jung für die Bürde eines königlichen Amtes nennt, schließlich aber sicher ist, daß Gott ihm helfen und seine Unzulänglichkeiten ausgleichen werde. So nimmt er die Krone an. Als er dann... etwaigen Widersachern die Schärfe des Staatsschwertes ankündigt, beginnt freilich die völlig überrumpelte Menge zu murren, und als die neugebackene Majestät dieses Murren hört, beginnt unter ausschweifenden Gebärden ein neuer hysterischer Ausbruch, der sich wieder in Drohungen mit dem Terror erschöpft. Da also schweigt natürlich der Widerspruch, und ›do hebben sie upgehaven und hebben gesungen einen deutschen Psalm... und jeder is do widder tho Huis gegain‹. Es blieb ihnen ja wirklich nichts anderes übrig, als sich mit dem neuen Königtum abzufinden - Dusentschnuer aber, der da weiß, daß aus vollem Magen und aus luxuriösem Leben am ehesten Opposition und hochmütige Nörgelei erwachsen, predigt erneut gegen Völlerei und erreicht es schließlich, daß ein ganzer Wagenzug abgelieferter Sachen in die Hofhaltung des neuen Königs geschickt wird.« (Derselbe Dusentschnuer ist dann später, als er eine Propagandareise nach Soest unternahm, dort prompt enthauptet worden.)

Die Münsteraner, denen nach Reck-Mallescewen »ja wirklich nichts anderes übrigblieb, als sich mit dem neuen Königtum abzufinden«, murrten dann doch wieder, als sie sahen, wie der König und die Räte dem damals grassierenden »Mode- und Kleiderteufel« verfielen und sich mit dem Gold und Silber schmückten, das sie aus den Kirchen geraubt oder bei den bis dahin wohlhabenden Bürgern beschlagnahmt hatten.

»Der gemein Man konde nich wieder kriegen von seinem Geld offe von seinem Silver oder Gold, aver der Konnigk und die Rede droegent und hettent under Handen.«

Eindrucksvoll beschreibt die Chronik, die Fritz Reck benutzte, daß der »Konnigk ein gulden Ketten hadde. In de selven Ketten, dar hadde hei innen hangen die Werlt glick als se in Wappen mit einem gulden runden Appel und boven auf dem Appel ein gulden Creutze stecken«.

Diese schöne Kette hat doch tatsächlich ein Vorfahre von Hanns-Hubertus, nämlich der Droste Dieter Merveldt, der ein gewaltiger Krieger vor dem Herrn war und an der Spitze seiner Leute dazu beitrug, der Herrschaft des Wiedertäufer-Königs ein Ende zu machen, nach dem Sieg vom Bischof Franz von Waldeck geschenkt erhalten und seiner Sippe vererbt, dessen Geschichtsbewußtsein doch wohl größer war als die Freude an Gold und Gut. Ab mit der Kette ins Museum. Jede Möglichkeit verpaßt, sie ins Pfandhaus zu tragen, was im »Dritten Reich« wohl manchmal nützlich gewesen wäre – wenigstens für den malenden Merveldt.

»Wie schade, Hanns-Hubertus!«

»Jammerschade!«

Ohne die große seelische und soziale Not der Reformationszeit hätte eine so radikale Bewegung wie die der Wiedertäufer nicht so viele Anhänger finden können. Besonders durch Norddeutschland trieb sie gleich einer dunklen Wolke. Den Namen trug sie, weil sie die Kindertaufe ablehnte und die Erwachsenen-Taufe predigte. Aber dabei blieb es nicht. Die Wiedertäufer rebellierten schließlich gegen weltliche und die geistliche Ordnung. Gott selber, dessen Stimme sie zu hören vorgaben, legte ihnen die Welt zu Füßen. Aber das neue Paradies sollte zuerst in Münster verwirklicht werden, der freien, der goldenen Stadt, auf die der Landesherr, der erst seit Jahresfrist regierende Bischof Franz von Waldeck, wenig Einfluß hatte.

Schon von dem Augenblick an, da aus Harlem der Prophet der Wiedertäufer, Jan Matthys, eintraf, Buße predigte, die Leute bedrohte und bei alledem wirklich überzeugt zu sein schien, daß Gott zu ihm sprach, wurde die Sache grotesk. Sieben »Diakone«, welche die Stadt verwalteten, kassierten die Schätze, deren Besitz den Bürgern vom Propheten verleidet worden war: Gold und Geld waren »Teufelswerk«. Das Volk konnte dadurch nur verdorben werden; den Oberen bekam der Tand indessen ausgesprochen gut.

Von heute aus gesehen, aus großer zeitlicher Entfernung, nähme die Tragödie in der

Tat burleske Züge an, die ins volkstümliche Puppentheater gehörten: so meinte Hühnerfeld. Er wies auf die Szene, da Matthys erklärte, es sei ihm ein leichtes, mit einer kleinen
Schar gotterfüllter Männer in die Söldnerreihen des Bischofs einzudringen, der die
Stadt umzingelt hielt. Denn Gott wache über sie. Es könne ihnen nichts geschehen. Sie
rückten also aus. Aber ein Söldner des Bischofs stieß dem Matthys den Spieß ins Herz.
Nachdem also Jan Bockelson, der junge Schneider und Schmierenkomödiant, der sich
nach seiner Herkunftsstadt Jan von Leiden nannte, König der Wiedertäufer geworden
war, heiratete er die schöne Witwe des gefallenen Propheten, und weil er ein Teufels-
sassa und ein klarsichtiger Mensch war, führte er auch gleich die Vielweiberei als Gesetz
ein. Denn seine Klarsicht ließ ihn erkennen, daß es mehr Frauen als Männer in der Stadt
gab; er selber ging mit gutem Beispiel voran; er fand an sechzehn hübschen Königinnen sechzehnmal mehr Gefallen als an einer. Zwar erhob der studierte und wort-
gewaltige Theologe Rothmann, der zuerst Luthers Sache zu seiner eigenen gemacht, der
Reformation in Münster kräftig vorwärtsgeholfen hatte und dann zu den Wieder-
täufern übergegangen war, zunächst Einspruch und geißelte des Königs Vorgehen als
»Unzucht und Hurerei«. Aber der König erwiderte, dank Rothmanns Predigten hätten
die Nonnen die Klöster verlassen. Wohin mit ihnen, wenn nicht in den heiligen Massen-
Ehestand?
Ein Bürger Münsters, vielleicht ein ruhiger verständiger Mann im Sinne Niemeyers,
empörte sich. Er wurde enthauptet. Denn längst hatte der König, der nach Heinrich
Aldegrevers Konterfei ein hübscher, schlanker Junge war, Gefallen am höchsten Richter-
amt gefunden. Prächtig angetan, so thronte er an den Gerichtstagen vor dem Rathaus,
umgeben von den Predigern und Räten, und wenn er das Schwert hob, hieß dies:
Kopf ab!
An einem einzigen Tag köpfte der Henker einmal dreiundfünfzig Männer. Wenn aber
seine Königinnen ihm widersprachen, griff der »Konigk der Wederdoper« höchstselber
zum Schwert. Seine Frau Elisabeth Wandscherer warf ihm einmal vor, daß er und sein
Hof in Saus und Braus lebten, während das Volk hungerte. Da ließ er sie auf dem Marktplatz niederknien, schlug ihr eigenhändig den Kopf ab und führte die anderen Königinnen zum Reigen an. Sie machten nämlich einen hübschen Rundtanz um die Leiche. Und
die Umstehenden sangen den National-Choral: »Aleine Got in der Hoegde sei Ehr!«
Womöglich hätten sich immer noch Bürger gefunden, ihm an den Kragen zu gehen, wenn
die Stadt eben nicht belagert, nicht umzingelt gewesen wäre. Der Zwang zur Verteidi-
gung schmiedete sie zusammen, und dann hat es wohl auch etwas ausgemacht, daß der
Widerstand lange Zeit von Erfolg gekrönt war, wenn auch die List, die der König und

seine Minister anwandten, noch so durchsichtig scheint. Es wurde nämlich alles in religiöse Formeln gebracht, ob es paßte oder nicht: Da verkündete Knipperdolling, der das hohe Amt des Scharfrichters innehatte, die Bibel habe recht, und so müsse das Hohe erniedrigt und das Niedrige erhöht werden. Solche Rätselworte und Auslegungen sind häufig als Kunstmittel des alten Volksschwankes anzutreffen. Was war diesmal die Lösung?

Die Zimmerleute gingen ans Werk: Abbruch. Die Dachstühle von sechs Kirchtürmen stürzten hernieder: das Hohe erniedrigt. Und sichtbar auf den Turmstümpfen wurden Kanonen: das Niedrige erhöht.

Die Herrschaft der Wiedertäufer hatte schließlich nichts Menschliches mehr. Die Köpfe flogen wie im Kasperle-Theater. Die Königinnen schmückten sich und zankten mit-

einander. Und die Liebe? Zwei Säuglinge, von denen eines den einfaltsreichen Namen »Kind Neugeboren« erhielt, waren das ganze Resultat der königlichen Anstrengungen eines Jahres.

Man weiß den Namen des Bürgers, der schließlich gemeinsam mit einem Soldaten den Belagerungstruppen eine schwache Stelle innerhalb der Befestigung verriet: Heinrich Gresbeck.

Während eines Gewitters durchschwamm er den Festungsgraben und zog mit Hilfe des anderen Widerstandskämpfers eine hölzerne Brücke hinter sich drein. Der Name des anderen ist nur ungenau auf uns gekommen: Hänschen von der Langestraße. Er war auch nur Söldner.

Wilken Steding, der Führer der bischöflichen Landsknechte, drang als erster in die Stadt. Aber auch Dietrich von Merveldt hat die goldene Königskette nicht umsonst gekriegt. Die vordringenden Krieger brachten alles um, was ihnen Verdächtiges vor die Flinten, Schwerter, Spieße kam. Die höchsten Würdenträger aber, der König Jan van Leiden, sein oberster Scharfrichter und Vertrauter Knipperdolling und sein Minister Bernhard Krechting, wurden lebendig gefangen.

Jetzt feierte die andere Seite ausgiebig und mit Genuß den Blutkarneval. Und fortan hatte kein Wiedertäufer, aber auch kein Lutherischer und kein Calvinist in Münster noch eine Chance.

Ein zeitgenössisches Flugblatt hat auf Platt wiedergegeben, was im einzelnen geschah und hier in hochdeutscher Fassung stehen mag:

»Etwa um acht Uhr vormittags ist der falsche König zunächst aus seinem Gefängnis in ein Haus am Markt geführt, darin bis auf den Gürtel nackt ausgezogen worden. Auf dem Markt wurde er auf ein Gerüst gebracht, das auf drei nebeneinander stehenden Wagen errichtet war. Er wurde an einen Pfahl gebunden, der auf dem mittleren Wagen befestigt war. Um das Gerüst standen ungefähr zweihundert Fußknechte und viele Bürger aus der Stadt. An drei Stellen hielten auf den Gassen, die zum Markt führten, etwa dreihundert Berittene. In den Fenstern der Häuser lagen viele Leute, um zuzusehen, wie man den König und seine beiden Propheten behandeln würde. Und als der König so an den Pfosten gebunden war, sind zwei Henker, einer von Paderborn und einer von Münster, herangerufen worden. Der von Paderborn gab ihm mit einer glühenden Zange den ersten Griff in die linke Seite, der Münstersche den zweiten in die rechte Seite. Sie haben dann den falschen König mit glühenden Zangen zerrissen; endlich hat ihm ein Henker das Messer in die Brust gestoßen. Sie sind eine Stunde oder länger mit ihm so umgegangen, bis sie ihn endlich zum Tode gebracht hatten. Dann haben sie den König vom Gerüst hinuntergeworfen, ihn auf eine hierzu gemachte Schleife gebunden und zum Lamberti-Turm geschleift. Dort standen drei eiserne Körbe bereit. In einen haben sie den toten König mit eisernen Bändern um Hals und beide Arme ge-

fesselt. So hat das Volk ihn im Korb den Turm hinaufziehen müssen. In der gleichen Weise sind auch Knipperdolling und Bernd Krechting vom Leben zum Tod gebracht, vor den Lamberti-Turm geschleift, in die zwei Eisenkörbe gesteckt und hinaufgezogen worden. Knipperdolling kam auf die linke, Krechting auf die rechte Seite des Königs. Sie sind etwa eine Mannslänge niedriger als der König hinaufgezogen und an zwei eiserne Haken gehängt worden. Alles dies zur Warnung, daß sich jeder vor solchen und ähnlichen verführerischen wiedertäuferischen Sekten und Untaten desto besser hüten könne.«

Doch damit nach all dem Graus schließlich auch die von Josef Winckler erwähnte Komik wieder zu Geltung komme, hat die Stadt Münster Jahrhunderte später, als die Leichen längst verschwunden, die Käfige aber durch Wind und Wetter mitgenommen schienen, neue bestellt.

Neue Käfige am Turm zur Befriedigung der Neugierigen? Neue Käfige als Tradition? Käfige doch nicht etwa zur ferneren Benutzung? Neue Käfige als l'art pour l'art?

Spötter haben schließlich verhindert, wie es scheint, daß die alten Käfige ersetzt wurden. Aber einer der größten Spötter, Inbegriff des westfälischen Humors wie sein Freund, der »Tolle Bomberg«, und dies vielleicht sogar in noch größerem Maße, nämlich Professor Landois, hat die neuen Käfige, die schon geliefert waren, übernommen. Da er sich gerade sein eigenes Denkmal setzte, konnte er sie gut gebrauchen. Er hat sie rund um sein Denkmal aufgestellt.

Hühnerfeld sagte: »Was die Münsteraner machen, das machen sie gründlich.«

Merveldt sagte: »Das walte Gott!«

Keine Angst vorm Alten Fritz

Ob es im XVI. Jahrhundert der holländische Humanist Justus Lipsius, ob es im XVIII. der französische Philosoph und Spötter Voltaire war: es hat ganze Dezennien hindurch nicht an Leuten gefehlt, die von den Westfalen nicht das geringste hielten. (Besonders das »Kulturgefälle« zwischen den Niederlanden und dem süd- und südöstlichen Nachbargebiet war stark bemerkbar. Es schien ein für allemal statuiert: Die Westfalen hatten keine Kultur; das sah ja jeder.)

Von einem Anonymus, den die westfälischen Historiker nicht ohne Rührung zitieren, ist nun ein zugleich klagender wie geistvoller Bericht erhalten. Da schrieb also anno 1783 ein gebildeter Westfale, wie es ihm zu ergehen pflegte, wenn er auf Reisen war, zumal auch in Berlin, wo Friedrich der Große regierte.

»Die Westfälinger und die Pommern haben unter den Deutschen wohl von jeher das auszeichnende Schicksal gehabt, in anderen Provinzen teils ein Gegenstand verschiedener Märchen und Legenden zu sein, teils zur feineren Kultur und Aufklärung für unfähig gehalten zu werden. Unser großer König erkennt uns bis jetzt erst für seine Stiefkinder und noch nicht wert, mit seinen übrigen Untertanen aus einem Krug zu trinken. Als neulich demselben ein durch Routine und Ancienneté qualifizierter Westfälinger zum Rat in Vorschlag gebracht wurde, schrieb der Monarch neben den Vorschlag: ›Dieser kann es nicht werden, denn die Westfälinger haben kein Genie!‹ - Kömmt ein Westfälinger in eine andere Provinz, so wird er wie ein Mensch behandelt, der Nachsicht und Zurechtweisung in Lebensart und Kenntnissen nötig hat. Ich habe mich oft in Berlin, Dresden und anderen auswärtigen Städten darüber geärgert, wenn mir da ein jeder mit einer Art von Mitleiden bald in Gesellschaft, bald in Geschäften zurecht helfen wollte. Bald verwunderte sich einer höchlich, daß ich nicht alles mit großen Augen und ausgestreckten Beinen wie die Kuh das neue Tor anstaunte, bald schwatzte mir jemand die bekanntesten oder unbedeutendsten Dinge vor, die das Ansehen lauter in Westfalen unerhörter Sachen haben sollten. Natürlich wird man durch eine solche Begegnung erst kleinmütig gemacht; und wenn man dann bemerkt, daß hinter diesem weisheitsvollen Tone nichts Solides steckt, wenn einem die Galle endlich überläuft und eine kurze derbe Abfertigung des Herrn das Verständnis eröffnet, so wird man unter der Rubrik eines groben Westfälingers ganz höflich überschlagen.«

Ein bezeichnender Vorgang: Der eine (der Westfale) wird für rückständig gehalten und höflich aufgeklärt; er bleibt angesichts dieses Mißverständnisses so lange höflich, wie er's gerade schaffen kann. Endlich hält er's nicht mehr aus und braucht Erleichterung und wird also grob. Mit gleichbleibender Höflichkeit bemitleiden ihn jetzt die anderen. Sie meiden ihn. Sie wußten es ja, daß ihr Partner einfältig und grob sei: ein unmöglicher Mensch.

Es müssen freilich nicht ausgerechnet Westfalen sein, die auf so höfliche Weise zur Grobheit getrieben werden. Die Westfalen aber - mag ihnen obendrein noch Grobheit angeboren sein oder nicht - wurden im Laufe ihrer Geschichte oft dazu verleitet, »deutlich zu werden«. Wohl oder übel haben sie sich dann an diese Rolle gewöhnt.

Übrigens trägt ihre Erziehung diesem Schicksal Rechnung. Denn: »Seid ehrlich«, so ermahnen die westfälischen Eltern ihre Kinder, während es anderswo, speziell im Rheinland, heißt: »Kinder, seid höflich!« Aber wenn Ehrlichkeit und Höflichkeit zusammenstoßen, gibt das nicht immer einen guten Klang. Man kennt die Fortsetzung: »Wir«, so sagen die Westfalen, »haben ein weiches Herz in rauher Schale. Man gewinnt uns nicht so leicht. Mit uns muß man erst einen Scheffel Pfeffer gefressen haben! Aber dann! Wenn man uns einmal hat, dann hat man uns. Handschlag darauf! Treue um Treue!«

Wer, der einige Westfalen aus der Nähe kennt, hat dies nicht immer wieder vernommen, sei es mit Freude, sei es mit Unbehagen. Und welcher Westfale aber hat nicht schon, wenn auch vielleicht nur indirekt, erfahren müssen, daß der andere kein rechtes Bedürfnis nach Ehrlichkeit und Weichherzigkeit hat. Ihm genügt die Schale: und die soll möglichst poliert sein. Kein Handschlag. Kein Treueschwur. Es wird kein Wert darauf gelegt, einen aufrechten, treuen Menschen für immer »zu haben«. Keine Pfeffer-Fresserei! Höfliche Begegnung - das genügt.

Menschen, die so denken, verpassen viel. Es ist nie langweilig, »harten westfälischen Kern« zu durchstoßen. Denn in einer erprobten westfälischen Freundschaft, da ist etwas los. Das ahnt man von außen nicht. Man muß auf Überraschungen gefaßt sein. Was zum Beispiel wäre zu erwarten, wenn man einem westfälischen Freund vom Lande in seinem gemütlichen alten Haus bei einem guten alten Köhm etwa den geliebten bösen Voltaire vorliest, sagen wir: die Sätze, die von »den großen Hütten« handeln?

»Große Hütten, ›Häuser‹ genannt, in denen man Tiere sieht, die man ›Menschen‹ nennt und die in herzlichem Pêle-Mêle mit anderen Haustieren wohnen!«

Mein Gastgeber hat herzlich gelacht, obwohl ja Tiere nicht lachen können. Und wir haben »Prost« darauf gesagt, daß, wenn Voltaire so dachte, sein Freund Frédéric, le Roi de Prusse, sicherlich nicht anders gedacht hat. An seinem Hof hat ein Westfale nie eine Rolle gespielt. Er, der mit seinem Krieg gegen Maria Theresia Unglück genug über das doch abseits liegende Westfalen gebracht hatte, hat niemals Anlaß gefunden, außer bei einer gelegentlichen Inspektionsreise, sich sonderliche Sorgen um den preußischen Teil dieses Landes im Westen zu machen.

Viel interessanter ist denn auch, wie die Westfalen sich gegenüber dem König verhielten. Sie haben ihn gefürchtet, den Kriegsherrn und den Herrscher, der so fern war und zugleich so nahe schien, dessen Anordnungen »von oben« kamen und in die Existenz jedes einzelnen eingriffen. Er war ihnen unheimlich. Und sie fühlten sich nicht sicher, im Münsterland kam noch das Unbehagen darüber hinzu, daß er protestantisch war und wahrscheinlich nicht einmal an Gott glaubte. Gerade hier hat man ihn anfangs aus ganzem Herzen gehaßt und gefürchtet. Schon der »Soldatenkönig« war im preußischen Teil Westfalens verflucht worden, weil seine Häscher auch zwischen Rhein und Weser nach den »langen Kerls« gejagt hatten, die seine ganze Kasernenhof-Freude waren. Und da sollte Friedrich besser sein, der ohnehin die Ansicht vertrat, die »Westfälinger« hätten »gar kein Genie«?

Der westfälische Genius, nämlich die im Volke lebendige anekdotisch-humorvolle Phantasie, hat aus der Angst, dem Unbehagen, dem Unverständnis gegenüber diesem Mann, dessen Größe jeder fühlte, dessen autoritärer, allein der Vernunft und nichts als der Vernunft zugewandter Geist dem westfälischen Wesen jedoch ganz entgegengesetzt war, eine Kunstfigur entstehen lassen, die den Namen »Der olle Fritz« trägt. Josef Winckler hat diese Geschichten gesammelt, deren schönste, wie er erzählte, auf einen Schneidermeister in Hopsten, den »Olen Vader Börnebrink«, zurückgehen. Als er ein ganzes Buch damit gefüllt hatte, war die Sammlung noch lange nicht zu Ende. Von allen Seiten strömten ihm neue Histörchen und Legenden zu: Steine zum Bau eines »Mythos«, wie Winckler sagte. Dann wäre also Westfalen das Land der letzten Mythen-Quelle, mindestens in Europa.

Und diese Quelle sollte nicht heiter fließen, sondern in preußischem Schritt marschieren? Weit gefehlt! Wir erfahren nichts über den »Ollen Fritz«, aber vieles über die Westfalen.

Der »Olle Fritz«, der in der Wirklichkeit doch so wenig Wert auf Damen legte, hat der Legende nach auf seinen heimlichen Reisen in Westfalen nächtlich bei den Bauernmägden vorgesprochen. Da haben ihn die Knechte erwischt. Und weil er nicht sagte:

»Sieht Er nicht, Er Lumpack, ich bin der Alte Fritz!?« haben die Knechte von »Majestät«
und Pipapo auch weiter nichts hergemacht, sondern ihm den Potsdamer Hintern ganz
schön versohlt. Und dann: Fffft, schon hedd s'em footäset. (Der König kriegt, was er
verdient.)

Weil aber der »Olle Fritz« der listigste von allen Menschen dieser Welt war, läßt die
westfälische Legende ihn gerechterweise auch gelegentlich ein Spiel gewinnen. So, wenn
er auf der Kirmes erscheint, natürlich unerkannt, und die Bauernjungen auffordert, den
»Lukas zu hauen«. Vorher bei der Musterung haben sie Weh und Ach geschrien, wenn
der Doktor, der als Westfale auf ihrer Seite stand, sie mit dem Finger antippte oder
mit seinem Hörrohr in die Nähe ihrer Herzgegend kam. Jetzt aber »hauten sie den
Lukas«, daß Leben in die kleine Blechfigur oben am Schaft kam. Sie wirbelte herum,
daß es eine Pracht war.

»Bravo, Grenadiers!« rief sehr zufrieden der »Olle Fritz« und gab sich zu erkennen.
(Die jungen Leute kriegen, was sie verdienen! Denn wer sich übertölpeln läßt, hat selber die Schuld. Ab nach Potsdam!)

Lange, ehe in den sechziger Jahren unseres Jahrhunderts die musikalische Komödie *The
Fiddler on the Roof,* die auf den deutschen Spielplänen *Anatevka* hieß, aus Amerika her-
übergekommen war und das Publikum auch dadurch entzückte, daß der fromme Held
der Spiele, der jüdische Hausvater, ein besonders vertrautes Verhältnis zum lieben Gott
unterhielt, quasi auf Du und Du mit ihm stand, alle Augenblicke mit ihm sprach, auf
ihn hörte, aber auch mit ihm haderte, da war wieder einmal Anlaß, sich an gewisse Geschichten aus dem Münsterland zu erinnern. Und wieder ist es Josef Winckler, der die
Geschichte von dem Bauern aufgezeichnet hat, dem ein mit dem »Zweiten Gesicht« begabter Mann prophezeit hatte, sein Hof werde abbrennen. Nun plötzlich »in die Versicherung gehen«? Aus Angst? Der Geiz überwog. Der Bauer schüttelte den Kopf und
trat entschlossen ins bedrohte Haus - nicht ohne vorher dem Himmel mit erhobenem
Zeigefinger gedroht zu haben. So ähnlich aber verhält sich auch der »Olle Fritz«, wenn
er im westfälischen »Mythos« ans Himmelstor kommt.

Steht also der König in Begleitung seines Burschen da. Aber Petrus, den König gewah-
rend, schüttelte den Kopf: Viel gesündigt hat dieser Herr auf Erden. - Petrus sagt es so
recht von oben herab. »Mach den Rucksack auf«, befiehlt der »Olle Fritz« dem Burschen,
greift hinein und zieht einen Hahn hervor: »Kennst du den, Petrus?« (Es ist immer
gut, an die schwachen Punkte des lieben Nächsten zu erinnern.)

Eine andere Himmels-Geschichte gibt es in zwei Fassungen. Der »Olle Fritz«, wieder
abgewiesen am großen Tor zur ewigen Seligkeit, ruft mit lauter Kommando-Stimme in

den Himmel hinein: »Achtung, preußische Grenadiere. Angetreten! Richtung: Raus aus dem Himmelstor. Abteilung Marr...« Im letzten Augenblick mischt sich da der Liebe Gott persönlich ein, läßt es zum vollendeten »Marrrrsch« nicht kommen, sagt schnell ein »Rührt euch!« an und weist den Pförtner Petrus zurecht: »Herrgottnochmal, du vertreibst mir ja meine besten Seelen!«

Aber die andere Fassung hat den Schluß, daß die Preußen auf den Befehl des Königs wirklich abmarschierten unter den Klängen des Hohenfriedberger Marsches, der leise, immer leiser wird, während schon aus dem besten Himmelsviertel, in dem die Münsteraner selig sind, das »Te Deum« erschallt: »Te, Deum, laudamus!« (Jetzt kann doch ein echter Westfale den Himmel auch einmal so recht genießen.)

Es fehlt in den Anekdoten vom »Ollen Fritz« auch das »Figaro«-Motiv nicht, das im Schauspiel Beaumarchais' der literarische Vorbote der Französischen Revolution wurde. So ist in Wincklers Buch *Pumpernickel*, seinen Jugenderinnerungen also, in dem Platt des Geschichtenerzählers Börnebrinck festgehalten, wie der »Olle Fritz« bei einem Hochzeitsfest auftaucht, auch anständig begrüßt wird, wie es sich gehört, und seinen Platz am Ehrentisch, dem des Herrn Pfarrers, erhält. Aber als es dann Zeit ist, sagt der König zu der Braut: »So, mir lew Engelken, nu will ick bi di slopen.«

Die Braut macht einen Knicks: »Bedienen Sie sich, Majestät.«

Aber der Bräutigam ergreift einen Dreschflegel und brüllt: »Nümmer nich saß du bi mine Frau slopen! Ick mak di kapott!«

Energisch muß der »Olle Fritz« ihn jetzt daran erinnern, daß ihm, dem Herrn, das Jus primae noctis, »dat Rech up de erste Nacht«, gehörte.

»Leider Gotts«, erwidert der Bräutigam, »häd de Papst di dat erlaubt.« Aber er sinnt auf einen Ausweg: Jus primae noctis? »De erste Nacht ligg all'n Johr terügge!«

Doch der »Olle Fritz« gibt nicht nach, packt die Braut am Arm und ruft: »Ick häw die doch twe Erbsen in die Schoh steckt. Das giw Twillinge. Ick kann Soldoten bruken!«

Zu spät. »To late«, ruft der Bräutigam. »Se is all in't datte (dritte) Monat vön mi!«

Und der Herr Pastor sagt dazu auch nichts weiter als: » Jau, jau, 't is wohr. Dat is Burensitte.«

Diese westfälische Miniatur-Variante des Bühnenstückes *Der tolle Tag* von Beaumarchais und der Oper *Figaros Hochzeit* von Mozart wird bei Winckler also nicht nur in den Dialogen, sondern auch im ganzen Text auf platt wiedergegeben. So heißt denn der Schlußsatz im Original: »De Olle Fritz steg in sinen Wagen un tröck dullköppig ab.«

Ob im *Pumpernickel*, ob in *So lacht Westfalen* oder in der dem ole Vader Börnebrinck wohl am innigsten nachempfundenen Sammlung *Der alte Fritz spukt in Westfalen:* überall hat Winckler den Anekdoten-Strom aufzufangen versucht. Freilich hat er den ursprünglichen »Vertell«, den deftigen, packenden, gemütlichen, der an die plattdeutsche Aufforderung der Tischrunde erinnert: »Vertell, vertell! Du riechs so schön na Kööm!« durch pfiffige Erzählerkunst mit Glanzlichtern versehen. Dabei ist Winckler aber auch hier und dort der Versuchung erlegen, sich sozusagen wegschwemmen zu lassen von der

Anekdoten-Flut. Es kam nämlich, wie es kommen mußte: Schließlich wurden dem »Ollen Fritz« die Hauptrolle auch in manchem Histörchen zugeteilt, mit dem er wahrhaftig nichts zu tun haben konnte.

Es muß schließlich erwähnt werden, daß nicht alles im Wesen und Charakter des größten Preußenkönigs den Westfalen ein Greuel ist. Das Bild des alten einsamen, gichtgeplagten Krückstock-Königs von Sanssouci wurde ihnen auch wieder sympathisch. Wie sie gerührt sein können, angerührt vom Anblick eines Menschen, der, wenn er auch großmächtig zu sein scheint, schwer an seinem Schicksal trägt, ist das Mitgefühl schnell zur Stelle.

»Hei hadd vell dorchmokt! Lot em lopen!« Das gilt sogar vom »Ollen Fritz«, der vom »Genie der Westfälinger« so gar nichts ahnte. Es paßte wohl auch nicht in die Art des Denkens, daß er begriffen hätte, was die Westfalen mit ihm machten und noch lange nach seinem Tode machen würden. Daß Spott eine Waffe sei, ein Werkzeug der Rache: ja, das begriff er wohl, der Spötter. Nun aber wurde seine Gestalt eingesponnen von den bunten Fäden der Phantasie, umschlossen vom Rankenwerk der Erzählung! Eine Figur, die zum Spielzeug-Männlein verkleinert und gleichsam auf die Hand gesetzt werden konnte: »Kiek ens, wat ick do heww!«

Die Westfälinger haben durchaus Genie, Majestät. Genie für eine Art des Erzählens, die eine großartige Eigenschaft und Kraft hat: sie befreit.

Was wißt ihr über König Lustik? - Nur Gutes

Wenn sich die Geschichte oder die Erzählung vergangener Geschehnisse ändert, so kann es daran liegen, daß die Historiker einen Irrtum zu korrigieren hatten oder den Erzählern bessere Wendungen einfielen. Dies trifft auch für eine Episode der westfälischen Vergangenheit zu, die uns ein einziges Mal ein Staatswesen namens »Westfalen« zeigt: ein Königreich, dessen Hauptstadt leider nicht Münster, Soest oder Dortmund, sondern ausgerechnet das hessische Kassel war. Es handelt sich also um die kurze, aber gepfefferte Epoche, da »König Lustik« in diesem Teil Deutschlands als Majestät von Napoleons Gnaden regierte.

Sowohl die Historie als auch die künstlerische Nachrede haben nur sehr selten ein gutes Haar an diesem Herrscher gelassen. Doch neuerdings kann man in höheren Schulen auf die Frage: »Was halten wir denn heute wohl von König Lustik?« die beruhigende Antwort hören: »Nur Gutes!«

Man kann verschiedener Meinung darüber sein, ob die Geschichte des Königsreichs Westfalen einen welthistorischen Akzent verdient oder ob sie im wesentlichen nur lokale Bedeutung hat. Wird die heimatgeschichtliche Seite betont, so sei westfälischen Erzählern vorgeschlagen, die Geschichte mit einem Rückgriff auf eine weiter zurückliegende Episode zu beginnen. Es muß für die Westfalen eine Genugtuung sein, wenn von Anfang an betont wird: Ehe es einen Korsen als König von Westfalen gab, hat es einen Westfalen als König von Korsika gegeben. Und es ist das einzige Mal gewesen, daß es hier wie dort einen König in eigenem, wenn auch außerordentlich windigem Königreich gab.

Im französischen Lexikon »Larousse« steht unter »Neuhoff« der Hinweis: »Siehe Théodore I.« Er ist also in die Geschichte unbestreitbar als ein König eingegangen, als ein Herrscher mit einer Ziffer, die allerdings keine Fortsetzung gefunden hat: Theodor von Neuhoff, der zur Hälfte aus einem alten westfälischen Adelsgeschlecht stammt.

Sein Vater war Feldhauptmann beim Kanonen-Bischof Galen gewesen und hatte sich hinreißen lassen, die Tochter eines Kanonenfabrikanten aus Lüttich zu heiraten. Wer sich

an das Wort »Kanone« klammert und Logik des Verhaltens sieht, vergißt, daß dieses wallonische Mädchen eine Bürgerliche war. Mesalliance. Und das Produkt hat es schwer gehabt. Der Junge kam in Metz (1694) zur Welt, erhielt die Namen Theodor und Stephan, verlor früh den Vater, wurde Page bei Liselotte von der Pfalz, jener Herzogin von Orléans, die sich in ihrem deutschen Vaterland durch ihre unerschütterlich ehrlichen und offenen Briefe Unsterblichkeit, in Frankreich aber ewige Verdienste durch die Einführung der Blutwurst (Boudin) erworben hat. In dieser Umgebung, wo es nur eine einzige solide Person gab, eben die »Liselott«, wuchs der vernachlässigte halbbürgerliche und nur halbwestfälische Theo zu einem Früchtchen heran, zu einem Abenteurer und Frauenheld.

Darin hatte er, der spätere westfälische König von Korsika, zweifellos Ähnlichkeit mit dem nachmaligen korsischen König von Westfalen.

Beide zeichneten sich in gleicher Weise auch dadurch aus, daß sie geschickte Diplomaten waren und die anfangs bescheidenen Beziehungen auszunutzen verstanden, die ihnen in die Wiege gelegt worden waren oder die sie sich erworben hatten. Was die Wiegen betrifft: Sowohl Jérôme Bonaparte als auch Theodor Neuhoff besaßen adelige Väter, die sich anstrengten, aber auf keinen grünen Zweig kamen, zumal ihnen kein langes Leben beschieden war, und vernünftige bürgerliche Mütter. Jérômes Mutter Laetitia ist ja dann auch dadurch bekannt geworden, daß sie zu sagen pflegte: »Pourvu que ça dure!« ... »Wenn das nur gutgeht!«

Dabei hat sie gewiß ihren großen Sohn Napoleon vor Augen gehabt, mit dem es auf die Dauer ja auch nicht gutgegangen ist, während es mit ihrem jüngsten Sohne, eben dem »König Lustik«, so gut ging, wie es nach den damaligen Umständen nur gehen konnte.

Der Westfale Theodor hat sich auf seinem Lebensweg, der ihn als Offizier und Höfling nach Schweden und Spanien, als tollkühnen Spekulanten nach Paris, als Diplomaten und Vertrauensmann des deutschen Kaisers Karl VI. nach Florenz führte, durch Intelligenz, einen gewissen Lebenspfiff und eine gehörige Portion Vertrauen auf den eigenen guten Stern ausgezeichnet - sämtlich Eigenschaften, die man bei den Menschen der Lüdenscheider Gegend nicht selten antrifft, aus der seine Vorfahren stammten. Der Korse hat seinerseits die südliche, die mediterrane Variante der gleichen Begabungen im Laufe seines abenteuerlichen Lebens immer mehr verfeinert.

Theodor saß in Florenz, als sein Kaiser aufgefordert wurde, Schiedsrichter im Streit zwischen den Genuesen und den Korsen zu sein, die nur widerwillig ihre Untertanen waren. Karl VI. gab diesen ehrenvollen Auftrag an seinen Regenten, eben den Herrn von Neuhoff, weiter. Der aber wußte sich den korsischen Unterhändlern so sehr sympathisch zu machen, daß sie sich nichts Schöneres vorstellen konnten, als dieses westfälische Wunderkind zu ihrem König auszurufen. Er hat dann als Theodor, der Erste und Letzte, um sein Inselreich erbittert kämpfen müssen.

Er kämpfte gegen Genua, verlor und verließ sein Königsreich nach acht Monaten (1736). Er kehrte, mit holländischem Geld und dem Segen seiner westfälischen Verwandtschaft ausgerüstet, zwei Jahre später zu Schiff nach Korsika zurück. Aber diesmal mußte er gegen die Franzosen kämpfen, da die listigen Genuesen die Insel an Frankreich verkauft hatten. Kein Wunder, daß ihm auch diesmal kein Glück beschieden war und er aufs neue fliehen mußte. Mit vorbildlicher Hartnäckigkeit (westfälischem Dickkopp) hat er gleichwohl zum dritten Male versucht (1743), seine korsischen Untertanen mit seiner Anwesenheit zu beglücken. Wiederum und endgültig gescheitert, verbrachte er seine Tage in England, im Schuldturm, und dies sogar jahrelang, bis gute Menschen, die so romantisch waren wie er, eine Geldsammlung veranstalteten, um ihn freizukaufen. Doch reichte das Geld nicht aus, ihm auch für den Rest seines Lebens eine Existenz zu gewährleisten, wie sie ihm zustand: die eines Exil-Königs. Freunde schritten wieder ein, als er an Hunger und Enttäuschung (1756) gestorben war. Sie kauften ihm in London ein Grab und setzten auf den Gedenkstein einen wehmütigen Spruch darüber, wie das Schicksal so spielt: Es hat ihm ein Königreich geschenkt in der Blüte der Jahre, aber Brot im Alter verweigert.

Wie anders das Ende, das dem korsischen König von Westfalen beschieden war! Er war genauso ein Schuldenmacher wie der andere, genauso ein Spieler, er hatte aber auch die gleiche Tugend wie jener, daß er sich, wenn Not am Mann war, tapfer zeigte, achtlos gegenüber der Gefahr. Aber der König Westfalens, der nie Gelegenheit hatte, seinen westfälischen Herrscher von Korsika kennenzulernen - fünfzig Jahre Abstand halten beide Königreiche voneinander –, besaß doch wohl das glücklichere Temperament.

Beide hatten Frauen geheiratet, die sie nicht liebten: Theodor eine Engländerin, der er dann bald entfloh, Jérôme aber auf Befehl des Kaisers die Tochter jenes württembergischen Friedrich, der sich von Napoleon zum König seines Landes hatte erheben lassen: Sie hieß Katharina, war hübsch und mollig, parlierte ein nettes Französisch, übrigens von ihrer britischen Mutter her auch Englisch, während ihr Mann auf deutsch nur sagen konnte, er wolle auch morgen wieder lustik sein. Sie war lebenslustig wie er und hätte wahrscheinlich auch gern so viel gegessen wie ihr Vater, der dabei leider so dick geworden war, daß er an ausgeschnittenen Tischen speisen mußte, da er anders seinen Bauch nicht untergebracht hätte. Das war kein erfreulicher Anblick für die Tochter. So aß sie eben nicht so viel.

Jérôme fand sie denn auch sympathisch, nachdem er sie in dieser Zwangsehe erst einmal näher kennengelernt hatte. Er gewöhnte sie daran, daß er als eleganter, hübscher junger Mann Schäferstündchen in den Armen anderer Frauen verbrachte, mochten sie Gräfinnen oder Zofen sein. Ausdrücklich aber schreibt Josef Winckler in seinem Buch *König Lustik von Westfalen,* daß unser junges hohes Paar reichlich miteinander herumalberte, was seinem großmächtigen Bruder, als er davon erfuhr, sehr verdrießlich war, denn er hielt auf Würde.

Katharina sah ihrem Jérôme also vieles nach: sogar die Angewohnheit, daß er Bäder in Rotwein nahm; nichts bekäme seiner Gesundheit so gut. Sie hielt auch weiter zu ihm, als die königlich-westfälische Herrlichkeit zu Ende war. Und er fing an, sie zu lieben.

Während sie zu Triest im Exil lebten, schenkte sie zwei Kindern das Leben. Die Tochter war jene Prinzessin Mathilde (1820 bis 1904), die in der Zeit des Zweiten Empire für

ihren Salon in Paris berühmt wurde: eine geistreiche, brillante Erscheinung. Sie war dreißig Jahre alt, als ihr lustiger Vater (1850) Marschall von Frankreich wurde.

Der Sohn des Ex-Königs, Prinz Napoleon, genannt Jérôme (1822 bis 1890), hat das Bonaparte-Blut weitervererbt, so daß sein Nachfahre sich heute »Chef des kaiserlichen Hauses« nennt. Aus diesem Titel geht hervor, daß, während die Linien des großen Napoleon und seiner ernsthaften Brüder erloschen sind, der Zweig des »Königs Lustik« noch heute blüht. Ist dies den Rotwein-Bädern zu verdanken, die der Ahnherr ursprünglich gegen eine bestimmte galante Krankheit nahm?

Allerdings bleibt die Gestalt Jérômes von Westfalen eine Figur der Idylle. Auch der Vergleich mit Theodor I. hebt ihn noch nicht über eine lokalgeschichtliche Bedeutung hinaus. Wenn wir uns jedoch keine fünf Dezennien zurück zu Theodor versetzen, sondern nur wenige Jahre vor die napoleonischen Feldzüge in Deutschland, so begegnen wir in Westfalen dem Fürsten Blücher und dem Freiherrn vom Stein, zwei Persönlichkeiten ersten Ranges. Blücher haßte die Westfalen, jedenfalls die Münsterländer; Stein liebte sie. Und hier gewinnt die Geschichte Weltformat.

Beide residierten im Schloß zu Münster, das Schlaun, der geniale Meister des westfälischen Barock, noch für den Fürstbischof erbaut hatte. Seit der Säkularisation waren die Bistümer Münster und Paderborn ja zur Entschädigung für verlorene linksrheinische Gebiete an Preußen gefallen. Aber Blüchers westfälische Erfahrungen stammten schon aus früheren Jahren. Denn er hatte von 1795 bis 1800 in Münster Quartier nehmen müssen, als er die Truppen kommandierte, die nach dem Baseler Frieden die Demarkationslinie schützen sollten, damals, da das Münsterland eben noch nicht säkularisiert und noch nicht preußisch war.

»Die ganze Brut von Menschen in diesem Pfaffenland taugt nicht«, so hatte er brieflich und offensichtlich mit Hilfe eines Assistenten, der Hochdeutsch konnte, geklagt, um bei der Regierung in Berlin Mitleid zu erwecken. »Wann werde ich denn einmal aus diesem Lande der Heiligen erlöst werden, wo die Menschen weit ärmer an Verstand als an Gütern sind, wo zweiundvierzig Domherren den Schweiß der Armut unverdient verprassen! Wollte Gott, daß diese mit Blindheit am kaiserlichen Hof anhangende Rotte einmal etwas Demütigung erführe. Ich muß mit diesem Volk viel ausstehen.«

Der andere, der zivile große Mann, der Freiherr vom Stein, der schon seit Jahren als Bergrat und dann als Direktor der Märkischen und Cleveschen Kriegs- und Domänenkammer in den preußischen West-Gebieten Dienst getan, mittlerweile Oberpräsident der Minden-Ravensbergschen Kammer geworden war und 1802 auch den Aufbau der neuen Kammer in Münster übernommen hatte, legte alles darauf an, mit »möglichster Milde und Schonung«, wie er sagte, im Münsterland und im Paderborner Land die preußischen Regeln einzuführen. Er verlangte, daß die »Geistlichen mit Rücksicht behandelt würden«. Es war vor allem sein Prinzip, daß »die alten einländischen Beamten, waren sie irgend tauglich, beibehalten und das Gehässige, Gewalttätige der Sache (der Neuordnung) möglichst gemildert wurde.« Obwohl er also das ganze Gegenteil von Blücher war, behandelten ihn die Münsteraner nicht besser als den Haudegen, der seinen Offizieren ein arrogantes Verhalten, das sie an den Tag legten, nicht abgewöhnen konnte oder wollte. Stein hingegen verstand, daß die neuen Untertanen des preußischen Königs der »alten Herrschaft« nachtrauerten: jenem geistlichen Minister Fürstenberg, der ein großer Menschenfreund und vollen guten Willens gewesen war.

In seiner burlesk-expressiven Schilderung des Königreichs Westfalen, in der Jérôme, alles in allem genommen, nur schlechtgemacht wird, erzählt Josef Winckler in anekdotischem Volkston vom Freiherrn Stein, daß er in vornapoleonischer Zeit in Westfalen herumgefahren und empört darüber gewesen sei, was die Leute ihm erzählten.

Dieser Typ des Herumfahrers war nun der Freiherr vom Stein gewiß nicht. Das paßte eher zu seinem Nachfolger, dem Freiherrn von Vincke aus Minden, dem von Stein empfohlenen späteren Präsidenten der Kriegs- und Domänenkammer Münster und Hamm, der es fertigbrachte, im blauen Kittel wie ein Handelsmann über Land zu marschieren, und der sein Leben lang nicht aufhörte, sein Heimatland zu lieben und ein stolzer Westfale zu sein. So sei denn hier die Gelegenheit ergriffen, das gängige Bild vom »Westfälischen Stolz« zurechtzurücken: Die Westfalen sind nicht stolz auf ihr Westfalen. Sondern weil sie Westfalen sind, sind sie stolz. (Der Stolz gehört zu ihrem Charakter, ob sie sich's immer anmerken lassen oder nicht.)

Der Freiherr vom Stein also war nicht der Mann, der sich erst von den Leuten aus dem Volk, denen er begegnete, hätte aufklären lassen müssen; er war über das Unglück längst aufgeklärt. Aber Winckler erzählt es eindrucksvoll, wie der Bauer dem Freiherrn Rede und Antwort steht, warum sein Acker verwildert ist: er müsse vier Tage der Woche für den Gutsherrn schuften, und deshalb verkomme sein eigenes Feld, das steh' im Gesetz. Und einen Knecht sieht der Freiherr an einem Meilenstein herumstudieren. »Möchtest dir wohl die Welt besehen – was?« - »Ach, Herr ... unsereins kann ja nicht mal lesen, wohin die Landstraße führt, da wir nicht einmal aus dem Dorf dürfen!« - »Wer verbietet es?« - »Der Gutsherr ... es steht im Gesetz.« - Ein weinendes Mädchen am Brunnen. Der Patronatsherr erlaubt das Heiraten nicht. Auf seine Erlaubnis kommt es an. Gesetz! - In einer verlotterten Stadt antwortet der Bürger: »Ach, Herr, wir Bürgersleut' haben nichts zu melden, alles kommandiert der Bürgermeister.« - »So jagt den Filou zum Teufel!« - »Wir haben ihn weder gewählt, noch können wir ihn austreiben, die Regierung hat ihn geschickt als ausgedienten Soldaten. Das ist Gesetz.«

So sei - erzählt Winckler, dem hier der Volkston überquillt - der Freiherr vom Stein auf die Idee gekommen, nach Berlin zu fahren und dem König Sozialreformen vorzuschlagen: »Kein Wunder, daß die tapferste Armee dem fremden Eroberer unterliegen mußte, daß Millionen Augen trotz aller Drangsal noch immer nach Frankreich schauen wie zum gelobten Land der Freiheit - wir brauchen dringlichst Gesetzreformen, Majestät.« Worauf der ängstliche König erwidert habe: »Ruhe ist die erste Bürgerpflicht!« Der trotzige Mahner Stein sei schimpflich zurückgewiesen worden.

Echt sind die Bekenntnisse des Freiherrn Ludwig von Vincke, die er in jungen Jahren (mit dreiundzwanzig war er schon Landrat in seiner Heimatstadt Minden) in seinem Tagebuch niedergelegt habe: »Ich könnte auch im Genuß der größten Ehre, des glänzendsten Reichtums außerhalb Westfalens nicht glücklich sein ... Es steht hinter manchen Teilen Deutschlands zurück, aber es enthält Kräfte, es allen zuvor, wenigstens gleichzutun ... Es soll dereinst das Bild der vollkommensten Einrichtungen abgeben. Landwirtschaft, Fabriken, Handel, Schiffahrt sollen darin blühen, die Wissenschaften nicht weniger, eine glückliche gemeinnützige Aufklärung bis in die niedrigsten Klassen verbreitet werden, gute unverdorbene Sitten und ein rühmlicher Nationalcharakter den Westfalen auszeichnen, Wohlhabenheit soll allgemein mit Zufriedenheit vermengt sein. Die Menschen sollen glücklich sein, auch ohne dieses Glück durch eine unselige Revolution aufs Spiel zu setzen.«

Der Enthusiasmus des jungen, damals zwanzigjährigen Mannes ist hier ebenso bezeichnend wie seine Furcht vor den Folgen der Französischen Revolution. Also stand auch ihm der Sinn nach Reformen. Auch er verschmerzte es nicht, daß Bauern im traditionell freiheitlichen Westfalen ihre Freiheit im Laufe der Zeit nicht hatten verteidigen können. Die Freiheit war abgestuft, sie war in den Plural geraten: es gab Freiheiten, und diese taugten nicht viel.

Da waren die Freibauern, die feste Steuern und Spanndienste zu leisten hatten. Entweder saßen sie auf alten Höfen oder auf solchen, von denen man noch wußte, daß sie dem Wald durch Rodungen entrissen waren. In der Mark und im Sauerland waren solche Freibauern häufig, während im Land um Münster, Paderborn und Herford die Meier besondere Rechte hatten. Sie zahlten Jahrespacht an den Grundherrn - egal, wie dieser zu dem Grund gekommen war - und konnten bei schlechter Wirtschaft »abgemeiert« werden. Die meisten Landleute jedoch hatten weitaus weniger Freiheiten. Saßen sie auf Kirchenland, so gehörten sie zum Hofinventar; ihre Kinder konnten bleiben, doch mußten sie es nicht. Diesen »Hofbehörigen« standen die »Eigenbehörigen« gegenüber, die schlichtweg Leibeigene waren. Sie saßen zwar auf Höfen, die sie sogar vererben durften, doch war Erbschaftssteuer an den Patronatsherrn zu entrichten. Die Kinder leisteten unbezahlten Gesindedienst, wenigstens eine Zeitlang. Der Patronatsherr hatte also größere Rechte als die Entscheidung, ob ein Mädchen oder Junge heiraten dürfe oder nicht. Ihm war sogar das Recht vorbehalten, Prügelstrafe auszuteilen oder austeilen zu lassen. Schließlich sagte ein einträgliches Gesetz dem Herrn »Sterbegelt« zu für den Fall, daß der Bauer oder die Bäuerin starb. Die Hälfte dessen, was das Paar erworben hatte, fiel an den Herrn und mußte vom übrigbleibenden Teil losgekauft werden. Der einsam gewordene Partner war natürlich in den meisten Fällen alt und schaffte es nicht mehr. Weg vom Hof!

In ein so fragwürdig geordnetes Sozialleben der Westfalen drang mit dem Kaiser Napoleon, mit dem König Jérôme und dem Herzog Murat, dem frischgebackenen Herrn des Landes Berg, die neue Freiheit ein, die das Erbe der Revolution war. Als der Frieden von Tilsit (1807) die Franzosen zu Herren des Landes bis zur Elbe gemacht hatte, da galten keine Standesunterschiede mehr, gab es keine viertel und halbe und ganze Leibeigenschaft mehr! Auch das Volk der in alter Zeit so freien Westfalen profitierte von den drei Prinzipien der Französischen Revolution oder wenigstens von zweien, da man ja gesagt hat, gemeinsam seien sie nicht zu genießen: *Liberté, Fraternité, Egalité.* Die Kombination zweier Segnungen schlösse jeweils die dritte aus.

Das Königreich Westfalen mit seinen fast zwei Millionen Einwohnern hatte also seine Sonnenseite. Und wenn Jérôme auch nicht das Glück hatte, so lange zu regieren, daß alle seine Untertanen ihn vertrauensvoll Hieronymus nannten, so war ihnen doch im Augenblick niemand lieber als dieser regierende Luftikus.

Erst später, sehr viel später ist unser Westfalen-König in Mißkredit geraten bei deutschen Historikern und Erzählern. Bezieht man aber seine Weisheit aus Quellen, die noch frisch sprudeln, weil Jérômes Märchenreich ihnen zeitlich noch nahe lag, ist man durchaus zur guten Nachrede gestimmt.

Die »Allgemeine deutsche Real-Encyklopädie für die gebildeten Stände« zum Beispiel, Vorläuferin des Brockhausschen Lexikons, schreibt, wobei hinsichtlich der Egalité das grammatikalische Wunder passiert, daß etwas »gleicher« ist als »gleich«: »Die Abgaben waren zwar drückend, doch nicht unerschwinglich und gleicher verteilt als je zuvor. Die neue Verfassung sicherte der größeren Volksmasse Vorteile und Gerechtsame zu, die sie bald kennen und würdigen lernte. So verschwanden nach und nach die Vorurteile, und die Regierung gewann Festigkeit und Sicherheit. Der prachtvolle Hof und die unsinnige Verschwendung des Königs, der als französischer Prinz eine Million Franc bezog, schadeten im ganzen nichts, da der König seine bestimmte Zivilliste hatte. Übrigens konnte er, durch die Verfassung gebunden, wenig Böses wirken, und der Wille, soviel Gutes zu tun, als in seinen Kräften stand, war nicht zu verkennen. Die erste Zeit seiner Regierung ging auch ziemlich glücklich dahin.«

Mit anderen Worten: Steins spätere Reformen brachten für die Westfalen nichts Neues mehr.

Wäre nicht der große Bruder so sehr von hochfliegenden Plänen geplagt und mit strategischem Genie begabt gewesen! Jérôme litt darunter. Nicht ihm, sondern dem Napoleon galt die Erhebung der Schillschen Offiziere, die über die Elbe auch ins Königreich Westfalen eindrangen. Ihre Verwegenheit beunruhigte Jérôme ebenso wie eine Bauernrebellion in der Nähe von Marburg. Er verstärkte die Polizei. Das Volk fühlte sich plötzlich verlassen. Zwar hatte der treue Verwalter Vincke sich noch in die »Franzosentiet« hinein auf seinem Posten gehalten, schließlich aber doch gehen müssen. Der Freiherr vom Stein war, da er in Berlin gescheitert war, nach Rußland gezogen, wo Zar Alexander ihn mit offenen Armen empfangen und zu seinem Berater gemacht hatte.

Und hier spätestens ist der Moment, da ein neuer Biograph des Roi de Westphalie von dem Mann erzählen müßte, der im Schulunterricht leider zu wenig gewürdigt zu werden pflegt: Ludwig Adolf Peter von Wittgenstein, der ein Verwandter des Berleburger Geschlechts war, ein Westfale also, zugleich aber Befehlshaber in russischem Dienst, großer militärischer Gegenspieler Napoleons und offensichtlich wie dieser ein Stratege von Genie.

Der arme, lustige Jérôme! Er wäre wohl kein schlechter König für kleine Zeiten gewesen; für große Zeiten war er nicht geschaffen.

Sein Bruder zwang ihn, das Heer auf dreißigtausend Mann zu verstärken. Vom gleichen Napoleon sah er sich, wie die »Allgemeine deutsche Real-Encyclopädie« schreibt, auch »genötigt, die harten Kontinentalgesetze in ihrer ganzen Strenge im Umfang seines Landes in Ausübung zu bringen, worunter man jedoch in Westfalen weniger litt als im übrigen Deutschland, da überall mit großer Schonung zu Werke gegangen wurde und die Douanen dem Handel wenig Hindernisse in den Weg legten«.

Jérôme führte schließlich ein Heer von fünfundzwanzigtausend frisch einberufnen Männern dem Kaiser nach Polen zu (1812). Ihn schickte der Kaiser nach Kassel zurück: er störte nur, der Leichtfuß, der Widerspenstige. Das Heer behielt er natürlich und reihte es der »Grande Armée« ein, in der schon andere Westfalen dienten, wie denn überhaupt fast die Hälfte der napoleonischen Armee, die an der Ostfront mehr als eine halbe Million Mann zählte, aus Hilfsvölkern bestand: mit den Deutschen und Österreichern als dem größten Kontingent.

Die Westfalen bildeten das achte Korps; ihr Kommandeur war der Divisionsgeneral Vandamme. Auf der anderen, der russischen Seite führte Graf Wittgenstein zunächst eine Division unter dem Oberbefehl des französischen Emigranten Barclay de Tolly. Zur Einleitung der Schlacht von Borodino, die ein Sieg Napoleons, aber ein Massaker für beide Armeen wurde, schlug Wittgenstein den Marschall Macdonald, der auf französischer Seite das zehnte Korps kommandierte, zu dem die Preußen unter York gehörten. Den Westfalen trat Wittgenstein endlich an der Beresina entgegen: nun war er der Feldherr, dem nur noch Kutusow übergeordnet war. Er schlug nicht nur die Westfalen, er lieferte die große entscheidende Schlacht gegen Napoleon und fing quasi als »Draufgabe« zum Sieg sechs Generäle, dreihundert Offiziere, siebentausend Mann. Er hätte der Befehlshaber auch in der Leipziger Völkerschlacht werden sollen (Fürst Schwarzenberg, der Österreicher, wurde es). Aber er hatte dem Zaren Alexander eine ganz unverblümte westfälische Wahrheit gesagt: Der russische Herrscher hätte sich lieber nicht persönlich einmischen sollen. Denn wäre er in Petersburg geblieben, so hätte die Schlacht bei Bautzen, an der Alexander mit seiner Leibgarde beteiligt war, kein unglückliches Ende genommen. Kein Kaiser, kein König, kein Zar hörte so etwas gern.

Nur kleine Reste des Fünfundzwanzigtausend-Mann-Heeres sind nach Westfalen zurückgekehrt. Manche Soldaten schlugen sich einzeln durch. Und wenn der junge baltische Baron Boris Uxkull, der auf russischer Seite kämpfte, in seinem Tagebuch (bei Rowohlt herausgegeben unter dem Titel *Armeen und Amouren*) erzählte, daß ein russischer Gefangener, dem, wie üblich, ein »B« auf die Oberfläche der linken Hand gebrannt worden war, nach seiner Befreiung zum Beil griff, so hat es nicht nur Augenblicke solch verrückten Stolzes, sondern auch der wahnsinnigen Rache gegeben. Im ersten Fall reichte der befreite Gefangene dem entsetzten Offizier, der ihn über die Bedeutung des »B« aufgeklärt hatte, die soeben abgeschlagene Hand: »Nehmen Sie Ihren Bonaparte! Ich will ihn nicht.« Im zweiten Fall überraschten russische Bauern französische Soldaten, die Wein gefunden und sich daran berauscht hatten, und schnitten ihnen die Nasen ab. In einem dritten Fall, der in ähnlichen Szenen auch durch andere Berichterstatter belegt ist, vermerkt Uxkull dies: »Ich habe beobachtet, wie ein französischer Gefangener für zwanzig Rubel an die Bauern verkauft wurde. Diese tauften ihn mit siedendem Pech und spießten ihn lebend auf ein zugespitztes Eisenstück – O Menschlichkeit, wie stöhnst du!«

Bei alledem ist gewiß, daß kein Unterschied zwischen französischen und zwangsrekrutierten europäischen Angehörigen der Grande Armee gemacht wurde. Und wenn es ein und dieselbe Armee in der Niederlage, in der Erniedrigung war, so war sie es auch im Triumph. Aber lernten wir in der Schule, auf die Grande Armee stolz sein?

König Jérôme organisierte ein neues Heer. Zwölftausend Westfalen waren es diesmal, die den Kaiser Napoleon nach Sachsen begleiteten, doch großenteils zu den Preußen übergingen. Als russische Truppen noch vor der »Völkerschlacht« bis Kassel vordrangen, fanden sie, daß Jérôme ihnen ausgewichen war. Er kehrte prompt zurück, als die Russen abgerückt waren. Er verschwand aufs neue, als er vom Ausgang der »Völkerschlacht« hörte. Und dann fanden sich auch die Russen wieder in Kassel ein.

Ihr erfolgreicher Feldherr, der inzwischen mit dem Fürsten-Titel belohnte Ludwig Adolf Peter Wittgenstein, kehrte später nach Rußland zurück, wo er nicht nur von der Petersburger Kaufmannschaft 150 000 Rubel zum Geschenk erhielt, sondern vom Zar ein Präsent bekam, das weitaus billiger war: die Erlaubnis, in sein Wappen den Spruch aufzunehmen: »Meine Ehre gebe ich niemandem.« Diese abweisende Parole klingt danach, als hätte Wittgenstein sie selber ausgesucht. (»Ehr ist Dwang noch«, heißt es ja im Krameramtshaus zu Münster.)

Eindrucksvoll war schon der Aufruf gewesen, den der Fürst am 26. Dezember 1812 erlassen hatte, als er mit York, Stein und dem Collegienrat Kotzbue in Königsberg eingetroffen war. »Wer eine deutsche Sprache redet«, so hatte es im enthusiastischen, also eigentlich wenig westfälischen Text gelautet, »dessen Herz fülle sich jetzt mit neuem Mut und Vertrauen. Jeder Deutsche finde in seinem Landsmann einen Bundesbruder, Waffen- und Kampfgenossen für deutsche Freiheit und Selbstständigkeit! Auch im Vorgefühl der herzlichen Wonne sehe ich selbst, ein Deutscher, schon die morsche Kette zerbrochen, die heiligen Fluren des Vaterlandes von des Tyrannen Söldnern, seinen Quälern, gereinigt, unschuldig Verdammte gerechtfertigt, die Namen eines Schill und Hofer aus der Liste der Verbrecher gestrichen, Nationalverdienst belohnt und alle Deutschen als Brüder verbunden.«

Aber dennoch konnte er sein Westfalentum nicht verleugnen. Woran denkt denn wohl ein Westfale in Augenblicken äußersten Erhobenseins?

An den Rhein denkt er natürlich, an den »alten deutschen Rhein«!

Und so sagte Wittgenstein etwas rätselhaft: »Der alte deutsche Rhein werde nur von freien Deutschen getrunken!« (Welche Zumutung an die Rheinländer: Wasser zu trinken! Und dann noch das Wasser vom Rhein!)

Aber deutlich trat des Feldherrn Wunsch hervor: »Ungestört mögen die fröhlichen Reben seine Ufer umkränzen!« (Dank für diese Westfalenworte! Dank!)

Wenn Westfalen in Berlin regieren

Zuerst dachte kein Mensch, daß die »Große Zeit« eine kleine Zeit im Gefolge haben und es nach dem Sieg der Freiheit neue Unterdrückung geben würde: Restauration der Fürstenmacht, Maulkorb für die Presse. Dabei hatte der alte Blücher den Journalisten Görres nach der Schlacht bei Waterloo ermuntert: »Schreiben Sie man immerzu, gegen wen es auch sei! Ick nehme alles uf mir. Wenn's man wahr ist, so mögen Sie alles drucken; aber das sag ich Sie: wahr muß es sind!«

Hatte Napoleon die Presse unterdrückt, so sollte es jetzt anders werden. In Wirklichkeit aber hatte Blücher nicht lange Gelegenheit, »alles uf sich zu nehmen«. Denn wie die anderen deutschen Staaten führte auch Preußen (1819) die Zensur für Zeitungen, Zeitschriften und Bücher ein. Und Görres schrieb, ehe er nach Frankreich übersiedelte: »Was den ränkevollsten demagogischen Umtrieben unten nimmer gelungen wäre, das friedliche und gemäßigte deutsche Volk in allen seinen Elementen und Tiefen aufzuregen, das haben die, so von oben die Sache beim langen Arme des Hebels angegriffen, glücklich zustande gebracht.«

Nicht nur Görres, der Koblenzer, sondern noch ein anderer Rheinländer, nämlich Heinrich Heine, zog es vor, nach Frankreich auszuweichen (1831), wo sein Spott auf die sechsunddreißig zensurfreudigen, von lauter Untertanen bewohnten deutschen Bundesstaaten immer bitterer wurde. Der deutsche Michel in Heines Augen: »Oh, das ist ein sehr großer Narr! Seine buntscheckige Jacke besteht aus sechsunddreißig Flicken!«

Es war die Glanzzeit des Muffs und Miefs. Je kleiner der Staat, desto packender die Beispiele. Da erließ Heinrich, der Landesvater des Fürstentumes Reuß, folgenden Ukas: »Seit zwanzig Jahren reite Ich auf einem Prinzip herum, das heißt verlange Ich, daß ein Jeglicher nach seinem Titel genannt wird. Das geschieht stets nicht. Ich will also hiermit eine Strafe von einem Taler festsetzen (für den), der in Meinem Dienste ist und einen andern, der in Meinem Dienste ist, nicht bei seinem Titel oder Charge nennt.«

Das fürstliche Amtsblatt, das diese Anordnung mit dem stets großgeschriebenen »Ich« veröffentlichte (12. 10. 1844), enthält auch Berichte aus anderen Federn; der schönste

meldet wörtlich, daß Serenissimus einem Untertan, nämlich einem tapferen Feuer-
wehrmann, »zum Zeichen Allerhöchst ihrer höchsten Zufriedenheit und Anerkennung die
hohe Gnade zu haben geruhte, höchsteigenhändig die Hand zu reichen«.

Die Dichter des *Jungen Deutschland*, unter ihnen Heinrich Heine, hielten dafür, daß
die beiden mächtigsten Staaten im Deutschen Bund, Österreich und Preußen, den anderen
bessere Beispiele geben sollten. Aber das geschah stets nicht, um mit dem Fürsten Reuß
zu reden.

Nach dem patriotischen »Wartburgfest« der Burschenschafter (1817) und nach der Ermor-
dung Kotzbues durch den Studenten Sand (1818) sah Friedrich Gentz, der beim Kanzler
Metternich wohl das war, was man heute einen »Pressechef« nennt, die Revolution von
weitem angerollt kommen. »So wie jetzt kann es nicht bleiben«, schrieb er an seinen ver-
trauten Adam Müller angesichts dieser Gefahr. »Fürs erste muß das Turnen wieder aus
der Welt; dies sehe ich wie eine Art von Eiterbeule an, die weggeschafft werden muß,
ehe man zur gründlichen Kur schreitet.« (Ausgerechnet das Turnen!)

So muß wohl allein dem Fürsten von Sachsen-Weimar nachgerühmt werden, daß er
darauf bestand, in seinem Lande sollte es menschlich hergehen. Nichts von »Spionen«-
Jagd und Restaurations-Greueln ist aus Weimar zu vermelden. Dort hatte der alte
skeptische Goethe zwar dem Freiheitstaumel nicht getraut und zum Beispiel dem Historiker und Journalisten Luden geraten, »sich nicht in den Zwist der Könige zu mischen,
in welchem doch niemals auf Ihre und meine Stimme gehört werden wird«. Doch wurde
wenigstens in Weimar auf Goethes Beispiel gesehen, auf seine Stimme gehört, die sich
in dem soeben zitierten Gespräch folgendermaßen bemerkbar machte: »Glauben Sie ja
nicht, daß ich gleichgültig wäre gegen die großen Ideen Freiheit, Volk, Vaterland. Nein,
diese Ideen sind in uns; sie sind ein Teil unseres Wesens, und niemand vermag sie von
sich zu werfen.«

Er sah die Fürsten nicht handeln, wie sie handeln sollten. Er sah das Volk noch nicht fähig
zu großen Taten. Und es folgte das berühmte Wort: »Ich habe oft einen bitteren Schmerz
empfunden bei den Gedanken an das deutsche Volk, das so achtbar im einzelnen und so
miserabel im Ganzen ist.«

War Goethe skeptisch gewesen, so wuchs im Laufe der Zeit Heines Zorn, sein Schmerz
wurde quälend. Er habe nie - so sagte er - die Hoffnung auf ein vereintes Deutschland
unter Führung Preußens geteilt: »Ich betrachtete vielmehr mit Besorgnis diesen preußischen Adler, und während andere rühmten, wie kühn er in die Sonne schaue, war ich
desto aufmerksamer auf seine Krallen. Ich traute nicht diesem Preußen, diesem langen,
frömmelnden Gamaschenhelden mit dem weiten Magen und mit dem großen Maul und

mit dem Korporalstock, den er erst in Weihwasser taucht, ehe er damit zuschlägt. Widerwärtig, tief widerwärtig war mir dieses Preußen, dieses steife, heuchlerische, scheinheilige Preußen, dieser Tartüff unter den Staaten.«

Preußens König Friedrich Wilhelm IV. bewunderte Heines Lyrik, genoß ihre Eleganz, ihre Mischung aus romantischem Gefühl und kalter Satire und zeigte in geistreichen Bemerkungen, daß er »über der Sache« stand (wie er ja tatsächlich ein Mann von künstlerischem Qualitätsgefühl war und es auch dadurch bewies, daß er Bilder von Caspar David Friedrich, der damals mißverstanden wurde, schätzte und kaufte). Auf der anderen Seite verhielt sich der König, als hätte er es mit Narren zu tun, wenn die »Schuldigen« in seinem Machtbereich lebten. Heine hatte recht: Er war ein Heuchler.

Gerade hatte der König einem der bekanntesten oppositionellen und idealistischen Dichter, nämlich Herwegh, in einer Audienz ausdrücklich versichert: »Ich liebe eine gesinnungsvolle Opposition«, da ließ er ihn aus Preußen ausweisen.

Der noch heute mißverstandene Dichter unseres »Deutschland-Liedes«, Hoffmann von Fallersleben, der, obwohl ein Niedersachse, Professor an der Breslauer Hochschule war, mußte sein Lehramt verlassen und wurde seiner Pension verlustig, weil er (1841) *Unpolitische Lieder* hatte erscheinen lassen, worauf er seinen Lebensabend als Bibliothekar des Herzogs von Ratibor im (säkularisierten) Kloster Corvey verbrachte; dort ist auch sein Grab. Die Größe seiner »Schuld« mag man am Beispiel eines seiner treffenden und doch auch harmlosen Gedichte ermessen, das natürlich gegen die Presse-Zensur gerichtet war:

> *Wie ist doch die Zeitung so interessant*
> *Für unser liebes Vaterland!*
> *Was haben wir heute nicht alles vernommen!*
> *Die Fürstin ist gestern niedergekommen,*
> *Und morgen wird der Herzog kommen,*
> *Hier ist der König heimgekommen,*
> *Dort ist der Kaiser durchgekommen –*
> *Bald werden sie alle zusammenkommen.*
>
> *Wie interessant, wie interessant!*
> *Gott segne das liebe Vaterland!*
>
> *Was ist uns nicht alles berichtet worden:*
> *Ein Portepeefähnrich ist Leutnant geworden.*
> *Ein Oberhofprediger erhielt einen Orden,*
> *Die Lakaien erhielten silberne Borden,*
> *Die höchsten Herrschaften gehen nach Norden,*
> *Und zeitig ist es Frühling geworden –*
> *Wie interessant, wie interessant!*
> *Gott segne das liebe Vaterland!*

Was Heine dazu gebracht hatte, die letzte Rücksicht fallenzulassen, war der Umstand gewesen, daß in Preußen die gesamte Produktion des Hoffmann und Campe Verlages, in

dem seine, aber auch die Werke der meisten »Jungdeutschen« erschienen, verboten worden war. Da haderte der Dichter mit den Deutschen allemal. Er schrieb das berühmte
Deutschland - ein Wintermärchen. Und doch fanden am ehesten noch die Westfalen, die
er gut kannte, in diesem Werk von Spott und Hohn und Leid seine Sympathie, die unter
diesen Umständen doppelt zählt:

Dicht hinter Hagen wird es Nacht.
Und ich fühlte in den Gedärmen
Ein seltsames Frösteln. Ich konnte mich erst
Zu Unna im Wirtshaus erwärmen.

Ein hübsches Mädchen fand ich dort
Die schenkte mir freundlich den Punsch ein,
Wie gelbe Seide das Lockenhaar.
Die Augen sanft wie Mondenschein.

Den lispelnd westfälischen Akzent
Vernahm ich mit Wollust wieder,
Viel süße Erinnerung dampfte der Punsch,
Ich dachte der lieben Brüder.

Der lieben Westfalen, womit ich so oft
In Göttingen getrunken,
Bis wir gerührt einander ans Herz
Und unter die Tische gesunken!

Ich habe sie immer so lieb gehabt,
Die lieben, guten Westfalen,
Ein Volk so fest, so sicher, so treu,
Ganz ohne Gleißen und Prahlen.

Wie standen sie prächtig auf der Mensur
Mit ihren Löwenherzen!
Es fielen so grade, so ehrlich gemeint,
Die Quarten und die Terzen.

Sie fechten gut, sie trinken gut,
Und wenn sie die Hand dir reichen
Zum Freundschaftsbündnis, dann weinen sie:
Sind sentimentale Eichen.

Der Himmel erhalte dich, wackres Volk,
Er segne deine Saaten.
Bewahre dich vor Krieg und Ruhm,
Vor Helden und Heldentaten.

Er schenke deinen Söhnen stets
Ein sehr gelindes Examen.
Und deine Töchter bringe er hübsch
Unter die Haube – Amen!

Das in Paris expedierte Lob des Düsseldorfers ist jedoch damals bei einem bestimmten Westfalen gewiß nicht »angekommen« (falls er überhaupt Kenntnis davon bekam), bei Ernst von Bodelschwingh, dem Staatsminister des preußischen Königs.

Da hatte nun dieser Friedrich Wilhelm IV. etwas getan, wozu der von ihm so bewunderte »Alte Fritz« nicht geraten hatte, nämlich einen »Westfälinger« in ein hohes Amt berufen: Der stammte aus dem Landkreis Unna, war Angehöriger eines Rittergeschlechts, das seit dem Dreißigjährigen Krieg auf Haus Velmede (zwischen Kamen und Dortmund) saß, war nach seiner Teilnahme am Freiheitskrieg Verwaltungsjurist geworden, hatte als jüngster Oberpräsident der preußischen Geschichte, wie Hans-Joachim Schoeps in den *Neuen Quellen zur Geschichte Preußens vom 19. Jahrhundert* betont, in Koblenz Dienst getan, und der Freiherr vom Stein hatte ihn empfohlen: »Er gehört zu den reinsten, edelsten Menschen, die ich auf meiner langjährigen Laufbahn kennengelernt.«

Professor Schoeps charakterisiert den Vorsatz, den der Westfale am Rhein gefaßt hatte, mit dem Satz: »Er sah seine Aufgabe darin, das oft falsch behandelte Rheinland in der preußischen Monarchie so heimisch zu machen, wie es Vincke mit Westfalen gelungen war.« (Falsch behandeltes Rheinland: wie wahr. Und also sehen wir zwei »Westfälinger« in preußischen Diensten Gutes tun: Vincke an den Westfalen, Bodelschwingh an den Rheinländern.) Dabei herrscht gar kein Zweifel, daß es sich um einen Westfalen von echtem Schrot und Korn handelt, denn Carl von Voss, einer seiner Freunde, schrieb: »Bodelschwingh ist ein Mann von einer Direktheit, die manchmal an Kraßheit grenzt.

Er stößt damit bei Leuten, die das juste milieu lieben, an. (Aber) man weiß genau, woran man mit ihm ist, und kann sich darauf verlassen, daß er handeln wird.«

So westfälisch also war der Mann, der zuerst (1842) preußischer Finanzminister, zwei Jahre später Kabinetts- und schließlich Innenminister, kurz, der höchste preußische Beamte und die politisch wichtigste Figur in Berlin wurde. Er war enorm arbeitsam (Dienst von früh um fünf bis nachts um elf Uhr), ein überzeugender Redner und zugleich, wie der rheinische Liberale Camphausen sagte, »ein herzlicher Patriot, allein ein so absoluter Bürokrat, daß er zu jedem Preis die mehr phantasiereiche als weise Regierung des Königs verteidigte«.

Während sein Bruder Karl, der später Finanzminister wurde - gleich zwei Westfalen hintereinander im preußischen Kabinett! -, ein Konservativer war und blieb, muß Ernst von Bodelschwingh eher liberal genannt werden. Er war nicht eigentlich der Mann, der Spaß daran hatte, die freie Meinung samt ihren Dienern, den Journalisten und Literaten, zu unterdrücken. Seine (westfälischen) Tugenden waren jedoch Treue (zum König) und die Angewohnheit, nach dem A auch B zu sagen.

Da kam beispielsweise dieser Emigrant Heine auf die Idee, über Alexander von Humboldt anfragen zu lassen, ob er nicht nach Berlin kommen dürfe, um bei seiner schweren Krankheit den Arzt Johann Friedrich Dieffenbach zu konsultieren. Bodelschwingh lehnte ab. Kein Entgegenkommen für diesen Heine, der »noch bis in die neuste Zeit fortfährt, den König auf niederträchtigste Weise zu beschimpfen«. Er meinte Verse wie die, in denen Heine sich über den trinkfreudigen, romantisch-geistreichen, aber auch frömmelnden, dabei lügenhaften und doch auch wieder wohlmeinenden König amüsierte:

Es ist ein König in Thule, der trinkt
Champagner, es geht ihm nichts darüber,
Und wenn er seinen Champagner trinkt,
Dann gehen die Augen ihm über.

Die Ritter sitzen um ihn her,
Die ganze historische Schule;
Ihm aber ward die Zunge schwer.
Es lallt der König von Thule.

So begann ein satirisches Poem von jener Art, über die Humboldt notierte, daß der König für sie eine unverwüstliche Vorliebe hege. »Er fand es hart«, schreibt Humboldt,

»Heine zurückzuweisen, da es menschlich wäre, ihn den Arzt konsultieren zu lassen.« Noch hatte Heine die Verse nicht gereimt:

Ich habe einen Faible für diesen König,
Ich glaube, wir sind uns ähnlich ein wenig.
Ein vornehmer Geist, hat viel Talent -
Auch ich, ich wäre ein schlechter Regent . . .,

als die Majestät tatsächlich an Bodelschwingh schrieb, er habe gehört, daß der »Dichter Heine sich an Humboldt gewendet, um auf acht bis vierzehn Tage nach Berlin zu kommen, ohne gesetzt zu werden . . . er bestätigte mir das Gesagte, fügte auch hinzu, daß Sie ihm gesagt hätten, Heines Antezedenzien seien von der Art, daß er augenblicklich gesetzt werden würde, wenn er ins Land käme. Ich ersuche Sie, bester Bodelschwingh, mir einen kleinen Vortrag über die Antezedenzien zu halten, damit erwogen werde, ob die Umstände es ganz unmöglich machen, Heines Wunsch anständigerweise zu erfüllen.«
Doch der Minister blieb hart; um es westfälisch zu sagen: dickköpfig und stolz selbst vor Fürstenthronen, un wat hei seggt hett, hett hei seggt! Da waren und blieben diese »Antezedenzien«, die es notwendig machten, daß Heine »gesetzt« würde, wenn er käme. Heine kam unter diesen Umständen natürlich nicht. Und es soll schon hier daran erinnert werden, daß dieser ultra-preußische westfälische Minister, dem bei Frömmigkeit und Gottesfurcht ein Prinzip verbot, mitleidig zu sein, einen Sohn hatte, der als eine der reinsten Gestalten westfälischer Geschichte berühmt wurde: als Pastor und Gründer des Krankendorfes »Bethel« bei Bielefeld.
Der Minister Bodelschwingh, von Bismarck, und dies gewiß zu Unrecht, verdächtigt, »jakobinische« Gesinnungen zu hegen (»Hofjakobiner« war sein Wort), hat im Jahre der Revolutions-Episode, anno 1848 also, jenen berühmten nachgiebigen Aufruf des Königs an die »Lieben Berliner« redigiert (oder wenigstens nicht verhindert), und dies haben ihm die Konservativen prompt auch für ewig übelgenommen.
So hätte er also nachgegeben? Hätte den König weichgestimmt? Hätte ihn den Kotau vor den Revolutionären machen lassen, damit er seine Krone auf dem Kopf behielte? Es wurde sogar behauptet, Bodelschwingh sei an dem Befehl beteiligt, daß am Abend des kritischen 19. März 1848 die Truppen aus der Berliner Innenstadt abgezogen wurden, worauf der König schutzlos war. Dies hat Bodelschwingh abgestritten, so daß Bismarck, stets witzig, wenn auch nicht immer taktvoll, ihn »Schwindelbod« nannte.
In Wahrheit hatte der Minister dem König geraten, starkmütig zu bleiben und sich zu-

mindest aus Berlin, und sei es auf Fluchtwegen, zurückzuziehen. Als dieser, angetan mit einer Schärpe in den revolutionären Farben Schwarz-Rot-Gold, im übrigen aber gut bewacht, es statt dessen vorzog, durch Berlin zu reiten und sich dem Volke anzubiedern, verließ Bodelschwingh »tief niedergebeugt und maßlos enttäuscht die Hauptstadt und reiste in seine westfälische Heimat ab«.

Dieser seiner Darstellung fügte Hans-Joachim Schoeps hinzu, daß Bodelschwingh es auch später vorzog, auf stolze Weise ein Anerbieten des Königs abzulehnen, wieder in sein Kabinett einzutreten - denn der Sturm war vorbei, und von gewissen Änderungen demokratischer Art abgesehen, war alles beim alten geblieben -: »Ich bin zu lange Eurer Majestät erster Sekretär gewesen, um jetzt Ihr verantwortlicher Minister sein zu können.« Schon 1964 hat Schoeps übrigens in seinem Buch *Das andere Preußen* aus ungedruckten Tagebüchern Ludwig von Gerlachs eine vielsagende Szene mitgeteilt: Bismarck hatte am 20. oder 21. März 1848 Bodelschwingh im Potsdamer Schloß besucht, wo dieser »schon im Bett gelegen und weinend über den Fall des Vaterlandes den König einen falschen Feigling genannt habe, den er nie wieder zu sehen wünsche«. Auch seien, wie Gerlach notierte, aus Bodelschwinghs Mund sehr harte Ausdrücke über den König gefallen: »Dieser Seiltänzer! Dieser Komödiant!«

Er war dem König zu lange treu geblieben. Fortan galt seine Sorge den Westfalen. Denn als der König seinen Bruder ins Kabinett berief, bewarb er sich um dessen Posten und erhielt ihn. Er wurde Regierungspräsident in Arnsberg (1851). Aber schon ein Jahr darauf ereilte ihn der Tod auf einer Dienstreise ins Wittgensteiner Land. Im Park von Haus Velmede liegt er begraben.

Es war eines Frühjahrsabends 1971, daß wir - einige Freunde und ich - uns in Münster nach einer Vortrags- und Diskussionsveranstaltung gemeinsam in den Altbierstuben von Pinkus Müller wiederfanden. Unsere Köpfe waren heiß. Denn es war um das Buch von Heinrich Brüning gegangen, das mehr ist als die Selbstbiographie dieses deutschen Reichskanzlers, der sich als letzter Staatsmann von Format gegen Hitler gewehrt hatte, sondern ein Rechenschaftsbericht und eine Abrechnung. Wie klug waren die debattierenden Historiker und Professoren in der Debatte gewesen, da sie vom Jahre 1971 aus sehr gut beurteilen konnten, wie Brüning sich in den Jahren vor 1933 hätte verhalten sollen! Jetzt erregten sich vor allem die Münsteraner - aber es waren auch Leute aus der Umgebung gekommen, die nicht anders dachten - über die Ansichten, die »Besserwisserei« einiger Gäste aus Süddeutschland, die Brüning einen Konservativen genannt hatten. Gerade aus diesem Grunde habe er die Situation falsch eingeschätzt und daher versagt.

Es hat dem Politiker Heinrich Brüning aus Münster, der in der Schule des sozialkritisch

weitschauenden, frommen und optimistischen Berliner Studentenpfarrers Carl Sonnen-
schein gebildet worden war, nicht an Courage gefehlt, auch nicht an der Fähigkeit, ein
Beispiel zu geben, wenn seine »Ausstrahlung« auch nur gering war: Der Mann, der mit
seinem umflorten Blick nur selten lächelte, war unbestechlich und hatte, wie man sagte,
mit einem einzigen Koffer die Reichskanzlei betreten, die er mit demselben einzigen
Koffer nach Jahren auch wieder verließ. Sein wesentlicher Fehler bestand darin, daß er
treu war: daß er, der Reichskanzler, den Staatspräsidenten Hindenburg ebenso falsch
einschätzte, wie sein westfälischer Landsmann Bodelschwingh den König Friedrich Wilhelm eingeschätzt hatte.

Der Vergleich beider Männer wurde nachts und nach der öffentlichen Diskussion eifrig
weitergeführt: zwei Gestalten von Tragik umwittert. Zwei Persönlichkeiten, die gleicher-
weise unbeugsame Naturen, allerdings wohl auch schlechte Menschenkenner waren. Idea-
listen beide. Nicht darauf aus, nicht dazu talentiert, sich beliebt zu machen. Grund-
gescheit, mit scharfem, analytischem Intellekt begabt, jedoch nicht fähig zu vermuten,
daß Menschen, denen man vertraut, es fertigbringen, von heute auf morgen das alte
Vertrauen aufzukündigen.

So kamen wir in unserer Runde, die vornehmlich aus Westfalen bestand und in der diesmal nur selten ein Gelächter laut wurde, darauf zu sagen, daß es Gebiete und Situationen
gibt, wo westfälische Eigenschaften zwar gefragt, doch fehl am Platze sind.

Die Künste in Westfalen

Bonn hat seinen Beethoven, Hamburg seinen Brahms, Hannover seinen Händel. Wen hat Westfalen?

Es ist noch ein Glück, daß in Münster der Dirigent des Kölner Gürzenich-Orchesters Franz Wüllner (1832) geboren wurde und daß die Stadt Siegen die Heimat zweier großer Interpreten aus ein und derselben Familie ist: des gewaltigen Dirigenten Fritz Busch, eines Germanen von Gestalt, und seines ebenso imponierenden Bruders Adolf, der Schüler des berühmten in Köln lehrenden und musizierenden Holländers Bram Eldering war und Lehrer des Geigers Menuhin wurde. Beide liebten die Hitler-Leute nicht und zogen davon, obwohl sie ihren Ruhm hätten genießen können im »Dritten Reich«, so germanisch, wie sie waren. Der Dirigent und der Geiger kehrten dann später auch nur gastweise wieder heim.

Von den drei großen Komponisten, die wir nannten, hatte wohl jeder auch etwas in seiner Musik, was seiner Heimat entsprach, Beethoven wohl am meisten, wobei das Rheinische in ihm sich nicht allein dadurch ausdrückte, daß er den Bönnschen Gassenhauer seiner Jugend »Siehst du nicht das Schwein im Garten?« zum Rondo-Thema einer Klaviersonate machte. Freilich wären die drei auch ohne diese ihre Geburtsorte Genies geworden, gleich einem J. S. Bach, der nicht in Eisenach, einem Mozart, der nicht in Salzburg hätte geboren werden müssen, um groß zu sein. Aber es ist doch ein wenig blamabel, daß ein Land, in dem so viel gesungen wird wie in Westfalen, keinen einzigen großen Tonschöpfer hervorgebracht hat, nicht einmal einen bedeutenden Chorkomponisten. Angesehenen Sängern, wie denen von Telgte, die von einem uralten, ewig jungen Chorleiter dirigiert wurden, muß diese Tatsache schmerzlich sein.

Eingeschüchterte Westfalen pflegen nun zu fragen: »War mit Romberg und seiner ›Glocke‹ denn überhaupt nichts los? Ich erinnere mich, daß . . .«

Ach, hier kann man gleich unterbrechen: Auch ich habe im Chor bei der Aufführung der Rombergschen Vertonung des ›Liedes von der Glocke‹ mitgewirkt, genausogut wie ein Westfale. Dies Oratorium wird in Westfalen dann und wann noch aufgeführt.

Der Komponist stammte aus einer Musikerfamilie in Münster, und wahr ist, daß man

zu seiner (und Napoleons) Zeit seine Quartette denen von Haydn und Mozart für eben-
bürtig gehalten hat. Welche Verblendung! Auch Rombergs Vertonung der Schillerschen
»Glocke«, die mehr Schrummschrumm macht, als daß sie läutet, und gleich zu Anfang
in schwerfälligem Marschrhythmus einherstampft - »Fest gemauert in der Erde steht die
Form« -, ist nicht so geraten, daß wir die spätere Vertonung des gleichen Epos durch den
Kölner Max Bruch entbehren könnten. Fraglos ging es zu jener Zeit, da übrigens Annette von Droste-Hülshoff einen Onkel Max hatte, der zu Münster Komponist war - ein
»geschickter Compositeur«, wie zeitgenössische Berichte sagen -, der Kammermusik in dieser Stadt besser. Wer auf sich hielt, sang und geigte, auch wenn er nicht Romberg hieß.

Ob eine »kleine Zeit« nach einer »großen Zeit« dieser Musikart besonders günstig ist?
Ob es der Kammermusik gut bekommt, wenn die Zeitläufte so sind, daß man besser den
Mund hält, um ja nicht aufzufallen, da »die da oben ja alles regeln und unsereiner
besser zu Hause bleibt«?

Annette hat an ihren jungen Freund Schücking geschrieben: »Du bist Westfale, also ein
Philister!«

Das war zu hart. In der Zeit, da der »deutsche Narr sechsunddreißig Flicken« hatte und
alles so nett geordnet war, daß beispielsweise nur adelige Damen »Frau« und »Fräulein«, bürgerliche aber »Demoiselle« und »Madame« hießen, ein bürgerlicher Gerichts-
präsident mit »Wohlgeboren«, ein adeliger Leutnant aber mit »Hochwohlgeboren«
angeschrieben wurde, nahm das öffentliche Leben ganz von selbst philisterhafte Züge an.
Da blieb man lieber daheim und machte Hausmusik.

Nach dem Prinzip, daß man etwas leihen kann, was man nicht besitzt, jedoch besitzen
möchte, haben die Westfalen, speziell die Detmolder, sich einen großen Komponisten
ausgeliehen. Und ihre Wahl ist sehr sympathisch: Albert Lortzing. Gebürtig in Berlin,
von gedankenschweren Menschen oft gewogen und zu leicht befunden, doch von Gustav
Mahler, wenn er an den Fingern einer Hand die wirklich großen Opernkomponisten
abzählen sollte, so hoch geschätzt, daß er diesen Namen nannte: Lortzing. In Detmold,
wo er auf der Bühne des fürstlichen Theaters den *Figaro* Mozarts sang (ja, sang, nicht
dirigierte, denn für die »Bretter«, ob da gesungen, ob gesprochen wurde, war er univer-
sell begabt), hat er ein schönes Denkmal bekommen. Gewiß fühlt er sich hier auch als
Denkmal wohl. Denn in Detmold lernte er, worauf es beim Opernschreiben ankäme.

»Rollen, Freundchen«, rief er später einmal im Gespräch mit dem Leipziger Musikgelehr-
ten Johann Christian Lobe aus. »Rollen heißt das Zauberwort! Es gibt Sänger mit wenig Stimme, die jedoch ziemlich gute Schauspieler sind, und wiederum Sänger, die gut
singen, aber schlecht spielen. Am besten reüssiert man mit solchen Partien, die sich von

selbst spielen, wie im »Zar und Zimmermann« der Bürgermeister Peter ... Es ist noch keiner durchgefallen, wenn er nur sein Lied tonvoll herauszuschmachten vermag. Als Spieler darf er ein steifer Peter sein, das widerspricht der Figur des Zaren nicht. Sehen Sie, Männeken, das nenne ich Rollen!«

Das Gespräch lief nun dahin, daß Lortzing sagte, es wäre natürlich besser, alle Stücke wären von jener Qualität an Theaterwirkung, aber auch an Kunstgehalt, wie Shakespeare, Goethe und Schiller sie geschrieben hätte. »Derartige Leutchen«, sagte Lortzing, »gehören aber zu den Seltenheiten.« Eine Ansicht, die den Gesprächspartner Lobe zu der Frage brachte, ob es nicht besser sei, daß einer, der sich nicht zum Höchsten fähig fühle, lieber gar nicht schaffen solle: »Was kann dem Kenner am Mittelgut liegen?« Da sah er ein Lächeln in Lortzings Gesicht und beeilte sich zu sagen: »Es bedarf wohl der Versicherung nicht, daß ich Ihre Opern ...«

»O Freundchen«, so fiel Lortzing ihm in die Rede, »keine diplomatischen Finessen zwischen uns! Die Bemerkung, daß meine Sachen unter das Mittelgut gehören, kann mich nicht beleidigen, weil sie wahr ist. Aber daß unsereiner deswegen das Produzieren unterlassen sollte, unterschreibe ich nicht. Und weiter: Wie lange, meinen Sie, würde eine Bühne bestehen, auf der nur Erzeugnisse der höchsten Genies gegeben werden dürften und vor der nur Kenner sitzen sollten? Von der Einnahme würde der Theaterdirektor das Öl für die Lampen nicht beschaffen können! Es wäre charmant, wenn alle Kunstwerke vollkommen und alle Menschen Kenner wären. Unser Herrgott hat es aber anders beschlossen: Die Menschen auf diesem Planeten sollen verschiedene Fähigkeiten, verschiedene Bildung, verschiedene Neigungen, möglichst alle aber auch ihre Kunstfreuden haben. Einige meiner Opern bereiten vielen ehrlichen Seelen angenehme Stunden. Damit bin ich zufrieden.«

Lortzing könnte in diesen Geständnissen eine Art von programmatischen Hinweisen für das Theaterleben gegeben haben, das sich hundert Jahre darauf im Ruhrgebiet entwickelte, in dieser Stadtlandschaft, wo die Bühnenkunst allen Kreisen der Bevölkerung erreichbar ist. Vorerst allerdings wäre zu fragen, ob Lortzing denn wenigstens etwas Westfälisches in seine Partituren hineingenommen habe.

Der *Wildschütz* ist zwar nach einer Komödie von Kotzebue, die den Titel *Der Rehbock* trug, zum Opernlibretto verarbeitet worden. Doch steckt in dieser Lustspiel-Oper nicht nur die Atmosphäre der kleinen Residenz, sondern auch frische Luft vom nahen großen Teutoburger Wald, in dem es zu allen Zeiten Wilderer gab. Und schließlich gibt es einen Einakter Lortzings: der muß vom Stoff her sehr zeitgenössisch-westfälisch sein: *Die Opernprobe.*

In diesem Zusammenhang ist von einem Grafen Moritz von Bentheim-Tecklenburg, der eine freiherrliche Residenz auch in Rheda hatte, zu berichten: Der war ein Musikdilletant von hohen Graden. Er ließ sein Völkchen - denn er regierte ja, ehe die Preußen alles glatt bügelten - möglichst in Ruh, wenn die Untertanen ihn nur musizieren ließen. Vor die Wahl gestellt: Dienerschaft oder Orchester? erwiderte er: Beides! Er stellte keinen Lakaien ein, der nicht ein Instrument beherrschte. Und wenn einer der Leute ein schlechter Diener, aber ein guter Musiker war, so glich es sich aus.

Auch aus der Geschichte derer von Wittgenstein weiß man, daß bis zum Ende des vorigen Jahrhunderts eine solche Kapelle bestand, in welcher der erste Violinist zugleich für die Saucen zu sorgen hatte, der Paukenschläger nicht nur das Kalbsfell, sondern auch die Teppiche klopfte, der Cellist nicht nur den Bogen, sondern auch den Besen führte. Ob auch eine Zofe, wie in Lortzings »Opernprobe«, Kapellmeister war? Auf jeden Fall ist von einem Fürsten Alexander die Rede, der in den neunziger Jahren des vorigen Jahrhunderts sein Hoforchester selber dirigierte, und dies sogar im Freien. Und während die Bürger des winterlichen Berleburg in ihren Mänteln einherwandelten, lief die Jugend Schlittschuh auf dem zugefrorenen Schloßteich, von des Fürsten Hofmusik beschwingt. Wie man sich doch zu helfen wußte, ehe es Radio und Fernsehen und Schallplatten und Tonbändern gab! Orchester also von rund vierzig Mann (den Partituren Lortzing zufolge) für die Höfe. Und für die städtische Bürgerschaft Kammermusik. Sie tröstete darüber hinweg, daß die Welt da draußen zwar leidlich gut verwaltet, jedoch politisch und gesellschaftlich unleidlich war. Kammermusik: Man ist kultiviert, aber man »bleibt unter sich« und läßt sich nicht in die Noten gucken!

In Detmold, wo der Lortzing steht, wurde 1946 die »Nordwestdeutsche Musikakademie« eingerichtet, deren erster und in den Aufbaujahren außerordentlich bewährter Direktor Wilhelm Maler war. Eine Musikhochschule in einem Lande, das durch große Komponisten bisher nicht ausgezeichnet wurde? Eine Musikakademie in Detmold, damit das zukünftig anders wird oder vielleicht bloß aus dem einen Grunde, weil die berühmte Hochschule in Köln ein westfälisches Gegenstück haben mußte?

Man mag es kaum glauben, daß der maßvolle Lortzing, der als Schutzpatron der Musikakademie in allen kunstpädagogischen Nöten dienen möge, zur gleichen Zeit in Detmold lebte wie der ungestüme, maßlose Christian Dietrich Grabbe, der in dieser seiner Geburtsstadt auch sterben sollte.

Er hatte gewiß westfälische Eigenschaften, zum Beispiel die, daß er ruppig war. Und da die Zensoren einem Gebiet relativ viel Freiheit ließen, nämlich dem der Theaterkritik (»Einen Knochen muß man den Hunden doch lassen!« hatte der preußische Minister von Bernstorff geantwortet, als ein Intendant sich über die Kritiker beschwerte), packte Grabbe als Referent des *Düsseldorfer Tageblattes* zu. Von einem Schauspieler schrieb er: »Den ganzen Abend lief er mit seinen langen Armen herum, als ob er ein Handtuch suche.« Oder er nahm, nicht sonderlich fein, die Gelegenheit beim Schopf, einen Namens-Witz zu machen, indem er sich selber Petrus nannte und über einen Sänger namens Hahn schrieb: »Als er zum dritten Male krähte, ging Petrus hinaus und weinte bitterlich.« Aber am meisten bekannt ist folgender Grabbesche Verriß: »Dieser Akteur hat gewiß viel Glück in der Liebe, denn er hat namenloses Unglück im Spiel.«

Es gibt Westfalen, die behaupten, daß Christian Dietrich Grabbe auch über gewisse Grobheiten und Deftigkeiten hinaus das Westfalentum in seiner Kunst nicht verleugnet habe. Das ist richtig und ist auch falsch. Gegenüber dem »Datterich« von Ernst Elias Niebergall, der von der Schilderung Alt-Darmstadts lebt, vermutlich ewig lebt, da die Haupt- und Nebenfiguren »sich von selbst spielen«, nimmt sich Grabbes *Scherz, Satire, Ironie und tiefere Bedeutung*, dieses Lustspiel, für das Lortzings Ausruf »Rollen heißt das Zauberwort« nicht weniger zutrifft, wie ein Stück Weltliteratur aus, das es ja auch ist. Witz und Humor wühlen tiefe Schichten des Erlebens auf. Spiegelt dieses Meisterwerk auch Figuren seiner Zeit, so weitet es sich schrittweise, das Zeitliche tritt zurück, und immer wieder beweisen moderne Regisseure, daß Grabbe »modern« sei, besonders auch in den Stücken, da sie Gelegenheit haben, Massen zu bewegen. Als ein Dramatiker vom Range eines Kleist wird endlich Grabbe auch außerhalb Deutschlands entdeckt und als ein Moderner empfunden. »Welch ein rhapsodischer, tieflotender Humor!« wundern sich dann die Kritiker. Antwort, die nicht gegeben wird: Humor aus westfälischem Herzen!

Als Rheinländer muß es mir erlaubt sein zu sagen: Der westfälische Humor ist erster Qualität. Um so weniger ist es begreiflich, daß allgemein, wenn in Büchern der »Humor der Landschaften« abgehandelt wird, Westfalen nur selten eine Rolle spielt. Gewiß, sie sind nicht lustig, die Westfalen. Sie sind auch nicht schlagfertig genug, als daß sie immer als Witzbolde gelten dürften. (Der CDU-Abgeordnete Majonica hat jedoch im Bundestag gerade diesen ehrenvollen Ruf erworben, obwohl er aus Soest kommt, wenn auch aus einer

Familie, die aus Italien zugezogen war.) Es ist auch nicht so, daß der Humor sich versteckte. Wer nicht überall den erzählerischen, anekdotischen, philosophierenden Humor angetroffen hat, kann nicht behaupten, wirklich in Westfalen gewesen zu sein.

Und fast nie fehlt die Dosis Selbstironie. Man könnte auch hier Grabbe zitieren. Doch begnügen wir uns mit einem kurzen, deftigen Aufblitzen westfälischer Selbsterkenntnis: Petrus am Himmelstor war wütend: »Kömmt do en Westfole rin un tritt mi fortens twee kleene Engelkes daut! Un dann frögt hei noch, wat dat woal förn Kwietschen wör!«

Wenn Grabbe in einem Atem mit Annette von Droste-Hülshoff genannt wird - was immer wieder vorkommt -, dann nur ihrer literarischen Größe wegen. Sie haben nur Westfälisches gemeinsam. Sonst nichts.

Grabbe, ein studierter Jurist, war Sohn eines Beamten der lippischen Strafbehörde, der den eindrucksvollen Titel »Zuchtmeister« trug. Die Erinnerung an den Blick aus dem Fenster der elterlichen Wohnung in den Gefängnishof hat ihn sein ganzes kurzes Leben lang beunruhigt. Er trank nicht nur aus Freude, sondern auch aus Verzweiflung. Er soff. Er war aber auch nüchtern einer, der die Welt umkrempeln wollte. Das Freifräulein hingegen hat andere Ausblicke ins Leben gehabt. Sie war behütet. Aber ihre Empfindlichkeit, Beeindruckbarkeit war dennoch so groß, daß sie alles Pathetische meiden mußte. Es gibt Gedichte von ihr, die, wollte man die fünfzig schönsten deutscher Sprache vereinen, in diese Sammlung hineingehörten: stille, kühle und vom Herzschlag durchzitterte, vielschichtige und doch einfach ausgedrückte Lyrik. Eines müßte darunter sein, »Im Gras« betitelt, das von wunderbarer, nicht leicht faßbarer Schönheit ist. Wenn man es zitiert, so muß es allerdings das ganze Gedicht sein, damit der Bau dieses Wunderwerks nicht aus dem Gleichgewicht kommt:

Süße Ruh, süßer Taumel im Gras
Von des Krautes Arome umhaucht,
Tiefe Flut, tief, tief trunkne Zeit,
Wenn die Wolk' am Azure verraucht,
Wenn aufs müde, schwimmende Haupt
Süßes Lachen gaukelt herab,
Liebe Stimme säuselt und träuft
Wie die Lindenblüt auf ein Grab . . .

Wenn im Busen die Toten dann,
Jede Leiche sich streckt und regt,
Leise, leise den Odem zieht,
Die geschloßne Wimper bewegt,
Totes Lieb, tote Lust, tote Zeit,
All die Schätze, im Schutt verwühlt,
Sich berühren mit schüchternem Klang
Gleich den Glöckchen, vom Winde umspielt.

Stunden, flüchtger ihr als der Kuß
Eines Strahls auf den trauernden See,
Als des ziehenden Vogels Lied,

Das mir niederperlt aus der Höh',
Als des schillernden Käfers Blitz.
Wenn den Sonnenpfad er durcheilt,
Als der heiße Druck einer Hand,
Die zum letzten Male verweilt.

Dennoch, Himmel, immer mir nur
Dieses eine mir: für das Lied
Jedes freien Vogels im Blau
Eine Seele, die mit ihm zieht,
Nur für jeden kärglichen Strahl
Meinen farbig schillernden Saum,
Jeder warmen Hand meinen Druck,
Und für jedes Glück meinen Traum.

In seinem Buch *Westfalen und Land an der Ruhr* hat Helmut Domke am Beispiel dieses geheimnisvollen Gedichtes drei Charakterzüge im Schaffen der Dichterin demonstriert, »in denen vieles von dem beschlossen liegt, das Westfalens Wesen ausmacht«. Es sind dies: »Eine Sensibilität von hohen Graden, ein ausgeprägter Realitäten-Sinn, der die schwebenden Impressionen ihrer Gedichte verhindert, ins Stimmungshafte abzuleiten; ihre selbstverständliche Einordnung in die Bedingungen der Umwelt, ihr Wurzeln im Religiösen.«
Soweit also die Westfalen diese drei Voraussetzungen erfüllen - sensibel, realgesinnt und fromm zu sein -, dürfen sie in Annette Ähnlichkeiten mit der eignen Art entdecken! Das macht Freude, das beruhigt. Westfalen, die Ihr feines Empfinden, einen klaren Kopf gläubigen Sinns habt, schart Euch um des deutschen Sprachraums größte Dichterin. Sie ist Euer!
Zu ihrem Lebtag, da Annette von Droste-Hülshoff endlich einen Verleger für ihre Lyrik (Cotta, 1844) gefunden hatte, verbreitete sich die Meinung, das sei alles unverständliches Zeug und so geartet, wie westfälische Edelfräuleins nun einmal dichteten. Aber dies war mehr eine Kunde vom Hörensagen als eines Lesers Empfehlung. Und doch machte ihr ein Münsteraner sein Kompliment. Annette, verwirrt: »Wie? Ich hätte Ihnen das Buch schicken lassen?«
»O nein, ich habe es gekauft.«
»Ach, Sie sind das!«

Diese Geschichte gibt es in mehreren Fassungen sowie mit verschiedenen Autoren als Hauptpersonen und wird noch von Berühmtheiten der Gegenwart erzählt. Aber echt ist sie nur mit Annette, die ihr Dichten einmal in einem leichten heiteren Poem mit Steckenpferd-Reiten verglich. Keine Rasse in »Roßplätzen und Menschenstall« habe, wie sie meint, so überhand genommen wie die der Steckenpferde.

> *Das war vorzeiten ein anderes Ding:*
> *Kam mal'ne Möwe geflogen,*
> *Fing einer im Netze den Schmetterling,*
> *Schier hätte man die Glocken gezogen;*
> *Und wer von Pegasus nur geträumt,*
> *Des staunten Freund und Verwandte;*
> *Jetzt steht im Narrenstall gezäumt*
> *Für jeden die Rosinante.*

> *Meine Steckenpferdchen sind glatt und rund,*
> *Sind blank gefütterte Schimmel,*
> *Ihr Trab wie Flüstern von Frauenmund,*
> *Ihr Wiehern ein zartes Gebimmel.*
> *Dort sprengen sie an der Longe hinaus,*
> *Meine Silbergrauen und Fahlen,*
> *Sechs Kreuzer dem, der sie lobt zu Haus,*
> *Und zwölf, der sie lobt in Journalen!*

In ihrer Zeit hat man in Westfalen - und nicht nur hier - viel eher den Dichter Ferdinand Freiligrath gelobt, vorausgesetzt, daß man kein Spießer, kein Philister war, sondern für die Freiheit kämpfte. Er war Grabbes Landsmann aus Detmold, war unruhig, war, wie er, ein Revolutionär. Vom Temperament her war er das westfälische Gegenstück zu Görres. Oder zu Heine, wenn wir auch in diesem den Journalisten sehen. Als Lyriker reichte er, der damals sehr überschätzt wurde, bei weitem nicht an Heine heran. Anfangs nahm er auch selber sein poetisches Talent zu ernst und schrieb: »Der Dichter steht auf einer höheren Warte als auf der Zinne der Partei.«
Von dieser höheren Warte aber stieg er eines Tages und entgültig herab. Er wurde Kampfpoet und schrieb gereimte Leitartikel, wobei er einmal ein besonders starkes Echo wachrief, indem er den zögernden braven Bürger mit Hamlet verglich. Der Vergleich war

kritisch gemeint, sogar verächtlich. Aber wer wollte, wenn er schon vor Aufruhr zurück-
schreckte, nicht wenigstens ein Hamlet sein!
Der Dichter schildert ihn so:

Er verschießt ein Arsenal von Spott.
Spricht von geflickten Lumpenkön'gen.
Doch eine Tat? Behüte Gott!
Nie hat er eine zu beschön'gen!

Schließlich also setzte er sein Talent und Temperament im Journalismus ein. Und die
Zensoren? Zunächst konnte er ihnen wohl schon dadurch imponieren, daß der König von
Preußen ihm einen Ehrensold gewährt hatte, möglicherweise in der Erwartung, der Dich-
ter möge hübsch fügsam bleiben. Er unternahm journalistische Fahrten durch Westfalen
und schrieb, was wir heute literarische Reportagen nennen. Die *Wanderungen durch die
Mark Brandenburg*, die Fontane später unternahm, hat Freiligrath ihm vorgemacht,
wenn auch mit weitaus geringerer Konsequenz. Denn Levin Schücking hat das Werk, das
Freiligrath plötzlich fallenließ, zu Ende geführt.
Er selber trat in die Redaktion der *Rheinischen Zeitung* zu Köln ein. Dieses liberale Blatt,
das die Idee verfocht, Deutschland solle vereinigt und durch Preußen geführt werden,
hatte einen interessanten Chefredakteur. Es war Karl Marx, der nachmals so berühmte
Marx. Aber dieser Zusammenarbeit zwischen einem Rheinländer aus Trier, der obendrein
mit einer Gräfin Westphalen vermählt war, und einem Westfalen aus Detmold war ein
langes Gedeihen nicht beschieden. Die Zeitung, 1842 gegründet, wurde nach einem Jahr
und einigen Monaten bereits unterdrückt.
Dies machte Freiligrath nur noch hitziger. Jetzt handelte er fürwahr westfälisch: Denn
noch ehe er in die Ecke getrieben wurde, begab er sich selbst hinein: Er verzichtete auf
die Ehrenpension aus Berlin. Von diesem König keinen Taler mehr!
Da hätten die dreizehn Kreuzer, die Annette allen Journalisten bot für den Fall, daß sie
ihre »Steckenpferde« in den Journalen lobten, ihn auch nicht wieder flottgemacht. Wie
so viele andere, ging auch er in die Emigration, kam im Revolutionsjahr von 1848 zurück,
flüchtete von neuem, als wiederum die Reaktion einsetzte, fand nach langen Jahren
schließlich doch den Heimweg nach Deutschland, aber nicht mehr nach Westfalen.
Dennoch sollten die westfälischen Journalisten den Ferdinand Freiligrath zu ihrem
Schutzpatron wählen: diese Zeitungsleute, die besonders dann eine große Rolle spielen,
wenn sie ihre Leser im Ruhrgebiet haben. Denn hier wohnen die Leute, die sich von den

modernen »Massenmedien« am wenigsten etwas vormachen lassen und noch am ehesten der Druckerschwärze trauen. Wenn sie in ihren Bergwerken und Fabriken schuften, haben sie nämlich das Gefühl, das Leben da oben oder da draußen fände ohne sie statt. »Das kann nicht gutgehen!« Ist die Arbeit zu Ende, müssen sie sich erst mal informieren: Schon ihr Temperament verlangt das von ihnen.

Ein Mann, müde und auf dem Weg nach Hause, dem im frühabendlichen Großstadtgewühl eine Zeitung aus der Tasche schaut oder zwei, dann aber gegnerische: das ist der Typ, der im Ruhrgebiet verlangt wird, egal, ob er Arbeiter, »Stehkragenprolet« oder ein »Heini« in einer sogenannten leitenden Position ist.

Paul Hühnerfeld, der, wie schon gesagt, mein Freund und Schüler war, sagte: »Nichts Schöneres, als im Café am Prinzipalmarkt in Münster, wo es Zeitungen an Stangen gibt, zu sitzen und zu lesen! Ja, in Münster und im Münsterland, wo man noch das Fahrrad und die Pädjes (Pfade) liebt, weil man den Autos und breiten Straßen mißtraut, schätzt man auch das Lesen höher ein als das Fernsehen und den Funk. Und das schon einfach deshalb, weil Lesen die ältere Beschäftigung ist. Tradition!« (Wäre er dieser Tradition nur treu geblieben! Er hat im Auto das Leben gelassen.)

Hanns-Hubertus Merveldt wiederum hielt die Presse für das Sauerland, und zwar das herbstliche und winterliche, besonders wichtig: »Nichts schützt im feuchten Klima so garantiert gegen Gicht wie solche Zeitungen, die du zwischen Rock und Strickweste, und andere, die du zwischen Mantel und Rock klemmst!«

Daß aus solchem Lese-Lande auch Verleger hervorgehen, ist danach nicht mehr verwunderlich.

Aus Hagen stammt Georg von Holtzbrinck, dem eine ganze Gruppe von angesehenen deutschen Buchverlagen, darunter der Fischer-Verlag gehört. Er ist Sauerländer alter Provenienz und also von leichterem Blut als andere Westfalen. Wie hätte er sonst wohl sein Hauptquartier in Stuttgart aufschlagen können?

Die Erben des Bertelsmann-Verlages, der aus einer kleinen pietistischen Zeitungs- und Traktätchen-Druckerei hervorgegangen ist, haben mehr westfälische Treue bewiesen. Sie sind in Gütersloh geblieben: Reinhard Mohn hat diese alte Siedlung und junge Stadt zu einer Zentrale moderner Buchproduktion gemacht.

Gerd Bucerius, der Verleger der *Zeit,* Mitverleger des *Stern* und vieler Zeitschriften, ist in Hamm geboren. Und ich bringe es nicht fertig, seinen Namen hier zu erwähnen, ohne hinzuzufügen, daß Westfalen und Rheinländer in ihren Tugenden und Fehlern prädestiniert sind, zusammenzuarbeiten, wenn ein gemeinsames Werk gelingen soll; in unserem Falle die *Zeit*!

Übrigens machen die Westfalen keinerlei Wesens daraus, daß diese drei in den ganzen deutschen Sprachraum hineinwirkenden Verleger, Dr. Bucerius (aus Hamm), von Holtzbrinck (aus Hagen) und Mohn (aus Gütersloh) ihre Landsleute sind. Es läßt sie sogar kalt, wenn sie gereimte Sprüche hören, wie den von einem Schwaben (Eduard Paulus) ersonnenen Vierzeiler:

Der Schiller und der Hegel
Der Uhland und der Hauff
Das ist bei uns die Regel.
Das fällt uns gar nicht auf.

Sie könnten nämlich, wenn sie wollten, die schwäbische Arroganz zurückweisen oder wenigstens in Schranken halten, indem sie das Gespräch auf die bildende Kunst brächten. Auf diesem Gebiet nämlich haben sich die westfälischen Musen so sehr hervorgetan, daß des Rühmens, hätte man einmal damit angefangen, kein Ende mehr wäre.
Es scheint, daß der »Grabstein Widukinds« die älteste Skulptur dieser Art auf deutschem Boden und daß ein im schönen Museum zu Münster aufbewahrtes Tafelbild das älteste seiner Art in Deutschland ist. Die Westfalen können es sich erlauben, bescheiden zuzustimmen, wenn die Experten ihnen sagen, ein Künstler wie der Kupferstecher Aldegrever aus Paderborn, der das Porträt des »Wiedertäuferkönigs« machte, aber in Soest, dem nachmals so frommen Soest, auch dem Auftrag nachkam, den Bürgermeister und seine Geliebte in »Adam-und-Eva-Kostümen« zu verewigen, mehr regionale als mondiale Bedeutung hätte. Auch in der Kunst, wie die Mitglieder der Malerfamilie tom Ring und der Bildhauersippe Brabender sie so herrlich betrieben haben, läge der eigentliche Wert auf der Betonung des Westfälischen. Angesichts der Barockarchitektur des großen Schlaun, der das Schloß in Münster, die heutige Universität, schuf, könne man dann wieder streiten, ob es sich mehr um Kunst von deutschem oder überwiegend westfälischem Rang handele. Daniel Pöppelmann aus Herford, der Erbauer des Dresdener »Zwingers«, sei dann überhaupt nicht mehr westfälisch zu charakterisieren.
Die Westfalen hören sich das ruhig an. Sie brauchen ja auch nur ihre gotischen, ihre spätgotischen Künstler zu erwähnen, deren Werk in der Kunstgeschichte unter den Meisterleistungen europäischen Formats aufgeführt wird: Meister Bertram aus Minden, Konrad von Soest, Johann Körbecke aus Münster und andere, deren Namen man nicht kennt, so daß sie nach ihrer Arbeit genannt werden, »Meister des Altars von Liesborn« etwa oder »Meister von Iserlohn« oder »Meister von Schöppingen«.

Und bei alledem und obwohl es malerische Begabungen in jeder Generation bis heute gegeben hat, haben die alten Malerwerkstätten mit ihren Meistern und Lehrlingen in Westfalen keine Kunstakademie im Gefolge gehabt.

Ein interessanter Zeitgenosse, Otto Piene, gebürtig in Laasphe, aber hauptsächlich in Amerika wirkend, dessen Kunst in den Himmel greift, da er mit heliumgefüllten Gebilden spielt, hat sein Studium in Düsseldorf treiben müssen. Am Rhein also. Und mit Gewinn.

Westfalen, wie es ißt und trinkt

In St. Maria zur Wiese, einer der hohen Hallenkirchen, die den Ruhm der westfälischen Sakral-Architektur ausmachen, ist eine bunt schimmernde Glasmalerei zu sehen. Josef Winckler meinte, daß hier auch der Humor am Werk gewesen sei. Und warum nicht? Warum sollte es frommen Humor nicht geben?

Wir haben es mit dem »Westfälischen Abendmahl« zu tun: Christus speist im Kreise der Jünger. Statt des Osterlammes gibt es einen Schweinskopf: einer der Jünger beugt sich vor, um die Schüssel an sich zu ziehen, ein anderer hat den Alt-Bier-Krug aufgeklappt und an die Lippen gesetzt; man braut diesen Gerstensaft noch heute in Soest.

So hätte man ehemals in Westfalen das Meßopfer anstatt mit Wein, mit Bier dargebracht? Auf dem Abendmahlstisch stehen unverkennbar aber auch zwei Branntweingläser. Zum fetten Schweinskopf gehört ja ein Wachhölderken.

Ein einfacher Mann, so erzählt Winckler, habe dieses Glasbild genau betrachtet, verständnisvoll genickt, da auch er, wenn ihm Schweres und Wichtiges vorsteht, einen Kloarn zu sich nimmt, und seinen Blick zum Herrn erhoben: »Dat deit em gaut!«

Das Brot auf dem Tisch des Herrn ist Pumpernickel.

Unter den zweihundert Sorten Brot, die es in Deutschland gibt, ist keine so in aller Welt bekannt wie Pumpernickel, das, so gesehen, das eßbare Wahrzeichen Westfalens ist. Es ist Brot aus Roggenschrot von schwarzer Krume und deftigem, würzigem Geschmack. Ob es an seiner Farbe oder seinem Geschmack liegt: dieses Schwarzbrot hat die Phantasie der Menschen beschäftigt. Kein anderes Brot hat einen so hübschen Namen. Über keines gibt es so viele Geschichten.

Zur Zeit, da König Lustik in Westfalen regierte, habe ein französischer Reiter, der ein Pferd namens Nick hatte, dies Schwarzbrot verschmäht und seinem Tier hingehalten: »Bon pour Nick!« Aber schon viel früher hatte der päpstliche Gesandte beim Friedenskongreß nach dem Dreißigjährigen Kriege Fabio Chigi, der spätere Alexander VII., den Pumpernickel in einem etwas bösartigen Gedicht über eine Rast besungen. Die Arroganz, die darin zum Ausdruck kommt, erinnert an den Spruch jenes baltischen Barons, der über

die Steckrüben sagte: »Wrucken sind ungenießbar, aber fürs Gesinde sind sie eine köstliche Speise.« Und hier das Pumpernickel-Zitat aus der westfälischen Ode des Kardinals:

Einkehr wurde gemacht unterwegs in rauchiger Hütte.
Neben dem Ochslein nahmen wir Platz und begannen zum Scherze
schimmlige Brocken zu essen, geschnitten von schwärzlichem Brote,
»Pompernickel«, so nennt der Westfale dies Brot, eine Speise
für den Ackermann kaum, nur für die Ärmsten des Volkes genießbar.

Ganz andere Augen machte noch früher der »Abenteuerliche Simplicissimus« des Johann Jacob Grimmelshausen, als er von den Dominikanerinnen im Kloster unweit Soest gepflegt wurde: »Da setzte es das fetteste Bier, die besten westfälischen Schinken ... Da lernte ich das schwarze Brot fingerdick mit gesalzener Butter schmieren und mit Käse belegen, damit es desto besser rutschte.« Dazu bemerkt der arme, heruntergekommene Reitersmann, daß er »in Kürze wieder ein glattes Balg bekam«.

Über Westfalen hat zur Zeit der Französischen Revolution ein Abbé Baston geschrieben, der an den Hof des Fürstbischofs von Köln emigriert war, das Münsterland kennenlernte und später nach Frankreich zurückkehrte, wo er Bischof wurde.

»Man pflegt den Pumpernickel in kleinen, dünnen, flachen Schnitten zu servieren. Er erscheint auf den besten Tafeln. Man hat versichert, daß unser Fürstbischof, ein Bruder der Königin Marie-Antoinette, wenn er heim nach Wien fährt, so viel mitnimmt, wie er kann, um sich möglichst lange an dem Genuß erfreuen zu können. Ein Franzose beurteilt ihn nicht so günstig wie Seine Exzellenz. Als wir nach Coesfeld kamen, weigerten sich die Dienstboten, Pumpernickel zu essen, weil sie ihn nicht für würdig fanden, in den menschlichen Körper einzugehen. Tatsächlich stößt er beim Anblick ab. Es gibt keine zwei Dinge in der Natur, die sich mehr ähneln als solch ein Schwarzbrot und ein Stück Torf . . .«

Abbé Baston hat indessen das Pumpernickel-Essen geübt, wie man das Geigenspiel erlernt, »jeden Tag ein bißchen«. Schließlich kam er zu der Erkenntnis: »Wenn ich nur ein Stück davon gegessen habe, ist meine Verdauung in Ordnung.«

Eine Weisheit, die übrigens auch Lichtenberg begriff: War es nicht die Sorge um ihre Gesundheit, welche die Westfalen fleißig beten ließ: »Unseren täglichen Pumpernickel gib uns heute?« Diese Ansicht teilte auch eine kluge alte einfache Frau aus dem Sauerland, die eine der besten Freundinnen meiner Kindheit war und deren Ratschlag hieß:

Kopp kaal (kalt)
Föt woarm
Lock oappen
Dokter un Apetheker nix te verhoapen!

Geschichtlich scheint festzustehen, daß Pumpernickel ein germanisches Brot ist; ein »gotisches Brot«, sagte Flaubert, womit er das »Brot der Goten« meinte. (Wäre Hermann, der Cherusker, wie er auf seinem Bandel-Denkmal steht, germanisch echt wie der Pumpernickel, da könnte er lachen!) Praktisch besteht Pumpernickel aus nichts anderem als aus Roggen und Wasser. Der Roggen behält alle seine Keime und Schalen, doch erhält er keinerlei Zusatz. Aus hellem Teig wird nach vierundzwanzigstündigem Backen schwarzes Brot, weil die Stärke im Korn zu Zuckerstoffen wird, die durch das lange Backen »karamelisieren«. (Aus weißem Zucker macht man dunkelbraune Karamellen.) Beim

Pumpernickel geht alles langsam. Nicht der modernste Betrieb - Fabrik eher als eine Bäckerei - läßt die fertigen Brote schneller als vier Tage abkühlen. Erst danach treten die Bandschneidemaschinen in Aktion und machten aus den langen Broten viele schmale Scheiben, die wir dann aus dem Silberpapier herausklauben, ob in Münster, in Dortmund, in Paris, in London, in New York und so weiter. Manchmal kleben die Scheiben aufeinander. Dann müssen wir mit dem Messer kommen. Je weiter wir von Westfalen entfernt sind, um so lauter heißt es dann: »Aber paß doch auf! Schade um den schönen Pumpernickel!«

Ob dieses Brot auch so begehrt wäre, wenn es nicht so hübsch hieße?

Widerspruchsfreudig, wie Westfalen sind, haben sie für dieses Wort eine feine und eine nicht so feine Erklärung. Die feine Ableitung sagt, »pumper« bedeute »schwer«, während »nickel« sich aus lateinischen Formeln wie »nicus« entwickelt habe, die man in der Renaissance gern an deutsche Namen pappte. Die andere Ableitung läßt das »pumper« für »donnern«, »rollen«, »explodieren« stehen. Und »Nickel« soll ein Nikolaus, ein Klaus sein, dem es nicht darauf ankommt, daß es pumpert, wenn er verdaut. Dokter und Apetheker nix te verhoapen!

Es könnte also der Ausdruck »Pumpernickel« ein Schimpfwort gewesen sein. Nun hat es aber im vorigen Jahrhundert einen bedeutenden Kirchenmann gegeben, der ganz einverstanden war, daß man ihn »Bischof Pumpernickel« nannte. Es war jener in Münster geborene Wilhelm Emanuel Freiherr von Ketteler, der Pfarrer in Hopsten war, als er (1848) Mitglied der Nationalversammlung in Frankfurt wurde, und Bischof von Mainz, als er die katholisch-soziale Arbeiterbewegung gründete. »Euer Pumpernickel-Bischof«, so unterzeichnete er Briefe an seine alte Gemeinde, wo man erzählte, wie er einmal auf sehr eigenartige Weise soziale Pionierarbeit an einem Bauern geleistet hatte, der seinen Jungen nicht zur Schule schicken wollte. Der Pfarrer, der dem Vater lange, doch vergeblich zugeredet hatte, sei also auf dessen Feld hinausgegangen, und in der Unterredung sei der Augenblick gekommen, wo unter der Soutane der freiherrliche Zorn eines Mannes aufwallte, dessen Vater noch das Recht gehabt hatte, die Bauern zu verprügeln. Aber Pumpernickel-Ketteler, der auf sozialen Fortschritt und Schulbildung für alle hielt, habe in der Auseinandersetzung auch dem anderen eine Chance gegeben, das heißt: ihm einen Stock in die Hand gedrückt. Ob der gelehrliche Junge zur Schule gehen sollte, sei denn also zwischen Kleriker und Laien mit beiden biegsamen Waffen ausgetragen worden: Der Kampf, so heißt es, sei so ausgegangen, daß der Junge fortan in keiner Schulstunde mehr fehlte.

Obwohl es auch ein feines Weißbrot gibt, was König Wilhelm IV. zur Bemerkung veranlaßte, im Pferdeland Westfalen seien Speise-Stuten sehr begehrt, kann man sagen, daß die westfälischen Leckerbissen meist einfache Gerichte sind, die sich im Lauf der Zeiten verfeinert haben. Anderswo spricht man zum Beispiel von »Schweinebohnen« und schüttelt sich. Aber »Dicke Bohnen mit Speck«, ein westfälisches Leibgericht, geben eine Mahlzeit, für die ich »sterben könnte«. In Paderborn, am Libori-Tag, erfuhr ich, daß es darauf ankommt, mit dem Bohnenkraut richtig zu würzen, das heißt: einfach mitkochen genügt nicht, man muß die Dosis wissen. (Gerade brauste der Orgelklang über den Platz; der Wirt hob den Finger: »Das Bohnenkraut ist nur ein Register, aber es will richtig eingesetzt werden.«)

Die Westfalen, wenn sie echt sind, essen nie gekochten, sondern ihren rohen geräucherten Schinken, den ich allen anderen Sorten, auch etwa dem berühmten »Jambon de Paris« oder dem »Jambon de Bayonne« vorziehe. Er ist ja auch seit alter Zeit viel gerühmt worden. Die übrigen Nahrungsmittel sind aber wohl alle erst nach und nach zu »Freuden der Tafel« entwickelt worden. Das Land war nicht überall durch Fruchtbarkeit ausgezeichnet, und es gab Hungersnöte, ehe die Kartoffel eingeführt, quasi »erfunden« wurde. Die feinen Leute aßen sozusagen nach internationaler Speisekarte. Auf ihren Geschmack kam es nicht an. Denn aus armer Leute Nahrung sind die besten westfälischen Sachen zum Festschmaus entwickelt worden.

Kartoffelpuffer oder Reibekuchen gibt es überall; sie sind nichts Besonderes. Aber westfälische Reibeplätzchen sind die Aristokraten unter den Kartoffelpuffern: klein, dünn, rund und in der Mitte die Pointe: ein Stück gebratenen, knusperigen Specks oder - wie die Perle in der Muschel - ein bißchen westfälische Mettwurst.

Es scheint, daß die westfälische Küche Anregungen nach dem Westen weitergegeben hat. Aus Norddeutschland aber drang in die Gegend von Plettenberg eine Vorliebe für Grünkohl vor, sogar »mit Pinkel«. (Das ist der Mastdarm vom Rind, der gut für eine Wurst aus Habergrütze, Zwiebeln und allerlei Gewürzen ist.)

Geheimnisvoll für Nichtwestfalen ist der »Pfefferpotthast« - rätselhaft schon deshalb, weil das plattdeutsche Lexikon zwar »Braten vom Rost« mit »Hast« bezeichnet, der versierte westfälische Koch aber kein solches Fleisch verwendet. Es ist ein typisch westfälisches Gericht schon dadurch, daß es einfach zu sein scheint wie beispielsweise die »Dicke-Bohnen-Mahlzeit« und doch die Kunst des Eingeweihten erfordert: Der durch westfälische Hochschulen geformte Rheinländer Ulrich Klever, ein Amateur-Koch und Schriftsteller, der um geschmackvolle Themen nie verlegen ist (*Eisbein, Eisbein über alles!* mit dem Untertitel »Koch froh mit Rororo«), tut die kurzen Rippen vom Rind, die der Metzger ihm auf eine Länge von zehn Zentimeter gebracht hat, in einen Pott. Etwas

Wasser, kleingeschnittene Zwiebel, genauso viel wie Fleisch. Die Zwiebeln machen das Wasser, welches das Fleisch gerade bedeckt, zu einer sämigen Sauce. Etwas Salz, dann Lorbeerblätter und Nelken (je drei bis fünf auf ein Pfund Fleisch), Senfkörner, Pfefferkörner. Und dann noch frisch gemahlenen Pfeffer, schließlich Zitronenscheiben; das Ganze, wenn das Fleisch gar ist, mit Salz und Zucker abgeschmeckt. Sollte die Sauce noch nicht sämig sein (warum eigentlich diese Vorsicht? Ob Klever sogar die westfälische Sauce für eigensinnig hält?), dann wird mit Semmelbröseln nachgeholfen. Dazu gibt es Salzkartoffeln, Gewürzgurken und rote Beete. »Und natürlich ein Dortmunder Bier«, betont der Koch. Offenbar muß es Bier aus Dortmund sein, der Stadt, die eben nicht bloß die größte europäische Sporthalle (»Westfalen-Halle«), sondern auch den mächtigsten »Bierausstoß« hat.

Es müssen wohl auch die »Töttchen nach Pinkus-Müller-Art« erwähnt werden: eine »Kreuzung aus Gulasch und Ragout«. Erster Takt: Kalbskopf und Kalbfleisch gekocht mit Zwiebeln, Salz, Lorbeerblättern und Pfeffer. Das Ganze abkühlen lassen. Zweiter Takt: Zwiebelwürfel in Butter glasig schmoren, mit Mehl bestäubt anschwitzen und, mit Kalbsbrühe aufgegossen, gut durchkochen lassen und mit Senf, Salz, Pfeffer sowie Worchestersauce abschmecken. Dritter Takt: Das in Würfel geschnittene Fleisch in die Sauce tun. Aufkochen lassen.

Die Takt-Einstellung habe ich hinzugefügt als Anspielung darauf, daß der Altbier-Brauer und Restaurateur Pinkus Müller in Münster als ein sehr musikalischer Mann mit einem berühmt gewordenen hellen Tenor bekannt wurde. Er sammelte auch westfälische Andenken und gemalte Sprüche. Und seine philosophische Ader spürte man, wenn man ihn ein Stück aus einem Bauernbett betrachten sah, auf dem eine Inschrift sagt: »Wat wi fröher mossen bichten / Dat sin nu usse Pflichten.« Seine Eltern hatten ihm den Namen Carl gegeben. Aber den Ehrennamen Pinkus hatte er sich als Kind verdient, da er in erstaunlicher Weise sein Wasser lassen konnte, kraftvoll und genau zielend: Dieses Jugendtalents pflegten sich Eingeweihte stets mit Freuden zu erinnern, wenn sie Pinkus Müller die »Müllerin«-Lieder singen hörten, unter denen das Stück »Ich hört' ein Bächlein rauschen« ihm offenbar am liebsten war.

Warum man aber »Töttchen« sagt, das habe ich nicht herausgekriegt. Man behauptet, das Wort sei übriggeblieben aus der Zeit, da die Franzosen während des Siebenjährigen Krieges in Münster waren. Es heißt, sie hätten Fleisch »en tortue« bestellt! Und Tortue gleich »Töttchen«! Unerklärlich!

Ich weiß nur einen geheimnisvollen kräftigen Namen noch für einen »Eintopf« aus rohen geriebenen Kartoffeln, viel Mettwurst und viel Speck: »Westfälischer Kesselknall«! Und man soll Altbier und »Münsterländer« dazu servieren, besonders, wenn der Gast schon etwas älter ist. Wie Professor Landois, Geistlicher Herr und Zoologe, dies besungen hat:

Füör Lüde, de bi Jaohren sind
Dao schmäck 'n aollen Klaoren.
Wao sick en Magen utpicht findt
Brenk Aoltbeer nich gefaohren!

Leibgericht meiner Kindertage zum Nachmittag war: Pumpernickel, belegt mit Leberwurst, bedeckt mit rheinischem »Platz«, einem Weißbrot. Westfälischer und rheinischer Ton vereint: welch guter Klang!

Westfälische Eigenschaften auf dem Prüfstand

In der Beschreibung der sogenannten Stämme Deutschlands oder der Völkerschaften Europas kommt es immer wieder vor, daß Gebräuche, Redewendungen und Anekdoten, die als charakteristisch hingestellt worden sind, von den Nachbarn beschlagnahmt werden. So muß ich Geschichten aus Hessen oder Bayern hören oder lesen, von denen ich von Jugend auf weiß, daß sie typisch für das Rheinland sind und anderswo gar nicht passieren können, wenn es denn mit rechten Dingen zugeht. Da wird die Antwort des Bauern auf die Ermahnung des Pfarrers, er solle um ein fruchtbares Jahr beten: »Wo kein Mistus, da kein Christus!« aus allen Ecken Deutschlands erzählt und jedesmal erwähnt, sie sei ganz typisch für die Gegend. Mein Freund, der sie als sehr bezeichnend - Realitätssinn! - für die Westfalen hingestellt hatte, war verblüfft, als ich erklärte, sie käme nicht in Frage. Um sich zu rächen, sagte er dann folgendes:

»Natürlich wird der ›Steinhäger‹ und der Ort Steinhagen von dir erwähnt werden. Oder etwa nicht? Und natürlich gibt es dort eine Geschichte, die anderswo nicht passieren könnte. Du wirst trotzdem zugeben, daß der Witz so alt ist, daß du dich genieren solltest, sie noch einmal wiederzukäuen!«

»Welche Geschichte?«

Und er fuhr fort, wobei er sich hoffentlich genierte: »Na, du weißt doch: Der neue Pfarrer, des Landes unkundig, kommt nach Steinhagen und sagt bei der ersten Beerdigung: ›Gott dem Herrn hat es gefallen, wieder einen alten Steinhäger zu sich zu nehmen!‹ Blöde, nicht?«

»Immerhin hat die Anekdote drei westfälische Vorteile: sie ist unverwechselbar, riecht nach einem Wachölderken und rührt die letzten Dinge an.«

Setzen wir die »westfälischen Eigenschaften« auf den Prüfstand, so mag es strittig sein, mit welcher Tugend, welchem Fehler zu beginnen wäre.

Erster Punkt: Gerechtigkeit. Fangen wir einfach mit dem Gerechtigkeitssinn an!

Schon der Alte Fritz hatte begriffen, daß es hier um eine Kardinal-Eigenschaft geht. Er notierte, man solle den Westfalen so viele Notare geben, als sie für ihre juristischen

Querelen brauchen. Und wenn wir noch weiter in die Vergangenheit zurückgehen, so kommen wir zu Karl dem Großen, der allen unterworfenen Völkerschaften jene Sitten, die sie sich erworben hatten, erlaubte, falls sie sich einigermaßen mit dem Christentum vertrugen. Doch wer machte schon auf längere Dauer Gebrauch davon! Die Westfalen aber sind bei ihren Feme-Gerichten, bei ihrer naturfrohen Rechtssprechung der freien Männer unter freiem Himmel geblieben, lange, lange Zeit. Sie taten sich sogar etwas darauf zugute, daß Carolus Magnus sie darin bestätigt hatte. Da war ihr Gericht so gut wie seines. Und sie liebten ihr Recht, weil er seinen Segen dazu gegeben hatte.

Aber noch heute kann man in Westfalen auch von schreiendem Unrecht hören, das heißt: »Wem Unrecht geschieht, der schreit.«

Als einer meiner Freunde in einer geringen Strafsache verknackt wurde, hundert Mark zu zahlen, schrie seine als Zeugin geladene Freundin, nachdem sie den Saal schon verlassen hatte, mit fürchterlich gellender Stimme durch die eigens für diesen Schrei noch einmal geöffnete Tür: »Es gibt kein Recht mehr in Münster!«

Die Anwesenden zuckten zusammen, denn wenn die Welt untergegangen wäre, hätte sie schrecklicher auch nicht schreien können. Außerdem rang sie die Arme.

Die Westfalen können hungern und frieren: sie halten es eine ganze Weile ohne Dicke Bohnen mit Speck und ohne Decken aus. Aber sie brauchen sofort und ständig das Recht und die Gerechtigkeit. Die vernünftigsten Menschen werden da zu Prinzipienreitern, die auf juristischem Steckenpferd durch Büsche und Hecken sprengen. Es läßt sich großartig prozessieren über Bäume an Ackergrenzen, die ungerechten Schatten werfen, über wandernde Grenzsteine auch, mag es sich nur um Zentimeter handeln. Aber moderne Zeiten schaffen moderne Anlässe.

In Stuttgart ging unlängst ein Mann zum Richter und erhob Klage gegen die Polizeibehörde. Ihm war wegen eines Verstoßes gegen die Verkehrsordnung der Führerschein abgenommen worden. Und als er nach beendeter Strafzeit einen neuen erhielt, fand er den Absatz über den »Vermerk des amtlich anerkannten Sachverständigen oder Prüfers für den Kraftfahrzeugverkehr« gestrichen. Natürlich hatte er für den neuen Schein keinen Prüfer belästigen, er hatte keine Fahrerprüfung abzulegen brauchen – er steuerte sein Auto ja auch schon Jahrzehnte lang, ohne daß er mit den Gesetzen in Konflikt gekommen war. Aber er sagte sich: »Dieser mein neuer Führerschein unterscheidet sich von normalen; jeder Polizist, der ihn zu sehen kriegt, erkennt sofort, daß es sich bei mir um einen ›alten Verkehrssünder‹ handelt, und wird die größte Lust verspüren, ›strengere Gesichtspunkte anzulegen‹.« Womöglich hat die Polizei hier einen Trick angewendet, damit jeder Eingeweihte beim Anblick dieses Dokuments informiert ist. Es besteht also die

Gefahr, daß der Inhaber anders als die anderen behandelt wird. »Ich laufe mit einem behördlich gezinkten Papier in der Tasche herum!« sagte sich unser Mann und schrie innerlich auf: »Wo ist die Gleichheit? Wo ist die Gerechtigkeit?«

Der Mann gewann den Prozeß. Er erhielt einen Führerschein, der aussah wie jeder andere. Übrigens beschäftigt er einen Fahrer. Er hat den Prozeß aus Prinzip geführt. Doch man lasse sich durch den Gerichtsort Stuttgart nicht täuschen: Unser Mann war natürlich ein Westfale.

Zweiter Punkt: Langlebigkeit. Es scheint nicht so sehr eine charakterliche als vielmehr eine biologische Eigenart zu sein, daß die Westfalen, soweit sie nicht in den Städten, sondern auf dem Land leben, ziemlich langlebig sind. Ob die alten Westfalen den jungen Westfalen dadurch imponieren? Auf jeden Fall werden wohl nirgends die Alten höher geehrt als in Westfalen, wenigstens auf dem Land. Je länger sie durchhalten, desto mehr staunt man sie an. Sie dürfen dabei allerdings nicht mürrisch sein, jedenfalls nicht den ganzen Tag.

Ich weiß von einer sauerländischen alten Dame, die eine Legendengestalt ist. Die Legende sagt: Frühmorgens sei sie schlecht gelaunt gewesen, wäre am liebsten im Bett geblieben, hätte lieber die Augen gar nicht erst aufgemacht. Eines ihrer zwölf Kinder nahm eine riesige zweihenkelige Tasse, schlug ein Ei hinein und tat einen doppelten Korn dazu; dann folgte der Kaffee so stark wie möglich, kohlrabenschwarz.

Dieses Labsal brachte das mutigste Kind der Mutter ans Bett, die den Empfang undeutlich brummend bestätigte. Eine halbe Stunde später erschien sie bei den Kindern, die sich auf den Schulbesuch vorbereiteten: ein Engel, ein Ausbund an guter Laune, ein lebendiges Denkmal für Liebe und Charme. Und so stand sie auch vor den Enkeln, so steht sie vor den Urenkeln da. Seit wenigen Jahren ist freilich ein Wandel zu beobachten: Sie ist dem Doppelkorn im Kaffee untreu geworden und zu Cognac übergegangen.

Dritter Punkt: Widerspruchsgeist. Wahrscheinlich hätte die Eigenschaft der westfälischen Treue zuallererst oder spätestens nach ihrem ungestümen Drang nach Gerechtigkeit erwähnt werden müssen. Wie dem auch sei: Laßt uns zum Widerspruchsgeist übergehen, der vermutlich mit dem Freiheitswillen zusammenhängt, ganz gewiß mit einer starken Sucht, immer wieder auf ein und denselben Punkt zurückzukommen.

Die Treue gebrochen zu haben ist in der Tat für jeden richtigen Westfalen ein hartes Problem, eine schwere Last. Ich denke oft an eine Gestalt zurück, die mich in meiner Kindheit tief beeindruckt hat.

Er war ein Vagabund, doch nicht etwa ein Typ, wie die Franzosen ihn unter der Bezeichnung »Clochard« kennen, der unter den Seine-Brücken oder über dem einen warmen Dunst verbreitenden Gitter der Untergrundbahn schläft und immer dumpfer, immer dumpfer wird. Nein, der Mann, der ein spannendes Erlebnis meiner Kindheit war, blieb, so besoffen er auch sein konnte, geistig immer anregend. Sein Verhängnis war, daß er sich von einem großen Theologen hatte beeindrucken lassen. Er war nämlich Student der Theologie gewesen, hätte von der Universität zum Priesterseminar überwechseln sollen, und gerade in diesem Augenblick hatte ihn die »Kipp-Predigt« ereilt, nämlich die Ermahnung eben jenes Professors, der den Studenten plötzlich die Freuden des weltlichen Lebens und Härten des Priesteramtes beredsam vor Augen führte. Bevor sie den letzten Schritt täten, sollten sie doch lieber noch einmal überlegen, ob sie die Stärke zum Verzicht auf manches Glück der Welt aufbringen könnten; wenn nicht, so würde man sie nicht verachten, sondern ihnen nach Kräften helfen.

Der Student hatte es sich überlegt. Er war »gekippt«, war unpräpariert ins weltliche Leben gestrauchelt. Und da die Menschen, die hätten helfen können, diese zur Hilfe aufmunternde Ansprache nicht gehört hatten, konnte von Unterstützung keine Rede sein. Er lernte, unstet herumzuschlurfen, sich seine Gedanken zu machen und diesen seinen Überlegungen zuzuprosten. Er schämte sich, in katholische Kirchen zu gehen, wenn er nicht nüchtern war. Und wann war das schon einmal der Fall! Da ging er in eine lutherische oder calvinistische. Aber er hielt den Mund nicht. Der westfälische Widerspruchsgeist erwachte. Der Vagabund sang mit der Gemeinde. Er kannte gut die Lieder, die in seiner Kirche nicht gesungen wurden, etwa die schönen Choräle, die der Pfarrer von Unna zur Reformationszeit, Philipp Nicolai, geschrieben hatte: »Wie schön leucht' uns der Morgenstern« und »Wachet auf, ruft uns die Stimme«. Und so wie er den Mund nicht während der Predigt hielt, so widersprach er sogar beim Singen.

Die Gemeinde: »Wer nur den lieben Gott läßt walten . . .«
Der Vagabund: ». . . und hat nichts . . .«
Die Gemeinde: »Und hoffet auf ihn alle Zeit . . .«
Der Vagabund: »Und kriegt nichts . . .«
Die Gemeinde: »Den wird er wunderbar erhalten.«
Der Vagabund: »Mit gar nichts!«

So nahmen die Gläubigen ihn denn am Kragen und setzten ihn sanft an die Luft: sanft, denn er war beliebt. Er hatte große Fähigkeiten. Sagte man ihm abends: »Komm herein und predige mal schön!« so kam er und predigte. Er predigte wirklich schön über das Elend der Welt und die Erlösung im Himmel, über die letzten Dinge also.

Da aber die Westfalen nun einmal diese große Begabung zum Nein, zum Widerspruch haben, wird auch ihr Talent erklärlich, sich zu beschweren. Und obwohl ich mir klar darüber bin, daß ich als »Nordrheiner« die eigene Hälfte unseres gemeinsamen Vaterlandes verrate, muß ich sagen: Die Westfalen haben mit ihrer Beschwerde sehr häufig recht.

Vierter Punkt: Hartnäckiges Beschwerdeführen. Fünfzehntes Jahrhundert: Da lebte im

Kartäuserkloster zu Köln der Mönch Werner Rolevinck. Er war zum Studieren an der Universität hierhergekommen und Theologe geworden. *De laude veteris Saxoniae nunc Westphaliae.* So der Titel seines berühmten Heimwehbuchs, »Zum Lobe des alten Sachsenlandes, das jetzt Westfalen heißt«. Darin steht der Satz: »Innig sind jene verbunden, die aus demselben Vaterlande stammen. Diese Liebe zur Heimat zeigt sich in Westfalen in besonders hoher Weise.« Jener Mönch ist also ein historisch ehrwürdiger Beweis, daß Heimatliebe zu den starken Eigenschaften der Westfalen gehört, eine Feststellung, die für die Bewohner des Ruhrgebietes allerdings mit Einschränkungen gemacht werden soll: Die Städte, die grauen Fabrikstädte! Da sollten die Einwohner sich nichts Besseres denken können?

Rolevinck beschwert sich in seinem Westfalen-Buch, daß es keine Universität in seinem Heimatlande gebe. Da seine Landsleute aber für die Wissenschaften begeistert und begabt seien, treffe man, wie er mitteilt, an allen Universitäten westfälische Professoren und Studenten.

Aber wie hätte man von den vielen kleinen Landesherren in Westfalen eine Hochschule erwarten können? Graf Arnold IV. von Bentheim-Steinfurt setzte am Ende des Jahrhunderts auf ein Gymnasium vier Fakultäten: das war im heutigen Rathaus von Burgsteinfurt etwas wie eine Hochschule. Napoleon, nicht faul, hob sie schließlich auf. In Rinteln gab es bald ein ähnliches Super-Gymnasium, eine Stiftung des Grafen Ernst von Schaumburg. Diese Miniatur-Universität hatte immerhin einen Drucker, der die Schrift *Cautio criminalis* (»Vorsicht bei Verurteilungen«) des Friedrich von Spee gegen die Hexenprozesse veröffentlichte (ohne den Verfasser zu nennen; die Rede ist von einem »autore incerto theologo romano«). König Lustik war bei der Hand, diese Hohe Schule zugunsten Göttingens aufzulösen. Der Jesuitenpater Spee, Kämpfer gegen den Hexenwahn (dies ist kein speziell westfälisches Phänomen, wenn es sich hier, wie auch im Schwabenland, auch besonders lang gehalten hat) und Dichter der »Trutz-Nachtigall«, lehrte an der Universität Paderborn, die zwei Fakultäten, eine theologische und eine philosophische, besaß. Obwohl Freiherr von Vincke als preußischer Oberpräsident Westfalens sich für den Ausbau der Hochschule einsetzte, löste Wilhelm III. sie auf.

Wohl hatte auch der Kanonen-Bischof Galen schon den Plan gehabt, in Münster eine Universität zu gründen. Aber es fehlte an Geld. Erst 1780 konnte Franz von Fürstenberg, Minister, Generalvikar, Vertreter des Kurfürsten von Köln in seinem Amt als Fürstbischof von Münster, leidenschaftlich interessiert an pädagogischen Aufgaben, eine Universität inaugurieren, die diesen Namen verdiente. Nicht lange, und König Wilhelm halbierte sie, viertelte, achtelte sie, bis in Münster nur ein theologischer und philosophischer

Lehrgang übrigblieb. Die neue, die eigentliche Universität für die preußischen Westgebiete wurde in Bonn errichtet, die auch gleich dem Oberpräsidenten von Vincke die Würde des Ehrendoktors verlieh. Geschah es, weil er keinen Einspruch erhoben hatte, er, der als Repräsentant eines vom Protestantismus geprägten Staates nicht im Frieden mit der katholischen Professorenschaft leben konnte? Der Protest eines westfälischen Abgeordneten gegen die Universität am Rhein lautete: »Die Bonner Riemen sind aus Münsterschem Leder geschnitten.«

In Münster blieb eine »Akademie« übrig, an der ein mathematisches Genie wie Karl Weierstraß aus Osterfelde bei Warendorf zwar ein Oberlehrer-Examen ablegen, aber keinen Doktorhut erwerben konnte. Dennoch muß das kleine Institut seinen Reiz gehabt haben. Denn Wilhelm Hittorf, der Physiker und Chemiker aus Bonn, bahnbrechender Gelehrter auf dem Gebiet der Strahlungs-Physik und der Elektro-Chemie, hat allen Lokkungen anderer vollständiger Hochschulen widerstanden und ist in Münster geblieben, wo auch andere Gelehrte wie der Zoologe Hermann Landois, der ursprünglich Theologe war, zum Ansehen und Ruhm der Akademie beitrugen. Die Westfalen, vor allem ihre Abgeordneten im preußischen Landtag, haben nicht aufgehört, zu protestieren, Eingaben zu machen, sich zu beschweren.

Einer von ihnen pflegte sogar jede Ansprache, indem er des Römers Cato Satz variierte, daß Karthago zu zerstören sei, mit dem Wort zu schließen: »Ceterum censeo: Universitatem Monasteriensem esse errigendam!« (»Im übrigen bin ich der Ansicht, daß die Universität Münster errichtet werden muß.«) Erst im Jahre 1902 hatte das Drängen Erfolg. Die Universität Münster wurde wieder aufgebaut. Und daß dies notwendig war, geht schon daraus hervor, daß sie unter den dreiundzwanzig damals bestehenden Universitäten rasch den sechsten Rang, gemessen an der Studentenzahl, annahm. Mit mehr als 20 000 Studenten steht heute die Universität Münster an vierter Stelle. (Nach München, Hamburg und Köln.)

Zur »nordrhein-westfälischen« Epoche haben die Westfalen dann eine Universität in Bochum, in Bielefeld und Dortmund, diese zugleich mit dem Charakter einer Technischen Hochschule, um welche die Westfalen siebzig Jahre lang gekämpft haben, durchgesetzt: drei neue Universitäten, die im Aufbau sind.

Triumph der Hartnäckigkeit? Sieg des Gerechtigkeitssinnes? Sicherlich. Aber man kann es auch anders sagen: Unsere lieben Westfalen haben eine Art, zu bohren, zu repetieren, von vorne anzufangen, zu protestieren, alte Wunden aufzureißen, welcher gewiß ein Preuße, aber kein Rheinländer gewachsen ist, besonders nicht, wenn er ihnen recht geben muß.

Fünfter Punkt: Tapferkeit. Es hat Heine, als er das Wort von den »sentimentalen Eichen«

schrieb, seine genaue Kenntnis der Westfalen in Göttingen sammeln müssen, weil sie daheim keine Universität hatten. Er hat dabei ebenfalls ihre Tapferkeit, wenn auch nur auf dem Paukboden, festgestellt. Denn es ist wahr: Westfalen sind tapfer.

Nicht nur ein großer General im Ersten Weltkrieg, der in Münster geborene Alexander von Kluck, war ein guter Soldat (das ist anzunehmen; wenn auch nicht viel dabei herausgekommen ist), sondern es wurden allgemein die westfälischen Einheiten gerühmt. »Die Rheinländer sind keine schlechten Soldaten«, so sagte mir ein hoher Offizier im Zweiten Weltkrieg, »es ist auch nicht so, daß sie sich drücken wollen, wenn besondere Aufgaben verlangt werden. Aber sie fragen immer: ›Warum?‹ Stellen Sie sich vor: sie wollen wissen, warum. Es ist entsetzlich! Die Westfalen sind bessere Soldaten; sie schweigen.«

Als Heine ihnen wünschte, daß der Himmel sie »vor Krieg und Ruhm, vor Helden und Heldentaten« bewahren möge, wußte er, was er sagte. Es war, als hätte er den damals bevorstehenden Krieg von 1866 geahnt, in dem die westfälischen Regimenter sich wieder einmal tapfer schlugen, obwohl sie nicht die geringste Lust an diesem Kampf gegen die eigene Verwandtschaft, die niedersächsischen Hannoveraner, hatten. Dem grimmigen Humor eines Ernst von Salomon zu glauben, sind diese Feldzüge Bismarcks der letzte »anständige Krieg« gewesen, denn er fand nur unter Fachleuten, nur unter Deutschen statt, keine ausländischen Dilettanten waren darin verstrickt, und es gab allerlei schöne Schlachten. Dieser Gedanke konnte die Westfalen, falls sie ihn hegten, nicht trösten. Sie hatten keine Lust. Und waren dennoch tapfer. Tapferkeit um der Tapferkeit willen! L'art pour l'art.

Sechster Punkt: Die Treue. Über die sprichwörtliche westfälische Treue ist schon von manchen Kennern viel Schönes gesagt und geschrieben worden.

Nicht für die Stadt und nicht für jene Großstadt, welche die Städte gefressen hat, also nicht für das Ruhrgebiet, mit Maßen auch nur für die engen Siedlungen des Sauerlandes trifft zu, was die Kindheits-Psychologie mehr und mehr erkannt hat: Mütter, sagt mir, wie ihr euer Baby behandelt, und ich sage euch, ob der erwachsene Mensch später so treu sein wird, wie es im (westfälischen) Buche steht!

Denken wir an die Ebene, die grüne parkartige Niederung des Münsterlandes, an das fruchtbare Land, in dem bis zur holländischen Grenze und darüber hinaus die Gehöfte einsam liegen, jeder für sich! Die Männer haben auf dem Feld zu tun, die Frauen im Hause.

Auf solchen Höfen war und ist es nichts Außergewöhnliches, daß ein Baby in seinem Bettchen hinter den weißen Vorhängen im Halbdunkel liegt. Es bleibt allein. Niemand spielt mit ihm. Unter solchen Umständen erwacht das Kind spät für die Umwelt. Aber die Augenblicke, da die Mutter sich um das kleine Wesen kümmert, es nährt, es pflegt, liebkost, prägen sich ihm intensiv ein. Nicht abgelenkt durch andere Kinder, durch verschiedenerlei Spielsachen, konzentriert es sich stark auf seine Mutter, seine Eltern, seine gleichbleibende Umgebung, in der sich nichts rührt. Hat es die ersten Monate, das erste Jahr so in einer behüteten Einsamkeit verbracht, kann das Kind für sein ganzes Leben geprägt, jedenfalls in einer bestimmten Weise vorbereitet sein: An Sachen, an Gegenständen liegt ihm weniger etwas als anderen Kindern; es will wenige, bestimmte Menschen nicht entbehren. Ein Mensch übt Treue sein Leben lang, weil er als Wiegenkind auf so altmodische Weise schonend, vorsichtig, in wohlig durchwärmter Geborgenheit für das Leben präpariert wurde. Hinter einem blütenweißen Schleier oder Spitzenvorhang.

Dem alten Brauch also gehen die Psychologen nach: dort, wo er sich erhalten hat, in Teilen des Münsterlandes und Hollands. Sie fassen dabei natürlich die erwachsenen Exemplare ins Auge, an denen sich das Exempel manifestiert hat.

Seitdem ich diese Theorie gehört habe, glaube ich besser zu verstehen, warum Menschen aus den Gegenden des sozusagen klassischen Westfalens, wenn sie Untreue erleiden oder selbst untreu werden, sei es gegenüber ihren nächsten Angehörigen, sei es gegenüber ihrer Erziehung, ihrer Religion oder ihren Prinzipien, oft so konfus sind, so abwesend, »hinterm Vorhang«, so aus der Welt gefallen.

Der Jung-Stilling und der Bomberg-Effekt

Das Siegerland ist eine Genie-Ecke. Dabei soll von Peter Paul Rubens, dem großen Maler, noch keine Rede sein; er ist ja nicht aus einer westfälischen, sondern aus einer auf dramatische Ab- und Umwege geratenen niederländischen Ehe in Siegen (1577) geboren worden. Nicht nur die Musikerfamilie Busch war dort zu Hause, sondern auch die Malerbrüder Achenbach, die Spätromantiker, kamen in diesem schönen Zipfel zur Welt, wo im zwanzigsten Jahrhundert der Industrielle Flick, im neunzehnten der Pädagoge Diesterweg heranwuchsen, im achtzehnten aber Goethes Jugendfreund Johann Heinrich Jung-Stilling geboren wurde, in einem Bergdorf mit Namen Grund.

Dieser Mann, der in die deutsche Literaturgeschichte einging, weil er den ersten Bauernroman schrieb, hatte einen Lebenslauf, der zwar äußerlich nicht so stürmisch war wie der einiger diplomatischer und militärischer Abenteurer aus Westfalen, die das Schicksal in die Welt verschlug. Die Spannungen spielten sich vielmehr innerlich ab.

Dorfschulmeister war er mit vierzehn Jahren, dann wurde er Schneider, danach Landwirt. Als er in Straßburg Herder und Goethe kennenlernte (der später ohne sein Wissen den ersten Teil seiner Selbstbiographie *Heinrich Stillings Jugend* veröffentlichte), studierte er Medizin und setzte seine Umwelt durch das Beispiel in Erstaunen, wie so etwas ohne Geld möglich sei. Berühmt wurde er, weil er als Augenarzt in Elberfeld Star-Operationen vornahm, die meist glückten. Doch zog es ihn in die Welt der Gelehrten zurück. Und da es Universitäten in Westfalen nicht gab, sehen wir ihn als Professor in Marburg, aber sein Fach war Ökonomie und Kameralwissenschaft. Auf dem Umweg über Heidelberg kam er schließlich nach Karlsruhe, wo er in den Kreis der schwäbisch-badener Pietisten trat. Als Geheimrat ohne speziellen Auftrag verbrachte er das Ende seiner Tage als ein frommer, ruhiger, pietistischer Philosoph. Der Nachwelt hinterließ er eine Lebensbeschreibung, in der er das »Ich« verpönte und die nicht nur seine Jugend umfaßt.

Ehe Jung-Stilling von Marburg nach Heidelberg übersiedelte, hatte er die Idee, seine Heimat zu besuchen. Er war dreiundsechzig Jahre alt. Hier sein Bericht:

»Diesen Sommer waren Stillings Kollegien sehr schlecht besetzt. Jetzt nahten die Pflichtfeiertage . . . Stilling und Elise . . . wollten alle die Orte besuchen, die Stillings Jugend und Jünglingsjahre - wenigstens ihnen beiden - merkwürdig gemacht hatten. Stilling freute sich sehr, diese Orte, die er sieben- bis achtunddreißig Jahre nicht gesehen hatte, am Arm seiner teuren Elise wieder zu besuchen. Ihn überlief ein Schauer, wenn diese Vorstellungen an seiner Seele vorübergingen. Diesen Vorsatz auszuführen, reisten beide in Begleitung ihres achtjährigen Sohnes Friedrich den Tag vor Pfingsten nach Wittgenstein, welches sieben Stunden von Marburg entfernt ist. Der Dienstag nach Pfingsten war nun der Tag, an welchem die Reise nach Stillings Geburtsort vorgenommen werden sollte - allein Stilling wurde von einer unerklärlichen Angst überfallen, die sich vermehrte, sowie der Tag sich näherte, und die ihm die Ausführung seines Vorhabens unmöglich machte; so sehr er sich vorher auf den Besuch des Schauplatzes seiner Jugendszenen gefreut hatte, so sehr schauderte er jetzt davor zurück - ihm war gerade so zumute, als ob dort große Gefahren auf ihn warteten. Gott weiß allein den Grund und die Ursache dieser so sonderbaren Erscheinung . . . es war vielleicht das Warnen seines Schutzengels, welches mit der Sehnsucht, seinen Geburtsort zu sehen, kämpfte, und dieser Kampf machte leiden . . . Aus dieser Reise wurde nichts; seine Lieben respektierten seine Angst und gaben also nach . . .«

Sicherlich gibt es aufregendere Beispiele für die Empfindlichkeit, die Sensibilität, die den Westfalen zugerechnet werden muß. Aber gerade, weil dieser Fall so schlicht ist und weil »nichts passiert«, hat er so viel zu sagen. Er war ja kein Schwächling, kein Hysteriker, dieser Jung-Stilling, der so zart war, so dünnhäutig und doch aus eigenem Genie so viel geschafft hatte, an dem manch robuster Mann gescheitert wäre. Und jetzt brachte er es nicht fertig, sein Heimatdorf zu besuchen. Weil sein Empfinden zu stark war, wäre das Erlebnis zu groß gewesen. Und unbewußt, gleichsam in aller Unschuld, gab dieser Mann dem Vorgang eine metaphysische Bedeutung. Aus Briefen der Annette ist eine ähnliche Empfindsamkeit bekannt, die alles andere als ein Zeichen »schwacher Nerven« ist. Im Gegenteil, die Nerven sind stark. Als übermäßig empfängliche Antennen fangen sie die Strahlungen auf: Die Welt wird bunter, öffnet tiefere Perspektiven, neue Hintergründe.

Im Kreise westfälischer Freunde sind wir übereingekommen, allerlei Wirkungen von Ereignissen, die ohne weiteres nicht zu erklären sind, den »Jung-Stilling-Effekt« zu nennen. Hanns-Hubertus Merveldt hatte zum Beispiel einen Onkel, der übrigens als begabter Dilettant die Malerei betrieb. Dieser fand unterirdische Wasserläufe ohne Wünschelrute, ja, ohne sie finden zu wollen. Er ging mit seinen Neffen und Nichten, die ihn sehr liebten, über eine Wiese und plötzlich riß es ihn hin und her, er warf die Arme, als wollte er sich festhalten. Die Jugend amüsierte sich köstlich und wußte schon: der Oheim war wieder einmal über eine Quelle gestolpert.

Zu Hause lasen wir die *Leiden Christi*, wie Brentano sie nach den Gesichten der Nonne Catharina Emmerick im Augustinerinnen-Kloster zu Dülmen aufgezeichnet hat. Sie war stigmatisiert und trug die Wundmale Christi wie nachmals das Mädchen von Konnersreuth. Schon Varnhagen von Ense hat (1810) das Passions-Erlebnis der Dülmener Klosterfrau mit dem »zweiten Gesicht« in Zusammenhang gebracht, die er zu »einem Teil auf die Art und Weise des Landes«, zum anderen aber »auf den Volksstamm rechnet«.

Er berichtet dabei einen Fall, »wo ein kleines, gutartiges Mädchen, wegen langen Ausbleibens gescholten, ganz unschuldig sich darauf beruft, sie habe ja so lange still stehen müssen, bis all die Kanonen und Pulverwagen vorbeigewesen, und man hatte sie wirklich gesehen, wie sie auf der einen Seite der Straße gleichsam abgewartet, daß der Weg querüber frei würde«.

Während wir nie an den Vorgängen der Passion Christi zweifelten, so wie Catharina in ihren Verzückungen sie miterlebt hatte, glaubten wir an den meisten Berichten vom »zweiten Gesicht« zweifeln zu sollen. Es erging uns eher wie dem Schöngeist Varnhagen, der »einen Teil« der »Geisterbegriffe«, wie sie »in ganz Westfalen heimisch und verbreitet« sind, »auf die Art und Weise des Landes rechnet«.

Auf schwankendem Moorboden zu gehen, obendrein bei Mondschein, vorbei an Wacholderbüschen, die wie Männlein aussehen und, je weiter sie entfernt sind, sich geisterhaft zu bewegen scheinen: das ist schon geeignet, die sonderbarsten Vorstellungen wachzurufen. Und glaubt es oder glaubt es nicht: Ich kannte einmal ein Spökenkiekerpferd.

Mußte es mit seinem Wagen an einer bestimmten Stelle vorüber, wo rechts und links der Busch sich der Straße näherte, so scheute es und war kaum zu halten.

Es war ein Ort, der als verrufen galt. Ein Hausierer war dort ermordet worden, vor zwei Menschenalter ungefähr. Und einer von beiden mußte dort ja wohl spuken: der Hausierer, der keinen Glauben an Gott, oder der Mörder, der kein Mitleid kannte.

Andere Pferde scheuten dort nicht, allein dieses eine Tier litt mit großem Schweißausbruch unter dem »Jung-Stilling-Effekt«. Bis die Straße frisch aufgeschüttet und geteert wurde. Man stieß dabei auf eine Wasserader, die wohl zu Zeiten einen leichten Nebel hatte aufsteigen lassen, den das Tier wahrgenommen.

Annette freilich rechnet das »Vorgesicht« dem »Stamm an«. Vom »gesteigerten Ahnungsvermögen« bis zum »zweiten Gesicht« handelt es sich, wie sie sagt, um eine Gabe, »die als eine höchst unglückliche eher geheimgehalten wird«.

Annette versichert, daß man »überall auf notorisch damit Behaftete trifft und im Grunde fast kein Eingeborener sich gänzlich davon freisprechen dürfte«. Nach ihr gibt es sogar äußere Kennzeichen: hellblondes Haar, wasserblaue Augen, überzarte Gesichtsfarbe.

»Übrigens ist (der ›Vorschauer‹) meist gesund und im gewöhnlichen Leben ohne eine Spur
von Überspannung. Seine Gabe überkommt ihn zu jeder Tageszeit, am häufigsten jedoch
in den Mondnächten, wo er plötzlich erwacht und in fieberischer Unruhe ins Freie oder
ans Fenster getrieben wird. Dieser Drang ist so stark, daß ihm kaum jemand widersteht,
obwohl jeder weiß, daß das Übel durch Nachgeben bis zum Unerträglichen gesteigert

wird; wogegen fortgesetzter Widerstand es allmählich abnehmen und endlich gänzlich verschwinden läßt. Der Vorschauer sieht Leichenzüge, lange Heereskolonnen . . . Der Minderbegabte und nicht zum ›Schauen‹ Gesteigerte ›hört‹. Er hört den dumpfen Hammerschlag auf den Sargdeckel . . . hört das Geschrei der Verunglückten und an Tür und Fensterläden das Anpochen desjenigen, der ihn zur Hilfe auffordern wird. Der Nichtbegabte steht neben dem Vorschauer und ahnt nichts, während die Pferde im Stall ängstlich schnauben und der Hund mit eingeklemmtem Schweife seinem Herrn zwischen die Beine kriecht.«

Annette sollte nicht wirklich geglaubt haben, was sie so anschaulich beschreibt?

O ja, sie war selber nicht frei von dieser unheimlichen Last, welche die Beladenen ebenso

quält, wie sensibles Ahnungsvermögen sie bereichert. Sie spricht von einem »unleugbaren Phänomen«.

Aber unleugbar steht dem »Jung-Stilling-Effekt« eine andere Eigenschaft gegenüber, die wir den »Bomberg-Effekt« nennen wollen.

Wer kennt nicht Josef Wincklers berühmtes Buch vom »Tollen Bomberg« und den Geschichten, die wir dem wilden Baron von Romberg und seinem Freunde, dem Professor Landois, als wahr anrechnen müssen! So sollen ein paar Anekdoten selber darauf deuten, was mit dem »Effekt« gemeint ist: Romberg, der gehört hat, daß ein Standesgenosse öffentlich sagte, der Adelige steige nicht ins Volk hinab, fährt bei dem Friseur vor, läßt den Meister zu sich auf den Bock der Kutsche klettern, und während dieser einseift und schabt, versammelt sich das Volk der staunenden Münsteraner. »Der west-

fälische Adel steigt nicht ins Volk hinab«, erklärt schließlich Romberg mit lauter Stimme und läßt die edlen Kutschpferde antraben.

Ein anderes Mal, als die Frau Baronin, die frömmer ist als fromm, den Bischof ins Haus geladen hat, der ein salbungsvoller Mann ist, e-te-pe-te-te, und dem Baron wohl die Leviten lesen wird, weist »Bomberg« den hohen geistlichen Herrn zu Tisch einen Sitz an, den er den »pupenden Stuhl« nennt. Der Stuhl macht denn auch die seinem Namen entsprechenden Geräusche, sobald der Herr Bischof sich bewegt: täuschend ähnliche Geräusche, die mit peinlich deutlicher Diskretion nicht zur Kenntnis genommen werden.

Grandios aber ist schließlich eine Geschichte, da Romberg, der zum Adelstag nicht Geladene, das Hotel kauft, in dem das Fest stattfinden soll, und seine Standesgenossen, Damen und Herren, als sie ihn auffordern, still zu verschwinden, mit großem Krach aus dem Saal vertreibt.

Dieser »Bomberg-Effekt« tritt freilich bei seinem Freunde, dem Professor der Akademie, weitaus liebenswürdiger in Erscheinung, wie dies aus dem Beispiel hervorgeht, das Hermann Landois bot, als er sich in dem von ihm gegründeten Zoo schon zu Lebzeiten ein Denkmal setzen ließ mit der Inschrift:

Well't seih'n will, kumm un kiek't sik an
Et iss nich to verachten:
Un well't von vörn nich lieden kann,
Mag't Achterdehl betrachten!

Wie vernünftig! Wie bombergsch derb und männlich, doch mehr noch von Humor getränkt und weniger arrogant! Vorausschauend auch diese Haltung. Denn nachdem zwei Weltkriege vergangen waren, ohne daß der Zoo des unsterblichen Landois in der von Bomben zerschmetterten Stadt total zerstört wurde, kamen die Stadtväter von Münster auf die Idee, das Gelände für einen Neubau der Landesbank zu beschlagnahmen, so daß die Bürger Münsters heftig die Frage diskutierten: »Wohin mit tausend schönen Tieren?« Landois hatte also die Behördenmenschen, die ihn »von vorn nich lieden« konnten, in weiser Vorausschau schon eingeladen, sein »Achterdehl« zu betrachten. Denn das gibt es ja auch: daß Westfalen-Menschen am eigenen Leibe von beiden Kräften getroffen und beeinflußt werden - vom »Jung-Stilling-« und vom »Bomberg-Effekt«.

Merveldt, zum Beispiel - und er wird wiederum erwähnt, weil er zu jenen Ultra- oder Stock-Westfalen gehörte, die ich am besten kennenlernte -, schlenderte einmal in einer feinen Hamburger Gesellschaft durch alle festlichen Räume. Die anderen standen in Gruppen, nahmen den Drink und plauderten. Plötzlich näherte der Maler sich, betrachtete einen der Plaudernden, nahm ihn sogar am Kinn und sagte: »Das ist doch wirklich der einzig anständige, gut gebaute Kopf an diesem Abend!«

Die Herrschaften verstummten demonstrativ und zurechtweisend; nur ein einziger war erfreut, geschmeichelt. Bis nach einer Weile Merveldt wiederkehrte und sagte: »Wissen Sie, ich habe mir Ihren Kopf doch eben noch mal angesehen. Irrtum! Es ist ein Kopf wie alle anderen!«

Der »Bomberg-Effekt«!

Aber eines anderen Abends hatte er, und das in einem Augenblick, da er Geld brauchte, einen Porträt-Auftrag erhalten. Es handelte sich um eine Dame, von der dieser Mann, der sich nicht vor Tod und Teufel fürchtete, eine gewisse Angst hatte. Je länger er darüber nachdachte, wobei er hin und wieder ein Wachhölderken zu sich nahm, desto mehr näherte sich seine Furcht jenem Schauder, der den Freund Goethes aus Grund bei Siegen verhindert hatte, seine Heimat wiederzusehen. Er rief endlich die Dame telefonisch an, und im höflichen Bemühen, ihr alles zu erklären, sagte er, leider sei es nicht möglich, er brächte es nicht fertig; schon die Vorstellung, in ihrer Nähe zu sein, versetze ihn in Angst und Schrecken. So entschuldigte er sich. Bis er auf ihre strenge Gegenfrage stieß, ob ihr diese Mitteilung denn unbedingt um drei Uhr nachts hätte gemacht werden müssen. Keine ihrer Freundinnen konnte ihr anderen Tags den Fall erklären. Der »Jung-Stilling-Effekt«.

Es war auf Schloß Vinsebeck, dem Schauplatz des Films vom »Tollen Bomberg« mit Hans Albers in der Hauptrolle, wo der Hausherr Graf Wolff-Metternich, ein großes Erzähltalent, sich an eine seltsame »Una-Sancta-Geschichte« erinnerte, die so westfälisch war, wie sie nur sein konnte.

Aber Vinsebeck als Bomberg-Stätte?

Ja, den Filmleuten war das Bomberg-Schloß Bullbergen oder Buldern nicht fein genug gewesen; es mußte etwas Besseres, es mußte Vinsebeck sein. Hier aber machten die Hausbewohner sich einen Spaß daraus, als Statisten mitzuwirken, was ja nicht gerade ein Zeichen sonderlicher westfälischer »Sturheit« ist.

Der Hindergrund der Geschichte war sehr ernst. Es ging um die Spannungen zwischen den Konfessionen, die so alt in Westfalen waren wie die Zeit, die seit der Reformation vergangen ist. Aber es hatte auf der einen wie der anderen Seite bedeutende, verehrungswürdige Persönlichkeiten gegeben, die mehr für Ausgleich denn für Zwist waren.

Jener Freiherr von Bodelschwingh, der bis zum Revolutionsjahr 1848 preußischer Minister gewesen war, hatte einen Sohn, der große Glaubenskraft, Sozialgefühl, den Willen kämpferischer Auflehnung gegen das Unrecht und eine franziskanische Liebe zu den Mitmenschen in sich vereinte. Er hatte Landwirtschaft gelernt, war dann mit armen Leuten in Kontakt gekommen, die in Paris saßen: Deutsche im Elend, die ihre Heimat hatten verlassen wollen, niemals aber das Geld für die Überfahrt nach Amerika aufbringen konnten. Diese Berührung mit dem Unglück hatte den jungen Pastor Bodelschwingh geprägt. Gewiß hat es wenig Menschen gegeben, die von so hoher reiner Gesinnung und zugleich so großer zupackender Fähigkeit zum Aufbau, zum Verwalten, zum Gestalten sind. Im biblischen Bethel berührte die Himmelsleiter die Erde. »Bethel«, so nannte Pastor von Bodelschwingh die Höfe, das Dorf, die Stadt bei Bielefeld, die seiner Initiative entsprang: die Stätte, die heute mehr als siebentausend Einwohner hat: Epileptiker, Schwachsinnige, Gemütskranke, Vereinsamte, Verlassene, Kranke, die das Elend an den Suff und die der Suff in die Krankheit gebracht hat. (Zu denken, daß Annette von Droste-Hülshoff noch glaubte, Armut und Trunksucht seien gleichsam schicksalhaft für Tagelöhner, die Urenkel ehemals freier Westfalen. Es müßte so sein: Ein Jammer, doch was hülfe es!)

Schon dieser erste Pastor Bodelschwingh hat auch die Grundlagen für eine Krankenbehandlung geschaffen, deren Prinzipien heute noch gültig sind. Es wird Musik gemacht in dieser Krankenstadt, es werden Feste gefeiert; das Leben ist dort nicht trister, als es sein muß. Auf Friedrich von Bodelschwingh, der 1910 starb, folgte sein Sohn Fritz (in dessen Fußtapfen dann wieder dessen Sohn Friedrich trat). Und Pastor Friedrich von Bodelschwingh war es, der es fertigbrachte, daß kein Bewohner der Krankenstadt Bethel den »Euthanasie«-Tod im »Dritten Reich« gestorben ist.

Es ist über ein Gespräch berichtet worden, das Pastor Fritz von Bodelschwingh mit dem »Reichsärzteführer« Dr. Brandt hatte, der sich gewiß in diesem Falle hat beeindrucken lassen: »Sie sagen, daß ausgelöscht werden solle, was nicht gemeinschaftsfähig sei? Ich antworte: Gemeinschaftsfähigkeit ist zweiseitig bedingt. Es kommt darauf an, ob ich auch gemeinschaftsfähig für den anderen bin. Mir ist noch niemand begegnet, der nicht gemeinschaftsfähig wäre!«

Das ist vergleichsweise abstrakt, quasi »protestantisch« gesprochen. Zu gleicher Zeit kam Bischof Galen, als er im Juli 1941 den Predigtstuhl der Lamberti- und dann der Überwasserkirche zu Münster betrat, auf dasselbe Thema. Noch sah er Massenmorde an den Juden nicht voraus, aber Gerüchte waren Gewißheit geworden, daß »unproduktive« Menschen, welche die Gemeinschaft nur belasteten, den »Gnadentod« sterben sollten. Was der »Löwe von Münster« dazu sagte, hatte den rhapsodischen, zugleich realistischen westfälischen Ton.

»Man urteilt: sie sind wie eine alte Maschine, die nicht mehr läuft, wie ein altes Pferd, das unheilbar lahm geworden ist ... Nein, hier handelt es sich um Menschen, unsere Mitmenschen, um kranke Menschen, unproduktive Menschen meinetwegen! Dann wehe uns, wenn wir alt und schwach werden! Wenn man die unproduktiven Menschen töten darf, dann wehe den Invaliden, die im Produktionsprozeß ihre Kraft, ihre gesunden Knochen eingesetzt und eingebüßt haben. Dann wehe unseren braven Soldaten, die als Krüppel in die Heimat zurückkehren.«

Unzählige, deren Leben verwirkt schien, hat der Bischof gerettet, denn seine Predigten verbreiteten sich ja sogleich von Mund zu Mund. Warum geschah ihm nichts, dessen Wahlspruch »Nec laudibus nec timore« hieß und dem »weder Lob noch Furcht« etwas anhaben konnten?

Als Galen im März 1946 starb - er war inzwischen Kardinal geworden -, hieß es im Evangelium dieses Tages: »Sie suchten ihn zu greifen, fürchteten aber das Volk, weil es ihn für einen Propheten hielt.«

Diese Erklärung schien nicht »von dieser Welt«, schien kein Zufall, und es wurde viel darüber gesprochen, und dies sowohl unter den Katholiken als auch den Protestanten, die sich sagen durften, daß sie gut zusammengehalten hatten in der dunklen Zeit. Und das gab ihnen Zuversicht, als sie in den Trümmern ihrer Städte und auf den schlechtbestellten Feldern sich an die Arbeit machten, nachdem sie herumgewandert waren, nach Verwandten und Freunden gesucht und nachgesehen hatten, was noch vorhanden war und was fehlte.

Wolff-Metternich auf Vinsebeck, unweit der Extern-Steine, deren wunderbare eingemeißelte Zeichnungen nun wieder ausschließlich frühchristlich waren und nicht mehr frühgermanisch gedeutet wurden, nannte allerdings den Namen eines Mannes, der zu den wenigen gehörte, denen die Welt ganz unverändert schien. Ich kannte den Sonderling. Er hatte Brennrechte auf seinem Gut und besaß Keller, die wahrscheinlich immer noch gefüllt waren. Wenn er in Berlin in einer der großen Bars auftauchte, ging das Tanzorchester sofort zu dem Lied »Es war einmal ein treuer Soldat« über; das war sein Lieblingsschlager, und er spendete nobel seine »Runde« zum Dank dafür.

Es sei ein Frühlingstag gewesen, sagt Wolff-Metternich. Und ich stellte mir vor, der Impuls des allversöhnenden, weltabgewandten Jung-Stilling, wie er zuletzt als Pietist und frommer Geisterseher gelebt hatte, wirkte auf die Christen beider Konfessionen. Sie wollten sich zusammentun. Eine einzige heilige Kirche! Una sancta! So kamen aus dem Lippischen, das jetzt auch staatlich zu Westfalen gehören sollte, die Evangelischen, denen die Prozession der Katholischen entgegenzog. Am Orte, wo sie sich trafen, war aber jene berühmte ehemalige Militärkapelle aus Münster bereit, in der brave ältere Leute den Ton angaben, denn diese Blasmusiker waren schon vorm Ausbruch des Hitler-Reiches zivil geworden. Jetzt spielten sie, während die Gemeinden sangen, »Eine feste Burg« und im Wechsel auch katholische Kirchenlieder wie »Maria zu lieben ist allzeit mein Sinn«.

In diesem Augenblick fuhr im leichten Einspänner, von einem Traber gezogen, jener Gutsherr vor, der nicht »Bomberg« hieß, aber so hätte heißen können.

Er sprang ab und machte sich der Kapelle bemerkbar. Diese war gerade zu »Wachet auf, ruft eine Stimme« übergegangen. Und während die Prozessionen von Ost und West einander fast schon berührten, sagte der Baron: »Nanu?« Und deutete auf sein Wägelchen, hinter dessen Sitz ein geübtes Auge allerlei Flaschen erkennen konnte. Indes die Prozessionen sich rund um den Platz formierten, ertönte ein neuer Choral, der nur von einem einzigen sogleich erkannt wurde: »Es war einmal ein treuer Soldat«, in feierlichem Largo vorgetragen.

Ein »Bomberg-Effekt« hatte einen anderen gleicher Art hervorgerufen. Aber was die »Una sancta« betrifft, so ist es beim guten Willen geblieben.

Nachwort

In den »sehr großen, sehr verschiedenen Landstrich«, von dem Annette von Droste-Hülshoff in ihren *Bildern aus Westfalen* sprach, hat sich längst ein neuer Bereich geschoben, von dem sie nichts ahnen konnte. Sie kannte das weite Münsterland mit seinen stolz und einzeln daliegenden Höfen und Wasserschlössern; sie hatte jene Gebirgszüge besucht, die, wie der Teutoburger Wald, Sagenstimmung, poetischen Reiz verbreiten und - die Heilquellen nicht zu vergessen - dem leiblichen Wohl bekömmlich sind; sie wußte von der Landschaft des Hellwegs, auch von den Bergen des Sauerlandes und seinen Tälern, in denen eng beieinander die schwarz-weißen Häuser stehen. Meinte sie damals von ihrem Westfalen, es »möchten wohl wenige Teile unseres Deutschlands einer so weitläufigen Beobachtung bedürfen«, so würde sie sich heute über die neue Region nur wundern können: über das Ruhrgebiet.

Sie würde zweimal über die einst so romantische Ruhr staunen. Einmal bei der Betrachtung, daß sie ein Arbeits-, ein Lasten- und Kraftgewässer geworden ist, ein ander Mal aber bei der Feststellung, daß Menschenkunst es fertiggebracht hat, ihr Wasser so rein, so sauber, so klar zu erhalten.

Sie würde das Revier als das erkennen, was es ist: eine einzige zusammenhängende Stadt, eine der größten in der Welt. Sie würde beispielsweise an die rund viertausend Einwohner denken, die Dortmund um 1800 hatte, und an die wohl noch geringere Einwohnerschaft zur »Großen Zeit« dieser Hansestadt auf roter, also gerodeter Erde. Was kann diese größte westfälische Stadt mit ihren heute fast siebenhunderttausend Einwohnern - so würde sie fragen - wohl noch mit Westfalen zu tun haben?

Anlaß zum Staunen hätte Annette überall: die größte Sporthalle Europas in Dortmund; der größte Rangierbahnhof in Hamm, das modernste Theater in Gelsenkirchen, dort auch ein Institut zur Erforschung von Hilfsmitteln, die gegen die schmutzige Luft anzuwenden seien, von den Bergwerken und Fabriken nicht zu reden.

Man würde ihr erklären müssen, was »Schalke 04« heißen will und was es bedeutet, daß es in der westdeutschen Fußball-Bundesliga auf westfälischer Seite des neuen Staates

»Nordrhein-Westfalen« vier dieser prominenten Vereine gibt. Sie würde freilich finden, daß es auf rheinischer Seite ebenfalls vier sind, so daß »Nordrhein-Westfalen« von achtzehn Bundesliga-Vereinen acht stellt. Hei, wie die Steckenpferde galoppieren! Sie würde vom Sport mit Brieftauben hören und davon, daß die Ziege (von einem »Ziegen-Baron« protegiert) die »Kuh des kleinen Mannes« sei. Sie würde eine Statistik zur Kenntnis nehmen, die der Beteiligung am Gottesdienst und am kirchlichen Leben den ersten Platz in der Liste der »Freizeitgestaltung« einräumt; es ist eine Statistik des Ruhrgebiets, die allerdings die Kneipen und Wirtshäuser vergessen hat. Sie würde sich die Ohren zuhalten bei all dem Lärm. Da würde ihr wohl das Gedicht nicht mehr so leicht über die Lippen kommen, das sie ihrer Heimat Westfalen widmete und in dem es heißt:

Du bist nicht mächtig, bist nicht wild,
Bist deines stillen Kindes Bild,
Das, ach, mit allen seinen Trieben
Gelernt vor allem, dich zu lieben.

Sie würde fragend zu Germania aufschauen: »Deutschland - deine Westfalen?«

Inhalt